新东方升学规划研究中心◎编著

高中多元升学一本通

生活·讀書·新知 三联书店

Copyright © 2024 by SDX Joint Publishing Company.
All Rights Reserved.
本作品版权由生活·读书·新知三联书店所有。
未经许可，不得翻印。

图书在版编目（CIP）数据

高中多元升学一本通 / 新东方升学规划研究中心编
著． -- 北京：生活·读书·新知三联书店，2024. 10 （2024.12重印）
ISBN 978-7-108-07944-2

Ⅰ．G647.32

中国国家版本馆 CIP 数据核字第 2024JK1025 号

策划编辑	张　龙
责任编辑	张亚囡　林紫秋
装帧设计	韩轶峰　蒋胜蓝　刘　东
责任印制	卢　岳
出版发行	生活·讀書·新知 三联书店
	（北京市东城区美术馆东街22号 100010）
网　　址	www.sdxjpc.com
经　　销	新华书店
印　　刷	河北鹏润印刷有限公司
版　　次	2024年10月北京第1版
	2024年12月北京第2次印刷
开　　本	700毫米×980毫米　1/16　印张 26.5
字　　数	456千字
印　　数	60,001 - 65,000 册
定　　价	66.00元

（印装查询：01064002715；邮购查询：01084010542）

高中多元升学一本通

新东方升学规划研究中心◎编著

丛书编委会成员（按姓氏笔画排序）

丛书主编：吴强

丛书副主编：邵轶辰

本册主编：沈一

编委：马赛、王迪（女）、刘东、孟哲宇

行业顾问：庄秀兰、张成花、殷涛、郭雨思、黄薇薇、曹文娜、隋果琳、戴广忠

专业顾问：卜庆辉、王迪（男）、田峤晔、付梓松、刘梦雅、李丹、杨东旭、张静、陈春竹、郁欣悦、贾源、钱文刚、郭彦文、盛建鹏、常丽瑛、韩阳

FOREWORD
前言

  高考是一场公平的选拔方式,也是一次至关重要的升学节点。但升入大学的路径是否只有参加高考一条?其实并不是。升学路径不止高考一条,即使是高考,也细分出很多具体的升学路径。随着教育改革,国家越来越看重因材施教,为不同特质的学生提供越来越多的选择。但目前,很多学生和家长还不知道这些可能性的存在。

  本书希望帮助全国各地的学生和家长打破升学信息差,在众多的升学途径中选择适合学生升学的最优路径。首先,我们从时间维度定位了高中生涯中不可错过的升学大事件,帮助学生了解在什么时间要做什么事。其次,我们详细解读了除统招批次外的21种升学路径,如强基计划、综合评价招生、中外合作办学、港澳院校招生、飞行员招飞等等。

本书以实用性为导向，内容编排深入浅出，包括政策解读、规划建议、报考流程、备考指南、常见问题、真实案例等多个方面，希望帮助学生知政策、明利弊，不错过任何一次升学机会，做好多种升学方案准备，助力学生成就未来。我们邀请具有多年升学规划经验的老师，编写了不同升学路径的准备建议。同时，我们采访并整理了 20 多位名校生的升学案例，旨在帮助学生和家长了解最真实的路径学习发展，辅助学生和家长做出适合自己的路径选择。

我们的研发团队来自新东方教育科技集团，长期专注于研究高考政策变革，指导高中生升学规划，平均有 8 年及以上高中升学规划指导经验。这可以确保在编写过程中，能将最准确、最有时效性，以及家长和学生最想了解的信息传递下去。

这本书不仅适合已经走在高考道路上，以及即将走进高中的准高一新生重新定位自己，还可以为想要帮助孩子却苦于没有方法的家长找到出口，同时也可以作为学校老师或者刚刚进入升学规划领域的新人规划师的专业工具书。希望通过本书，为还处在迷茫中的大家提供引路的明灯。

选择成就未来，升学的路从来就不止一种。我们希望这本书帮你找准赛道，成就未来，拥抱美好的明天！

CONTENTS
目录

第一章
高中升学规划　01
高中升学大事件　02

第二章
21种升学路径解读　11
综合评价升学路径解读　12
强基计划升学路径解读　32
少年班升学路径解读　58
保送生升学路径解读　72
中外合作办学升学路径解读　88
港澳高校升学路径解读　101
国际本科升学路径解读　122

军校升学路径解读	136
警校升学路径解读	154
官校升学路径解读	175
三大招飞升学路径解读	189
航海类升学路径解读	206
公费师范生升学路径解读	222
专项计划升学路径解读	237
民族班/民族预科班升学路径解读	254
定向免费医学生升学路径解读	269
艺术生升学路径解读	278
体育生升学路径解读	308
浙江:"三位一体"升学路径解读	342
北京:"双培计划"和"外培计划"升学路径解读	359
上海春招升学路径解读	378

第三章
升学"加分项" 393

奥林匹克竞赛 394

夏/冬令营 407

我们为你精心准备了一份 升学礼包

1 23节 多元升学指导课

- 综合素质为王 4节课
- 国际视野培养 3节课
- 国家防护需要 5节课
- 国家政策帮扶 4节课
- 挖掘自身天赋 2节课
- 省市政策福利 3节课
- 升学「加分项」 2节课

2 34节 学霸必修课

- 先导课 1节课
- 学习状态调整 5节课
- 学霸方法解密 14节课
- 生涯发展探索 3节课
- 智慧人际交往 4节课
- 解析情绪管理 2节课
- 学霸家长课堂 5节课

3 新东方志愿通10天体验权益

中考志愿
一键智能生成
冲/稳/保高中学校建议

智能选科 推荐
高效定位选科组合

高考志愿填报 推荐
输入分数/位次
获得冲/稳/保大学和专业

选大学 选专业
大学、专业信息轻松查询

升学测评
权威测评
测选科、测专业、测心理

升学课堂 推荐
超6000分钟干货内容
助力学员顺利升学

大咖直播 推荐
独家高校招办老师和
名校学长学姐做客直播间

升学资讯
各高校、考试院资讯实时更新
不错过好机会

扫码领取升学礼包

第一章

高中升学规划

不可错过的升学大事件

高中升学大事件

■ 高一年级重大升学事件

- **上学期：了解新高考选科政策**

  新高考改革的背景下，选科是每个学生都会遇到的问题。选科组合决定了大学可报考的专业范围，甚至影响到未来的职业选择、人生规划，因此十分重要。

  建议开学前，结合孩子初中成绩和兴趣，初步制订三年规划。开学后，调查学校选科组合走班情况，为实际选科做准备。在上学期结束时，根据孩子高一上学期期末成绩，从未来职业规划，孩子自身性格、兴趣等方面出发，初步确定选科意向。

  建议让孩子做 MBTI 性格测评（迈尔斯－布里格斯人格类型测评）、霍兰德职业倾向测评、专业倾向性测评，综合评估孩子自身兴趣、能力、性格，综合决策选科组合和未来发展方向。

- **下学期：选科决策**

  一般来说，学校在高一下学期期末或高二上学期开学会收集学生选科意向以制订走班方案。建议高一下学期确定孩子的选科组合，并进一步锚定目标学校、目标专业，明确升学目标。

- **下学期：合格性考试**

  普通高中学业水平合格性考试，简称"合格考、学考"。合格考成绩是普通高中学生综合素质评价的主要内容之一，为高校招生录取提供参考，同时，它也是学生毕业和高中同等学力认定的主要依据，合格考的成绩影响学生在普通高中能否毕业。

  部分省份会选部分科目在高一下学期进行合格考，其余科目在高二上学期期末进行。每一年的合格考时间可能会有所变动，具体以当年官方公告为准。

- **寒暑假：夏/冬令营**

  各大高校举办的夏/冬令营是拓宽视野、提前感受大学文化的重要机会，夏令营的营期主要集中在7—8月，冬令营的营期主要集中在1月份。常见的夏/冬令营的类型有竞赛学生营、学科拓展营、素养提升营等方向。通常高一和高二的学生都可以参加。详情可阅读本书第三章内容。

- **全年：关注学科竞赛**

  如果孩子成绩优异，对数学、物理、化学、生物、信息学有浓厚兴趣，那一定不要错过全国中学生奥林匹克学科竞赛（简称"学科竞赛"）。一般来说，学科竞赛在每年二三月开始陆续启动，学生和家长可提前了解相关政策，早做准备。

  学科竞赛不限制参加年级，成绩优异的学生可高一参加。大部分学生高一期间准备，待高二至高三知识储备量增加后参加竞赛。进入五大学科竞赛国家集训队的考生，有机会获得保送生资格。

■ 高二年级重大升学事件

- **开学：了解多元升学策略**

  进入高二，要提前研究升学政策，做好多路径升学准备。一般来说，高校特殊招生一般青睐以下几类考生：
  1. 高中阶段综合成绩优秀的考生；
  2. 在一定领域具有学科特长，在五大学科竞赛中荣获奖项的考生；
  3. 高中阶段在科技创新或某一专业领域有突出表现并荣获奖励的考生。

- **开学：调整学习方法**

  进入高二，选考科目的知识难度加大，知识容量增加，很多学生在高二掉队。因此，高二经常被称为高中学习的分水岭。建议学生在高二用思维导图等工具，搭建学科知识网，调整学习方法，形成学科知识整体思维。

- **上学期：少年班招生**

  中国科学技术大学（简称"中科大"）有面向高中低年级学生的少年班。9月份，中科大会公布少年班和少创班招生简章（中科大少年班和少创班主要是面向低年级考生进行招生，两者要求报名考生为高二及以下学生，综合成绩优异或具有学科竞赛特长的考生建议尝试报名）。

- **上学期：清北金秋营**

  根据往年情况，清华大学、北京大学金秋营活动在10月组织，面向学科竞赛中获得省级及以上奖项的学生，营期设有考核，考核优秀者有机会被推荐至招生办。

- **寒暑假：夏/冬令营**

  部分夏/冬令营对升学、专业选择有一定帮助，建议持续关注。详情可阅读本书第三章内容。

- **全年：学科竞赛**

  学科竞赛对考生选择强基计划、综合评价、保送生等升学路径有一定帮助。五大学科竞赛具体流程参考本书第三章内容。

■ 高三年级重大升学事件

- **全年学习节奏：三轮高中知识复习**

  一轮复习：一般来说，部分学校一轮复习在高二下学期或高三开学启动。一轮复习是对高中所学知识的回顾，是查漏补缺，为知识系统化、能力化做准备的时期。建议在一轮复习中打好基础，形成知识网络体系，开始做历年真题，归纳不同题型的解题方法。

  二轮复习：一轮复习后，各学科会以专题的形式进入二轮复习。一般来说在 1 月底或 2 月初到 5 月，这几个月主要用来锻炼综合解题能力。二轮复习要从全面复习转为重点复习，将一轮复习中复习过的基础知识运用到考题中，建议多刷题，多整理错题，逐渐把握高考各题型的特点和规律，初步形成应试技巧。

  三轮复习：经过一轮基础夯实、二轮解题能力提升训练，在距离高考还有一个月的时候，通常会进入三轮复习。三轮复习主要是考试训练，不断训练真题、模拟题，总结一年来的错题，回归基础。需要注意的是，市面上各种模拟题水平参差不一，建议学生咨询老师后，选择合适的套卷练习。

- **9 月—10 月：空军、海军、民航招飞启动**

  空军、海军招收高中的飞行员相关信息一般于每年 9 月下旬陆续发布，民航招飞一般在每年 10 月启动，有报名意向的考生可及时关注本省发布的资讯，或登录空军招飞网、海军招飞网了解相关政策，重点关注视力等要求。详情可阅读本书第二章第 11 节内容。

- **10 月：高考报名办法发布**

  重点关注高考报名办法中的报名条件、报名方式、注意事项，尤其是非本省户籍考生。

- **10 月：特殊类型招生信息陆续发布**

  高水平运动员、艺术类招生规定等特殊类型招生信息陆续发布，考生需要注意。

- **11月：高考报名**

  根据省级招生办统一安排，在指定时间、地点，进行高考报名。

  大部分省（区、市）艺术类、体育类专业考试报名与高考报名同时进行，相关考生可及时关注报名规定中的报考要求。

  考生和家长可通过阳光高考信息平台上的招生政策栏目了解各省（区、市）的最新信息，还可登录阳光高考信息平台的地方站了解具体信息。

- **12月：艺术生统考**

  部分省份12月开始艺术类专业省统考，同时高校陆续公布艺术类专业校考招生考试政策。

- **12月：其他特殊类型招生**

  根据往年安排，有其他特殊类型招生政策也将在12月集中发布，有关高校也将陆续公布特殊类型招生简章，如保送生、高水平运动队招生等，符合条件的考生要密切关注。

- **12月：港澳高校内地招生**

  香港、澳门高校内地招生陆续启动，各港澳高校举行招生说明会。

- **12月：高考英语听力口语考试**

  部分省（区、市）英语高考听力、口语考试有两次机会——高三上学期12月，高三下学期3月，考试成绩计入高考成绩。[部分省（区、市）安排在高考后]建议考生加强听力、口语练习，早做准备。

- **次年1月：艺术类校考报名，省统考成绩公布**

  除了省统考外，校考也是艺术类专业考试形式，1月将有不少艺术类高校开始校考报名，考生需及时关注。

- **次年 1 月：高三上学期期末考试（高考零模）**

  一般来说，高三上学期的期末考试会参考高考考试范围（部分地区称此次考试为高考零模），综合考查学生掌握情况。对学生来说，是初步的高考目标定位，考生需要在期末考试的基础上，明确找出提分点，进而制订出下学期的冲刺计划。

- **次年 2 月：艺术类专业校考**

  寒假期间，部分院校的艺考陆续开考。考生要仔细研读已报考院校的招生简章，了解考试时间、地点、项目等具体内容，在规定时间到指定地点参加考试。

- **次年 2 月：特殊类型招生简章**

  体育类、高水平运动队等招生简章仍在陆续公布，考生及家长需及时关注。

- **次年 3 月：高考体检**

  部分省（区、市）高考体检安排在 3 月进行，考生要在学校（或报名所在地招生办公室）组织下到指定医院参加体检。体检前，考生注意保持身体健康。体检中发现身体指标（如视力、身体疤痕等）有异常的考生，在填报志愿时要避开限报专业。

- **次年 3 月：强基计划启动**

  根据教育部公布的政策，3 月底前，试点高校发布年度强基计划招生简章。考生可关注阳光高考信息平台相关信息，根据高校简章要求，按时完成报名，并提交相关申请材料。

- **次年 3 月：各省（区、市）普通高等学校招生工作规定陆续发布**

  3 月至 5 月各省（区、市）普通高等学校招生工作规定陆续出台。考生和家长注意查看所在省（区、市）对考试组织、志愿填报、录取管理等的详细规定。

- **次年 3 月：高考一模**

  一模、二模相比于其他考试比较正式，一般是几个城市联考，各市会根据情况划出分数线，供考生和家长参考。同时，考生也可以借模考成绩来定位自己的目标院校，也要从中找出自己的短板，抓紧时间查漏补缺。

- **次年 4 月：强基计划、综合评价招生报名启动**

  根据教育部发布的政策，4 月强基计划、综合评价招生网上报名陆续启动，符合报考条件的考生可根据高校简章要求进行报名。

- **次年 4 月：高校专项计划报名**

  高校专项计划一般在 4 月底前完成报名申请，符合相关报考条件的考生可在规定时间内登录高校专项计划报名系统进行报名。

- **次年 4 月：高考二模**

  随着高考时间越来越近，调整考生心态变得非常重要。

- **次年 5 月：高校招生简章发布**

  高校陆续发布当年的招生简章。招生简章是考生了解高校招生信息、录取规则的重要途径，是填报志愿的重要依据，考生和家长要认真参阅。

- **次年 5 月：军队院校、公费师范生、优师计划、免费医学生等政策出台**

  军队院校、公费师范生、优师计划、免费医学生招生等有关政策出台。未达到特定专业体检合格标准的考生，在填报志愿时要避开该限报专业。

- **次年 5 月：高考招生咨询会**

  部分高校将陆续举行招生咨询会、校园开放日，一般安排在周末。考生和家长可以有选择地参加，可通过高校咨询会了解相关报考信息。

- **次年 6 月：高考**

  根据往年情况，高考一般在 6 月 7 日—10 日举行。

- **次年 6 月：高考成绩及省控线公布**

  高考后各省（市、区）陆续公布高考成绩和各批次录取控制分数线，考生要及时关注和查询。

- **次年 6 月：强基计划、高校专项校考**

  试点高校对入围考生组织考核（各校情况不一，具体是否需要考核，以高校招生简章为准），如笔试、面试、体育测试等，一般在 6 月底至 7 月初（复旦大学、上海交通大学、南京大学等高校高考出分前组织校测）。

  强基计划校考前有确认环节，准备参加校考的考生要及时进行考试确认。

- **次年 6 月：公安类院校信息采集——面试——体测——体检**

  随着高考时间越来越近，调整心态很重要。

- **次年 6 月：军事类院校政审——心理检测——面试——体测**

  报考军校的考生需要经过政审、心理检测、面试、体测等考核，一般在 6 月进行。

- **次年 6 月：高考本科批次志愿填报**

  目前所有省份都在考后填报志愿。考生可及时关注本省填报志愿的有关政策和时间安排，结合各省下发的报考材料，合理填报志愿。

- **次年 7 月：高考招生录取**

  根据各省（区、市）往年高考进程，7 月起高考招生录取工作全面启动。考生对于录取进程要心中有数，关注相应批次录取进程，及时查询录取结果。

- **次年 7 月：本科征集志愿**

  征集志愿时间很短，未被录取但符合相应条件的考生，还要重点关注征集志愿安排，在规定时间内完成填报，以免错失录取机会。

- **次年 7 月：高职、专科批次志愿填报**

  各省（区、市）陆续开展填报高职（专科）批次志愿及征集志愿。

- **次年 7 月：高考录取结果公示**

  每批次录取结束后，高校寄发录取通知书。随录取通知书一同寄给考生的，还有入学报到须知、资助政策办法等相关材料。考生及家长要学会辨别真假通知书，避免上当受骗。

- **次年 8 月：高职录取及征集志愿**

  各省（区、市）高职录取在 8 月全面开始，具体时间请查询各省（区、市）考试院网站或各省（区、市）录取日程，另外要及时关注各省（区、市）考试院网站发布的征集志愿信息。

  全国普通高校招生录取过程中，形形色色的诈骗案件也进入高发期。考生和家长要提高警惕，谨防招生诈骗。

第二章

21种升学路径解读

打破信息差，助力上名校

综合评价升学路径解读 01

■ **什么是综合评价？**

综合评价招生是指**试点高校**拿出一定比例的招生名额，在高考成绩基础上通过高校的评价体系（**初审、笔试、面试考核等**），选拔出符合高校自身培养特色的优秀学生。

该类招生最大的特点是基于考生**高考成绩、高校综合测试成绩、高中学业水平考试成绩等**，按照一定比例计算形成考生综合总分，最后按照综合总分择优录取。其中，**高考成绩占比不低于 50%**。

综合评价招生打破了传统高考"一考定终身"的局面，贯彻落实《国务院关于深化考试招生制度改革的实施意见》精神，对"分类考试、综合评价、多元录取"的考试招生模式进行积极探索。综合评价一般综合考量多项指标，高考分数、综合素质评价档案、各类奖项或突出表现、高中阶段的成绩都将成为评价一个考生的组成部分。

综合评价中涉及的各部分成绩比重由学校决定，学校之间有一定不同，下表列举部分学校 2024 年录取方法，以供参考。

院校名称	计分模式	计算公式
昆山杜克大学	5：4：1模式或5：5模式	高考成绩（权重 50%）、学校自主综合评估成绩（权重 40%）、高中学业水平考试成绩（权重 10%），按照"5：4：1"模式进行综合评分，择优录取；如果所在省（区、市）高中学业水平考试的合格性考试成绩仅分为合格与不合格，且等级性考试成绩纳入高考总成绩的计算，则这些省（区、市）的自主综合评估权重以 50% 计算，即按照"5：5"模式进行综合评分，择优录取

续表

院校名称	计分模式	计算公式
香港中文大学 南方科技大学 华南理工大学 西交利物浦大学 中国科学院大学等	6：3：1模式	高考成绩（含政策性加分，占60%）+入学测试成绩（占30%）+学业水平合格性考试成绩（占10%）
杭州电子科技大学	60：25：15模式	高考成绩（占60%）+综合素质测试成绩（占25%）+学业水平合格性考试成绩（占15%）
北京外国语大学	7：3模式	高考（实际考分）、能力测试两个方面的成绩以当地高考成绩满分值按7：3的比例加总
南京邮电大学	75：20：5模式	高考成绩（占75%）+面试考核成绩（占20%）+高中学业水平合格性考试成绩（占5%）
浙江大学（上海） 上海交通大学（上海） 中山大学 东南大学等	85：15模式	高考投档成绩（折算成百分制占85%）+招生院校考核成绩（百分制占15%）
上海交通大学（浙江）	85：12：3模式	高考投档成绩折算成绩（满分850分）+高中学业水平合格性考试折算成绩（满分30分）+面试折算成绩（满分120分）
复旦大学（浙江） 浙江大学（浙江）	85：10：5模式	高考成绩（占85%）+面试成绩（占10%）+高中学业水平考试折算成绩（占5%）

■ 综合评价的录取及降分政策

综合评价的录取办法一般是根据专业组招生计划，**按考生综合成绩从高到低排序录取**。从历年高校录取情况来看，**综合评价的录取分数一般低于普通高考统招10—20分，甚至部分省属重点本科高校能降分50分以上**。建议平时成绩和目标院校有较小差距的考生抓住机遇。

具体的分数差值与高校热度、招生计划、报名人数、招生专业等都有关系，因此也会出现个别高校、个别专业综合评价录取分数反高于高考统招的情况，下表为大家列举部分综合评价院校降分录取情况。

高校	省份	专业	综合评价录取最低分	高考统招录取最低分	分差
山东大学	山东	社会学类	594	620	-26
		工商管理类	629	623	6
		计算机类	632	645	-13
		电子信息类（微电子与电路集成方向）	626	637	-11
		临床医学（五年制）	640	646	-6
中国海洋大学	山东	水产养殖学	557	612	-55
山东师范大学	山东	新闻学	464	567	-103
南京工业大学	江苏	材料科学与工程（与中国科学院上海硅酸盐研究所联合培养英才班）	548.7	592	-43.3
南京中医药大学	江苏	中医学（中医拔尖创新人才培养模式改革5+3一体化）	616	629	-13
南京信息工程大学	江苏	计算机科学与技术［与腾讯云计算（北京）有限责任公司联合培养］	616	631	-15
宁波大学	浙江	汉语言文学	598	635	-37
温州大学	浙江	生态学	532	582	-50

■ 综合评价招生政策的实施院校和招生区域有哪些？

实施综合评价招生政策的院校不仅有复旦大学、上海交通大学、山东大学、浙江大学等**"双一流"高校**，还有昆山杜克大学、上海纽约大学等**创新型高校**。

其中，中国科学院大学、北京外国语大学、华南理工大学、上海科技大学、南方科技大学、香港中文大学（深圳）、昆山杜克大学、上海纽约大学、深圳北理莫斯科大学面向**全国多省（区、市）**招生，更多高校的招生区域则主要为**高校所在省（区、市）**，主要集中于浙江、江苏、山东、上海、广东等地。

这些地区教育资源相对充沛，地缘（理）位置较为接近，学生毕业后留在本地就业的意愿较高。下表列出 2024 年在各省（区、市）进行综合评价招生的高校名单。

请注意，每年进行综合评价招生的高校及面向招生的省份会有所变动，具体情况请以当地教育考试院公布的最新信息为准。

面向省（区、市）	院校名单		
浙江	• 浙江大学 • 中国科学院大学 • 华南理工大学 • 上海纽约大学 • 浙江工业大学 • 杭州电子科技大学 • 湖州学院 • 温州大学 • 浙江财经大学 • 浙江农林大学 • 浙江中医药大学 • 浙江外国语学院 • 杭州医学院 • 杭州师范大学 • 嘉兴大学 • 浙江万里学院 • 浙江工商大学 • 宁波大学科学技术学院	• 复旦大学 • 北京外国语大学 • 香港中文大学（深圳） • 昆山杜克大学 • 嘉兴南湖学院 • 浙江水利水电学院 • 宁波财经学院 • 宁波幼儿师范高等专科学校 • 宁波大学 • 浙江越秀外国语学院 • 浙江科技大学 • 绍兴文理学院 • 宁波诺丁汉大学 • 浙江海洋大学 • 中国计量大学 • 温州肯恩大学 • 温州医科大学	• 上海交通大学 • 南方科技大学 • 上海科技大学 • 深圳北理莫斯科大学 • 温州理工学院 • 金华职业技术学院 • 衢州学院 • 温州商学院 • 浙大城市学院 • 浙大宁波理工学院 • 浙江理工大学 • 宁波工程学院 • 浙江师范大学 • 台州学院 • 湖州师范学院 • 浙江警察学院 • 丽水学院

续表

面向省（区、市）	院校名单
江苏	- 南京大学　　　- 扬州大学　　　- 南方科技大学 - 东南大学　　　- 南京林业大学　- 华南理工大学 - 江苏大学　　　- 南京医科大学　- 浙江大学 - 南京邮电大学　- 南京中医药大学- 上海纽约大学 - 南京师范大学　- 西交利物浦大学- 上海科技大学 - 江苏师范大学　- 昆山杜克大学　- 深圳北理莫斯科大学 - 南京信息工程大学- 中国科学院大学- 香港中文大学（深圳） - 南通大学　　　- 北京外国语大学- 南京工业大学
山东	- 山东大学　　　　　- 北京外国语大学 - 中国海洋大学　　　- 南方科技大学 - 中国石油大学（华东）- 华南理工大学 - 哈尔滨工业大学（威海）- 浙江大学 - 山东科技大学　　　- 上海纽约大学 - 山东财经大学　　　- 昆山杜克大学 - 青岛大学　　　　　- 上海科技大学 - 青岛科技大学　　　- 深圳北理莫斯科大学 - 山东师范大学　　　- 香港中文大学（深圳） - 中国科学院大学
上海	- 上海交通大学　- 上海外国语大学- 昆山杜克大学 - 同济大学　　　- 上海财经大学　- 北京外国语大学 - 浙江大学　　　- 东华大学　　　- 上海纽约大学 - 复旦大学　　　- 上海中医药大学- 上海科技大学 - 华东师范大学　- 南方科技大学　- 深圳北理莫斯科大学 - 上海大学　　　- 华南理工大学 - 华东理工大学　- 香港中文大学（深圳）
广东	- 浙江大学　　　- 华南理工大学　- 中山大学 - 北京外国语大学- 北师港浸大　　- 西交利物浦大学 - 昆山杜克大学　- 深圳北理莫斯科大学- 香港中文大学（深圳） - 上海纽约大学　- 南方科技大学
河北	- 北京外国语大学　- 南方科技大学　- 昆山杜克大学 - 深圳北理莫斯科大学- 上海纽约大学
山西	- 北京外国语大学　- 上海纽约大学 - 南方科技大学　　- 深圳北理莫斯科大学
辽宁	- 东北大学　　　- 上海科技大学　- 深圳北理莫斯科大学 - 北京外国语大学- 上海纽约大学 - 南方科技大学　- 昆山杜克大学

续表

面向省（区、市）	院校名单
吉林	• 北京外国语大学　• 南方科技大学　• 昆山杜克大学 • 深圳北理莫斯科大学　• 上海纽约大学
黑龙江	• 北京外国语大学　• 上海纽约大学 • 深圳北理莫斯科大学　• 昆山杜克大学
安徽	• 北京外国语大学　• 南方科技大学　• 昆山杜克大学 • 深圳北理莫斯科大学　• 上海纽约大学
福建	• 北京外国语大学　• 上海纽约大学　• 香港中文大学 • 深圳北理莫斯科大学　• 昆山杜克大学　（深圳） • 南方科技大学　• 上海科技大学
江西	• 北京外国语大学　• 南方科技大学　• 昆山杜克大学 • 深圳北理莫斯科大学　• 上海纽约大学　• 上海科技大学
河南	• 北京外国语大学　• 南方科技大学　• 昆山杜克大学 • 深圳北理莫斯科大学　• 上海纽约大学　• 上海科技大学
湖北	• 北京外国语大学　• 南方科技大学　• 昆山杜克大学 • 深圳北理莫斯科大学　• 上海纽约大学　• 上海科技大学
湖南	• 北京外国语大学　• 上海纽约大学　• 中国科学院大学 • 深圳北理莫斯科大学　• 昆山杜克大学　• 中南大学 • 南方科技大学　• 上海科技大学
海南	• 北京外国语大学　• 南方科技大学　• 上海纽约大学
四川	• 北京外国语大学　• 上海纽约大学　• 中国科学院大学 • 深圳北理莫斯科大学　• 昆山杜克大学　• 上海科技大学 • 南方科技大学
贵州	• 北京外国语大学　• 南方科技大学　• 上海科技大学 • 深圳北理莫斯科大学　• 上海纽约大学
云南	• 北京外国语大学　• 南方科技大学　• 上海科技大学 • 中南大学　• 上海纽约大学
陕西	• 北京外国语大学　• 上海纽约大学　• 中国科学院大学 • 深圳北理莫斯科大学　• 昆山杜克大学　• 上海科技大学 • 南方科技大学
甘肃	• 北京外国语大学　• 上海纽约大学　• 上海科技大学
青海	• 北京外国语大学　• 上海纽约大学

续表

面向省（区、市）	院校名单		
北京	• 北京外国语大学 • 深圳北理莫斯科大学 • 南方科技大学	• 上海纽约大学 • 昆山杜克大学	• 上海科技大学 • 中国科学院大学
天津	• 北京外国语大学 • 深圳北理莫斯科大学	• 上海纽约大学 • 昆山杜克大学	• 上海科技大学
重庆	• 北京外国语大学 • 深圳北理莫斯科大学	• 南方科技大学 • 上海纽约大学	• 昆山杜克大学 • 上海科技大学
内蒙古	• 北京外国语大学 • 深圳北理莫斯科大学	• 南方科技大学 • 上海纽约大学	• 昆山杜克大学
广西	• 北京外国语大学 • 南方科技大学	• 上海纽约大学 • 昆山杜克大学	
西藏	• 北京外国语大学	• 上海纽约大学	
宁夏	• 北京外国语大学	• 上海纽约大学	
新疆	• 北京外国语大学	• 上海纽约大学	

■ 综合评价的报考条件是什么？适合哪些学生？

各高校的综合评价报名条件不尽相同，**以山东大学在山东省设置的综合评价报名要求为例：**

身心健康，品学兼优，通过2024年全国普通高等学校招生全国统一考试（夏季高考）报名，高中学业水平考试各科目合格，高中三年参加不少于10个工作日的社区服务和1周社会实践，并完成不少于6学分的考察探究活动（研究性学习、研学旅行、野外考察等），相关学科领域才能表现突出的普通高中毕业生，同时满足报考条件之一：

1.高中阶段获省级及以上优秀学生或优秀学生干部表彰的。（特殊才能或其他奖项荣誉）

2.高中阶段在以下竞赛中获得至少一项奖项的。（学科专长）

竞赛名称	主办单位	获奖等级要求
全国中学生数学奥林匹克竞赛	中国数学会	省级三等奖及以上
全国中学生物理奥林匹克竞赛	中国物理学会	省级三等奖及以上
全国中学生化学奥林匹克竞赛	中国化学会	省级三等奖及以上
全国中学生生物奥林匹克竞赛	中国动物学会 中国植物学会	省级三等奖及以上
全国中学生信息学奥林匹克竞赛	中国计算机学会	省级三等奖及以上
全国中学生地球科学奥林匹克竞赛	中国地震学会	省级二等奖及以上
"叶圣陶杯"全国中学生新作文大赛	中国当代文学研究会	全国决赛二等奖及以上
"外研社杯"全国中学生外语素养大赛	北京外国语大学	省级一等奖及以上
全国青少年科技创新大赛	中国科学技术协会	全国决赛三等奖及以上

3.山东大学优秀生源基地等优质高中的学生，高中阶段历次期末考试及高考模拟考试中至少4次总成绩不低于总成绩满分的75%，并经所在中学证明的（须按校方要求提供成绩证明）。（学业优秀）

4.有器乐表演特长，并参加社会艺术水平考级获得九级及以上级别证书的（仅认可中国音乐家协会、中央音乐学院、上海音乐学院和中国音乐学院颁发的证书）。其中长笛、长号、大号、大提琴、低音提琴、小提琴、中提琴、大管、单簧管、双簧管、小号、圆号12个西洋管弦项目优先。（特殊才能或其他奖项荣誉）

5.有排球、篮球或乒乓球等专项体育特长，获得相关项目国家二级及以上运动员证书的（须提供国家体育总局"运动员技术等级综合管理系统"查询结果截图）。（特殊才能或其他奖项荣誉）

6.经所在中学校长实名推荐，在德、智、体、美、劳各方面综合表现优秀或具有突出学科特长的（须按附件2要求提供中学校长推荐信，并提供相应支撑材料）。每所中学推荐学生数量不超过该中学上一年度被我校录取数的20%（四舍五入取整，少于2人的按2人限额推荐）。（特殊才能或其他奖项

荣誉）

这份招生简章基本包含了报考综合评价的几大类要求，一般满足其中的一个条件以上，即可尝试报名综合评价考试，包括：

1.学业成绩要求

综合评价招生虽避免了"一考定终身"，但高考成绩仍占总成绩50%以上，因此对基本的学业成绩要求不能放松。

除了高考成绩占比高以外，部分学校还对考生的平时成绩提出了更具体的要求，下面为大家列举出部分院校在2024年招生简章中的学业要求。

> **浙江大学、复旦大学、中山大学等** 要求报名考生各科目高中学业水平考试均合格。
>
> **北京外国语大学** 要求报名考生高三第一学期期末（或最近一次模考）成绩在年级同科类排名前10%以内，并且语文和外语成绩均在同科类排名的前10%以内（该校生源基地校和省级示范校可适当放宽排名限制）。
>
> **华南理工大学** 要求提供高中一至三年级5次期末考试成绩，高三年级一次校级以上模拟考试成绩。
>
> **南方科技大学** 要求提供高中成绩记录（须加盖公章），包括高一、高二年级历次期末考试成绩，高中学业水平合格性考试成绩，高三年级最近两三次模拟考试成绩（校级以上模考、联考），写明各科得分、总分及年级排名，注明各科满分。
>
> **香港中文大学** 要求提供高中成绩单，包含高一、高二年级4次期末考试成绩，高三年级2次以上校级/市级/省级统一考试成绩，包括各科得分、总分、年级排名及年级人数等，须加盖中学或教务处公章。

2. 学科特长突出

学科特长突出指的是学生在自然科学素养类竞赛、人文综合素养类竞赛中取得奖项，下面为大家列举其他部分院校在 2024 年招生简章中对学科特长的要求。

上海交通大学、复旦大学 在高中阶段获得全国中学生奥林匹克竞赛数学、物理、化学（化学限报考自然科学试验班）省级赛区一等奖及以上（获奖名单以中国科协网站公示为准）的优秀考生经审核后，可给予初审优秀。

南方科技大学 获得中学生数学、物理、化学、信息学、生物学奥林匹克竞赛全国决赛一等奖、二等奖、三等奖的考生，网上申请该校综合评价招生并参加能力测试面试，面试成绩按实际得分，分别加 15 分、10 分、5 分计（百分制）。

南京师范大学 要求报考综合评价招生的学生须满足以下报名条件之一：

1. 高二、高三年级 3 个学期期末考试成绩排名均位于所在中学同年级普通类同首选科目学生中前 10% 以内。

2. 高二、高三年级 3 个学期期末考试成绩排名均位于所在中学同年级普通类同首选科目学生中前 30% 以内，且符合如下情况之一：

（1）考生所在中学为江苏省高品质示范高中首批建设立项学校，或与南京师范大学有人才培养深度合作的中学；
（2）考生高中阶段获得英语类竞赛国家级一等奖及以上；
（3）考生高中阶段获得人文类竞赛国家级一等奖及以上；
（4）考生高中阶段获得省级及以上三好学生、优秀学生干部荣誉称号。

3. 考生高中阶段获得全国中学生五项学科竞赛任一学科省级赛区二等奖及以上奖项（奖项落款为中国数学会、中国物理学会、中国化学会、中国计算机学会、中国植物学会和中国动物学会）。

部分学校的部分专业要求持有竞赛奖项才能报考，例如：

中山大学 报考广州校区计算机学院计算机科学与技术专业的考生，须在全国青少年信息学奥林匹克联赛中获省级赛区一等奖及以上奖项。

复旦大学 报考"数学英才班"的考生，须在高中阶段获得数学全国中学生奥林匹克竞赛省级赛区一等奖及以上奖项。

3. 特殊才能或其他奖项荣誉

特殊才能或其他奖项荣誉指的是学生取得文体类奖项、证书，或是在思想品德、社会实践等方面表现突出，下面为大家列举出其他部分院校在 2024 年招生简章中对特殊才能或其他奖项荣誉的要求。

哈尔滨工业大学（威海） 在山东省的报名条件是：

通过山东省 2024 年夏季高考报名，热爱祖国、理想远大、身心健康、品学兼优、崇尚科学、成绩优异、具备创新潜质，高中 3 年参加不少于 10 个工作日的社区服务和 1 周社会实践，并完成不少于 6 学分的考察探究活动（研究性学习、研学旅行、野外考察等）的学生，在满足以下两类报考条件至少一项者，可申请报名。

第一类条件：在德智体美劳等方面表现优异，高中阶段获得省级及以上竞赛奖项或县级及以上"优秀学生干部""三好学生"等荣誉称号。

第二类条件：高中阶段历次期末考试及高考模拟考试中至少 4 次总成绩不低于总成绩满分的 80%。

中国石油大学（华东） 在山东省的报名条件是：

身心健康、品学兼优，通过 2024 年全国普通高等学校招生全国统一考试（夏季高考）报名，高中学业水平合格考试各科目合格，高中 3 年参加不少于 10 个工作日的社区服务和 1 周社会实践，并完成不少于 6 学分的考察探究活动（研究性学习、研学旅行、野外考察等），相关学科领域才能表现突出的普通高中毕业生，同时满足报考条件之一：

（1）高中阶段获省级及以上优秀学生或优秀学生干部表彰。
（2）高中阶段在以下竞赛中获得至少一项奖项。

竞赛名称	主办单位	获奖等级要求
全国中学生数学奥林匹克竞赛	中国数学会	省级三等奖及以上
全国中学生物理奥林匹克竞赛	中国物理学会	省级三等奖及以上
全国中学生化学奥林匹克竞赛	中国化学会	省级三等奖及以上
全国中学生生物奥林匹克竞赛	中国动物学会 中国植物学会	省级三等奖及以上
全国青少年信息学奥林匹克竞赛	中国计算机学会	省级三等奖及以上

续表

竞赛名称	主办单位	获奖等级要求
全国中学生地球科学奥林匹克竞赛	中国地震学会	省级二等奖及以上
"叶圣陶杯"全国中学生新作文大赛	中国当代文学研究会	全国决赛二等奖及以上
"外研社杯"全国中学生外语素养大赛	北京外国语大学	省级一等奖及以上
全国青少年科技创新大赛	中国科学技术协会	全国决赛三等奖及以上

该校优秀生源基地等优质高中的学生，高中阶段历次期末考试及高考模拟考试中要求至少 4 次总成绩不低于总成绩满分的 75%，并经所在中学证明（须按校方要求提供成绩证明）。

■ 综合评价的考核方式有哪些？

不同高校的校考考核方式不尽相同，一般有**面试、笔试（机试）、笔试（机试）+面试、校园开放日**这几种形式。下面为大家列举部分高校的校考考核方式。

院校名称	考核方式	考核内容	真题再现
中国科学院大学	面试、笔试（仅浙江）、体育测试	**面试**主要考查学生的数理基础、逻辑推理、学习兴趣、想象能力、表达能力等综合素质，一般不出具刚性答案的题目。 **笔试**考试内容以数理为主，主要测试考生的数理逻辑能力、学习领悟能力等。 **体育测试科目**具体为立定跳远、仰卧起坐、跳绳三选一。测试结果作为录取与否的重要参考。	• 解释电动汽车与传统燃油汽车的主要区别。 • 新媒体对传统媒体的影响是什么？ • 谈谈人工智能对医疗领域的应用前景。 • 聊聊在生活中发生的物理现象。 • 勾股定理的证明方式。 • 如果你是今天去往空间站的航天员，那你准备做哪些感兴趣的实验？

续表

院校名称	考核方式	考核内容	真题再现
浙江大学	面试	主要考查学生的科学精神、专业意向、跨文化交流、创新能力及综合素质。	• 你当了医生之后，经常面临生离死别，会存在抑郁的风险，你将如何应对？ • 平面上有100个点，怎么把它划成一半一半？ • 举例说一个你在生活中遇到的机械工程问题，然后拿出你的解决方案。 • 能不能介绍一下你看过最无聊的书？ • 秋冬季是枯水期，城市中可能会面临水荒，可生活中用水需求量很大，你能想出什么很好的节水方法吗？
上海科技大学	校园开放日	通过以综合面试为主的多样性活动全面考查考生综合素质。	• 你如何担任班长这一职务？ • 为什么报名计算机专业？ • 对人工智能的看法。 • 准备全国中学生物理奥林匹克竞赛的经验。 • 上海科技大学在你意向校中的排名。

■ 综合评价的报考流程是怎样的？

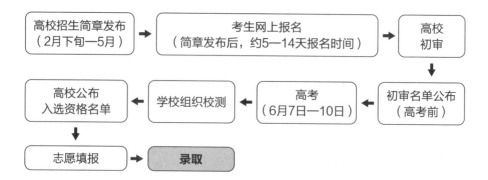

部分高校招录流程会有差异，如浙江省属"三位一体"高校校测在高考前进行，上海校测则统一安排在填报志愿后进行。

■ 综合评价规划建议

综合评价的优势

> **更加科学客观的选拔方式**

综合评价招生不是以高考成绩为唯一标准，而是结合考生的**高考成绩、高校综合测试成绩和高中学业水平考试成绩**等多个维度进行综合评价，这种选拔方式更加科学、客观，能够更全面地评估考生的综合素质和潜力。

> **提升考生成功录取率，降低高考压力**

综合评价招生与高考形成"**双保险**"，即使考生在高考中发挥失常，也有可能凭借综合成绩冲进目标院校，从而提升考生的成功录取率，有助于缓解考生的高考压力，使其能够更加从容地应对考试。

> **部分院校或专业只能通过综合评价报考**

北京外国语大学小语种的部分专业，以及**南方科技大学、上海科技大学、上海纽约大学、昆山杜克大学**等院校仅通过综合评价招生。

> **降分效果好**

综合评价的录取分数一般低于普通高考统招分数 **10—20 分**，甚至部分省属重点本科高校能降 **50 分**以上。

> **与其他特殊招生不冲突**

综合评价与其他特殊招生考试并不冲突，如强基计划、高校专项等，考生可以同时报考。

部分院校提供资助，减轻经济压力

部分中外合作高校或具有特殊政策的院校在综合评价招生中会提供奖学金、助学金等资助，以减轻考生的经济压力。例如**昆山杜克大学**给优秀学生授予不同额度奖学金，分为全额学费免除、3/4 学费免除、1/2 学费免除、1/4 学费免除四档；对于因家庭无法承担学习和生活费用的申请者，将根据实际情况颁发不同额度助学金，最高可覆盖四年全额学费，奖助学金可累加，但最高资助金额为四年学费总额。

综合评价的局限性

综合评价政策覆盖范围有限

综合评价招生虽然在全国范围内逐渐推广，但**大多数院校还是主要面向本省或特定地区招生**，这使得其他地区的考生难以享受到这一政策带来的优惠。

部分院校招生模式有限制

部分院校在综合评价招生中会有**锁档、限报、不能转专业等要求**，考生须仔细阅读招生简章。

报名人数多，录取竞争激烈

虽然综合评价招生为考生提供了更多的机会，但**每年报名人数极多，而录取人数相对少**，竞争十分激烈，甚至有个别院校个别专业录取分数反高于普通批次。

综合评价的常见问题

"三位一体"和综合评价有什么关系？

"三位一体"是浙江省的综合评价招生政策。与其他地区的综合评价招生一样，都是以考生的高考成绩、校测成绩、学考成绩，按照一定比例计算出综合成绩，择优录取。

综合评价和综合素质评价有什么关系？

高校通过综合评价招生录取时，结合高校自身培养特色要求，依据考生高考成绩、校测成绩、学考成绩，参考综合素质评价等维度，择优录取。从往年情况来看，大部分高校都把综合素质评价材料作为综合评价招生的重要参考依据，部分江苏省高校在录取总成绩中赋予综合素质评价材料一定权重，直接影响考生录取排名。

综合评价学生名额一般占高校招生名额多大比例？

每所高校都不同，但从往年情况来看，除了高考统考，**综合评价是占据招生名额最多的自主选拔方式**。另外，上海科技大学、南方科技大学等高校本科招生以综合评价招生为主，占据 90% 以上名额。

复读生可以报考综合评价吗？

通常复读生可以报考，报名时与应届生一样。在提交成绩时，高一、高二年级按照原高一、高二成绩提交，高三成绩按照复读期间成绩提交。

需要注意的是，**部分高校在综合评价招生简章中明确表明，招生对象为高中应届毕业生，复读生不能报名**。如南京医科大学、江苏师范大学、南通大学等高校，具体以高校当年公布的招生简章为准。

综合评价和强基计划有什么区别？应该选哪个？

综合评价与强基计划政策的区别

	综合评价	强基计划
实施院校	多为创新型高校、省属重点高校	39 所 "985" 高校
招生对象	品学兼优、综合素质优秀、全面发展	综合素质优秀或基础学科拔尖
招生范围	有严格的招生区域限制，目前只在少部分地区实施	全国
招生专业	有普通专业，也有本校优势专业	重点在数学、物理、化学、生物、信息学、历史、哲学等基础学科专业
转专业	大多无限制，但也有部分院校不允许转专业	原则上不可转专业，部分高校允许在强基计划内转专业

强基计划和综合评价作为多元升学路径，考生应结合个人情况与未来规划进行选择，多数情况下**二者并不冲突**，可以同时报考，添加双重保险。

通过综合评价录取学生的毕业证、学位证与统招录取学生的是否有区别？

没有区别，毕业证和学位证的颁发标准和程序对这两类学生都是一致的，不受录取方式的影响。

被综合评价录取后是否可以转专业？

因高校政策各异，**部分院校可以转专业，部分院校对转专业范围有限制，部分院校不允许转专业**，具体要求请查阅当年高校招生简章。

综合评价 名校生访谈录

学生名片

姓名：臧同学
生源地：上海
就读高中：上海交通大学附属中学
就读大学：上海交通大学
升学方式：综合评价
大学专业：密西根学院（中外合作办学）电子信息类

访谈实录

Part 01　如何报考

Q：你是通过什么渠道获知综合评价这条升学路径的？

A：高中班主任的说明和母亲的告知。

Q：通过综合评价进入上海交通大学你准备了多长时间？

A：广义上来讲，整个高中三年我都在准备综合评价。因为综合评价包括在校的平时成绩，以及参与的各种活动、社会实践等，所以在高中三年需要好好表现。不过最关键的其实还是课题、高考成绩以及面试成绩。关于课题，我在高一下半学期参加CTB创新论坛，着手进行课题的制作。之后又在高二上半学期参加了科创大赛，再次打磨课题，最终获得二等奖。整个课题制作大概历时一年。高考方面就没什么好说了，毕竟高考分数在综合评价中权重最大，是兵家必争之地（交大给高考总分的权重是80%）。至于面试，我在高考语数英成绩出了之后（6月23日）就开始着手准备，一直到去交大面试的前一天（7月5日），差不多准备了3万多字的草稿。

Part 02　如何准备

Q：你认为什么样的学生适合报考综合评价?

A：立志报考可以通过综合评价进入的那些学校的学生。就我所知，绝大多数上海的

"985"高校给的综合评价录取名额都比统招的多，所以绝大多数优等生或者成绩中上的学生都很适合。

Q：你认为相比于其他人，自己在综合评价中有哪些优势？

A：其他学校我不清楚，对于复（复旦大学）交（上海交通大学）来说，综合评价总分＝高考成绩＋面试成绩。我的高考成绩还算理想，超过了复旦大学和上海交通大学的物化组综合评价最低录取分数线7分，这意味着我在最终的总分结算中能够有一个比较高的80%基础分。对于面试来说，交大附中学子的身份或许有些优势。我的课题有科创大赛背书，总体上不算太水，我也很清楚课题的流程，不怕在面试中被问倒。我的心理素质也还行，不至于在面试的时候过于紧张。此外，我个人猜测，比较好的高中（比如"四校八大"），亮眼的高考成绩（605分以上），亮眼的荣誉（市三好学生），学生组织里比较高的职位（学生会主席），与专业相关的课题，都在面试中有着加分的可能。

Q：你的高考分数是多少？学考的等级都是什么？

A：我的高考分数是594分。学考的等级，分别是物理A+，化学A+，历史A+。

Q：通过综合评价进入上海交通大学是一个什么样的流程？如何申请通过，有笔试吗？

A：首先，高中三年要在综合评价网上写自我介绍、典型事例，并且把你的课题挂上去。其次，你要向想去的高校递交综合评价申请书，这是一个初步的筛选，不过被驳回的可能性很小的，不必担心。（我建议给所有的可以综合评价录取的高校都递交申请书，不亏的，反正我从复交到上大都申请了。）接着，在高考成绩全都出来以后，你去高中填报志愿，在综合评价批次填上你想去的学校与专业（必须是你之前提交过申请书的）。之后，每所高校都会在它们原来给出的名额数的基础上扩大名额（复旦大学和上海交通大学是扩大1.5倍），在所有志愿填这所高校的学生中依照高考分数从高到低排名，如果你的分数正好在这个扩大的名额数中，那你就获得了去这所高校面试的资格。面试后过一两天大学会告知你的面试分数，以及高考＋面试的总分，以及你到底有没有被录取。最后，如果你被录取了，恭喜你成功在综合评价批次"上岸"。如果没被录取，那就只能通过统招录取。

申请时，会有两道关卡：申请书和是否在各个学校最低综合评价录取分数线之上。复交的综合评价没有笔试，其他学校我不清楚，大概率也没有。强基计划需要笔试。

Q：在整个升学过程中，爸爸妈妈提供了什么样的帮助呢？

A：经济上的支持，为我报辅导班。面试演练的支持，有过好几次模拟的面试。

Q：学弟学妹们也想走这条路径，你有什么建议？

A：1. 中考考个重点高中（想去上海交通大学就尽量来考它的附中，会有一定优势）；

2. 高中好好学习，高考拿个好成绩，比什么都重要；

3. 课题最好做你想去的专业相关的，有比赛参加比赛，有老师带就跟着老师；

4. 在学校里争取荣誉，参与学生会的工作，最好可以当个部长，也可以选择担任班委。

强基计划升学路径解读 02

■ **什么是强基计划？**

基础学科招生改革试点，也称强基计划，是教育部开展的招生改革工作，主要是为了选拔培养有志于服务国家重大战略需求且综合素质优秀或基础学科拔尖的学生。

2020 年，为了**应对之前高校自主招生产生的问题，诸如个人材料不真实、一些院校的评价制度不够公平等**，教育部制定出台了《关于在部分高校开展基础学科招生改革试点工作的意见》，希望可以通过国家管筹逐步建立起选拔培养基础学科拔尖创新人才的有效机制。

■ **强基计划可以报考哪些专业？**

强基计划的目的是**选拔培养有志于服务国家重大战略需求且综合素质优秀或基础学科拔尖的学生**。所以强基计划最初招收的专业主要以**基础学科**为主。其中包括：**理工科类专业（数学、物理、化学、生物、力学）；文科类专业（历史、哲学、汉语言文学古文字学方向）；医学类（基础医学）**。

强基计划的各试点高校于 2020 年开始招生，可是最初的招生情况并不乐观，很多院校第一次录取都没有录满，如下表所示：

院校名称	招生计划人数	补录人数	补录率
复旦大学	210	124	59.1%
武汉大学	150	87	58.0%
山东大学	180	86	47.8%
西安交通大学	210	71	33.8%
北京理工大学	150	67	44.7%

2022 年之后在教育部的统筹下，为了应对国家科技战略的发展，聚焦**高端芯片与软件、智能科技、新材料、先进制造和国家安全**等关键领域，各高校开始结合自身特色，根据新形势的发展，适时调整了各自的强基计划招生专业。

年份	院校名称	计划招生专业和方向
2022	北京航空航天大学	飞行器动力工程
	北京理工大学	智能无人系统技术
	西北工业大学	航空航天类
	东北大学	自动化
	西北农林科技大学	动物科学、种子科学与工程（生物育种）
2023	北京大学	生物类天体生物学
	哈尔滨工业大学	复合材料与工程（航天材料类）、飞行器制造工程（航天机械类）、材料科学与工程（航天材料类）
	大连理工大学	生物工程
	兰州大学	草业科学（草类植物生物育种）
2024	北京大学	生物科学类新增生物医学工程、基础心理方向、化学类新增材料方向
	复旦大学	信息与计算科学专业、物理学类（核物理）、化学类（高分子化学）方向
	同济大学	海洋科学
	中国海洋大学	海洋科学
	上海交通大学	船舶与海洋工程
	浙江大学	生物育种科学
	厦门大学	海洋科学、生态学
	武汉大学	地球物理学
	中国科学技术大学	地球物理学
	西安交通大学	材料科学与工程

■ 可以报考哪些院校的强基计划？

2020 年 1 月 13 日，教育部《关于在部分高校开展基础学科招生改革试点工作的意见》印发，决定自 2020 年起，在 36 所高校开展基础学科招生改革试点。2022 年新增东北大学、湖南大学、西北农林科技大学三所试点高校，至此，**强基计划试点学校增至 39 所，且所有"985"高校已经聚齐。**

2024 年各试点院校及强基计划具体招生专业

所属地	院校名称	招生专业	专业总数
北京	北京大学	数学类、物理类、化学类、力学类、生物科学类、历史学类、考古学、哲学类、中国语言文学类（古文字学方向）、基础医学（八年制）	10
	清华大学	数学与应用数学、物理学、化学、生物科学、信息与计算科学、数理基础科学、化学生物学、理论与应用力学、中国语言文学类（古文字学方向）、历史学类、哲学类	11
	北京师范大学	汉语言文学（古文字学方向）、历史学、哲学、数学与应用数学、物理学、化学、生物科学	7
	中国人民大学	哲学、汉语言文学（古文字学方向）、历史学	3
	北京航空航天大学	数学与应用数学、信息与计算科学、应用物理学、化学、工程力学、航空航天类	6
	北京理工大学	数学与应用数学、应用物理学、化学、工程力学、智能无人系统技术	5
	中国农业大学	生物科学、生物育种科学（含植物育种、动物育种两个方向）	2
	中央民族大学	历史学、哲学	2
上海	上海交通大学	数学与应用数学、物理学、工程力学、船舶与海洋工程、化学、生物科学、生物医学科学	7
	复旦大学	中国语言文学类（古文字学方向）、历史学、哲学类、数学与应用数学、信息与计算科学、物理学类、化学类、生物科学类、基础医学类	9
	同济大学	数学与应用数学、应用物理学、工程力学、海洋科学、应用化学、生物技术	6

续表

所属地	院校名称	招生专业	专业总数
上海	华东师范大学	数学与应用数学、物理学、生物科学、哲学、汉语言文学（古文字学方向）	5
陕西	西安交通大学	数学类、物理学、生物技术、核工程与核技术、工程力学、材料科学与工程、哲学	7
陕西	西北工业大学	航空航天类、数学类（数学与应用数学、信息与计算科学）、应用物理学、化学类	4
陕西	西北农林科技大学	生物育种科学	1
湖南	湖南大学	化学	1
湖南	国防科技大学	数学与应用数学、物理学	2
湖南	中南大学	数学与应用数学、应用物理学、应用化学、生物科学、材料科学与工程	5
四川	电子科技大学	应用物理学	1
四川	四川大学	数学与应用数学、物理学、化学、生物科学、工程力学、基础医学、汉语言文学（古文字学方向）、哲学、历史学	9
广东	中山大学	数学与应用数学、物理学、化学、生物科学、生态学、基础医学、理论与应用力学、汉语言文学（古文字学方向）、历史学、哲学	10
广东	华南理工大学	数学类、化学类、生物技术	3
湖北	华中科技大学	数学与应用数学、物理学、化学、生物科学、基础医学、汉语言文学（古文字学方向）、哲学	7
湖北	武汉大学	数学与应用数学、物理学、化学、生物科学、基础医学、地球物理学、哲学、汉语言文学（古文字学方向）、历史学	9
江苏	南京大学	数学与应用数学、信息与计算科学、物理学、化学、生物科学、汉语言文学（古文字学方向）、历史学、哲学	8
江苏	东南大学	数学类、物理学类、化学类、哲学	4

续表

所属地	院校名称	招生专业	专业总数
辽宁	大连理工大学	数学与应用数学、应用物理学、工程力学、应用化学、生物工程	5
	东北大学	自动化	1
山东	山东大学	数学与应用数学、物理学、化学、生物科学、生物医学科学、汉语言文学（古文字学方向）、历史学、哲学	8
	中国海洋大学	生物科学、海洋科学	2
天津	天津大学	数学与应用数学、应用物理学、应用化学、工程力学、生物科学	5
	南开大学	数学与应用数学、物理学、化学、生物科学、历史学、哲学、汉语言文学（古文字学方向）	7
安徽	中国科学技术大学	数学类（含数学与应用数学、信息与计算科学）、物理学类（含物理学、应用物理学）、化学类（含化学）、生物科学类（含生物科学、生物技术）、力学类（含理论与应用力学）、核工程类（含核工程与核技术、工程物理）、地球物理学	7
福建	厦门大学	数学类、物理学、化学类、生物科学类、海洋科学、历史学、哲学	7
吉林	吉林大学	数学与应用数学、物理学、化学、古文字学	4
黑龙江	哈尔滨工业大学	数学类（含数学与应用数学、信息与计算科学）、应用物理学、核工程与核技术、工程力学、飞行器制造工程、复合材料与工程（航天材料）、材料科学与工程（航天材料）	7
浙江	浙江大学	数学与应用数学、物理学、工程力学、化学、生物科学、生态学、生物育种科学、基础医学、历史学、哲学、汉语言文学（古文字学方向）	11
重庆	重庆大学	数学与应用数学、物理学	2
甘肃	兰州大学	数学与应用数学、物理学、化学、生物科学、草业科学（草类植物生物育种）、生态学、汉语言文学（古文字学方向）、历史学	8

■ 强基计划的报考条件是什么？

1. 第一类：综合素质和学业成绩优秀的考生

强基的录取分数线，一般都在各省（区、市）的**本科一批录取控制分数线或特殊类型招生控制线之上**，可见对学生的分数要求比较高。比如江苏 2023 年物理类特殊类型招生控制线为 512 分，以下为部分院校强基计划在江苏省招收物理类专业的最低入围分数，可以看出，最低的入围分数也比特殊类型招生控制线高出 90 多分，所以说考取的难度还是比较大的。

院校名称	入围分数	院校名称	入围分数
清华大学	672	重庆大学	626
北京理工大学	652	东北大学	626
西北工业大学	647	山东大学	623
东南大学	644	南开大学	622
武汉大学	635	华南理工大学	610
中国农业大学	629	中国海洋大学	609
四川大学	627	中南大学	605

而个别学校还会提出其他要求，例如东南大学在入围校测的部分提出：入围考生的高考成绩（不含任何政策加分，下同）须达到生源所在地本科一批录取最低控制分数线（高考综合改革和合并录取批次省份单独划定的相应分数线）以上理科60分（含）、文科40分（含）、高考综合改革30分（含）。

大连理工大学在强基计划招生简章中明确提出：报考强基计划的考生高考文化课成绩（不含政策性加分）不低于考生所在省份高考满分（不含政策性加分）的75%。对于高考单科成绩特别优秀的考生可破格入围。各专业对高考单科成绩的破格入围条件和要求如下：

（1）数学与应用数学专业要求数学科目成绩不低于 145 分；

（2）应用物理学专业和工程力学专业在高考改革省份要求物理科目成绩不低于97分，且高考文化课加权成绩处于分省分专业计划4—6倍（含6倍）之间，在非高考改革省份要求数学科目成绩不低于145分；

（3）应用化学专业和生物工程专业在高考改革省份要求化学科目成绩不低于97分，且高考文化课加权成绩处于分省分专业计划4—6倍（含6倍）之间，在非高考改革省份要求数学科目成绩不低于145分。

所以，当考生决定报考某几所学校时，一定要去院校官网查看当年强基计划的招生简章，各院校一般会在4月10日左右公布自己的招生简章。

2.第二类：在相关学科领域具有突出才能和表现的考生，且高中阶段须在数学、物理、化学、生物学、信息学任一学科奥林匹克竞赛中获得全国决赛二等奖及以上奖项

一般来说，如果取得了五大学科竞赛国二（国家二等奖）以上的成绩，且高考成绩达到当年所在省份划定的一批本科录取最低控制分数线，考生经过审核具有相应资格后即可入围，**入围的竞赛专业为考生第一志愿填报专业。**

一些院校会对所报专业的对应竞赛进行明确规定，以**北京航空航天大学**为例，通过下表我们发现，取得全国中学生物理竞赛国一、国二的学生，不仅可以报考应用物理学，还可以报考与物理学科关系密切的工程力学和航空航天类专业。

招生专业名称	第二类考生报名条件
数学与应用数学	获全国中学生数学奥林匹克竞赛全国决赛一、二等奖
信息与计算科学	获全国中学生数学奥林匹克竞赛全国决赛一、二等奖 或全国青少年信息学奥林匹克竞赛全国决赛一、二等奖
应用物理学	获全国中学生物理奥林匹克竞赛全国决赛一、二等奖
化学	获全国中学生化学奥林匹克竞赛全国决赛一、二等奖
工程力学	获全国中学生数学奥林匹克竞赛全国决赛一、二等奖 或全国中学生物理奥林匹克竞赛全国决赛一、二等奖
航空航天类	获全国中学生数学奥林匹克竞赛全国决赛一、二等奖 或全国中学生物理奥林匹克竞赛全国决赛一、二等奖

但也有**一些院校会提出要重新审核符合竞赛成绩考生的学科特长**，例如北京大学2024年强基计划招生简章入围考核办法中指出：对于获得数学、物

理、化学、生物、信息学全国中学生学科奥林匹克竞赛全国决赛二等奖（含）以上成绩且按破格申请报考强基计划的考生，将对其学科特长及综合表现进行审核。

■ **强基计划的报考流程是怎样的？**

时间	流程
3月底至4月底	招生简章公布，网上报名
6月	考生参加统一高考，考生确认
6月25日前	各省（区、市）公布高考成绩
6月26日前	高校确定参加考核的考生名单
7月4日前	高校组织考核（校测）
7月5日前	高校折算综合成绩，择优录取

需要注意的是，从2022年开始，复旦大学、上海交通大学、南京大学三所高校强基计划校测模式有所调整，**校测调整至高考后、高考出分前进行**；而2023年之后，为了抢占优秀生源，同济大学、中国科学技术大学、西安交通大学、浙江大学、厦门大学、兰州大学也采取了同样的模式，即将校测由高考出分后调整到高考出分前。所以，考生在确定意向院校之后，一定要仔细阅读该校的招生简章，以了解院校的特殊招生政策。

■ **强基计划的校测测什么？**

1. 校测基本情况

2024年高校强基计划按照**考生综合成绩**择优录取，而校测成绩是综合成绩的重要部分，占综合成绩的**15%**，所以有**入围看高考，录取看校测**的说法。

高校强基计划主要考**笔试、面试**，安排在国家教育考试标准化考点进行，试题按机密级事项管理。**面试采取专家、考生"双随机"抽签的方式**，过程全程录音录像。部分高校仅考面试。

考试时间集中安排 1—2 天内进行。其中，**五大学科竞赛全国决赛二等奖及以上**的考生可以通过强基计划破格入围报考，部分高校会在校测阶段给破格入围考生一定优惠。

学有余力的学生建议提前进行强基计划校测的备考规划，进行竞赛学习。从往年的情况来看，**各高校强基计划校测试题难度基本在竞赛水平**，尤其是顶尖高校。考生系统学习竞赛后即使没能获得全国决赛二等奖以上奖项，只要能靠高考成绩入围，**在校测阶段与没学过竞赛的同学相比也会更得心应手，更占据主动性。**

2. 笔试相关

（1）考试形式：在全国各地设置考点，以闭卷机考形式进行。

（2）考试科目：从往年情况看，强基计划校测笔试**理工类专业考核内容**主要为数学、物理、化学；**文史类专业考核内容**多为语文、数学、历史，但每个学校的考试科目略有不同。

（3）考试范围：**高考选修课本，大学先修知识，学科竞赛知识，创新性或者应用型知识。**

（4）难度情况：大部分学校的试题难度**在高考之上，省级学科竞赛之下**，也有极少数学校的考题会超过省级竞赛难度。

（5）备考建议：把握好高考基础题，进行必要的竞赛知识拓展，演练往年笔试真题。

3. 面试相关

（1）考试形式：多以专家、考生"**双随机**"抽签，或专家、考生、试题"**三随机**"抽签，以及**多对一、一对一、无领导小组讨论、小组辩论**等方式进行，全程录音录像。

（2）考试范围：主要从**综合素质、兴趣志向、创新能力、科研潜质、科学精神、思辨能力、逻辑能力**等方面对考生进行考查。

以下是部分出现过的面试题目，供参考。

个人认知题

① 请进行自我介绍（一分钟或一句话）。

② 你的综合能力体现在哪些方面？

③ 举例说明你的潜力。

④ 列举你获得过的奖项（或你为什么没有得过奖）。

⑤ 请谈谈你对高考制度的看法，对自主招生政策的看法。

⑥ 你可以向我提一个问题（关于高校或老师）。

⑦ 你希望在你所报考的专业有怎样的发展？你的兴趣与性格与你所选专业相匹配吗？

⑧ 你自己对人生的规划是怎样的（包括想要从事的行业和你追求的目标）？

兴趣爱好题

① 最喜欢的一本书或一个人物形象。（华中科技大学）

② 你看过什么军事题材的文学、影视作品？（上海交通大学）

③ 你最喜欢的报纸或杂志是什么？（上海交通大学）

④ 你是皇马球迷吗？（上海交通大学）

⑤ 喜欢《百家讲坛》的哪些教授？（上海交通大学）

⑥ 你经常利用寒暑假外出旅游吗？去过哪些地方？最喜欢哪里？（复旦大学）

⑦ 平常最感兴趣的是哪个科目？（北京师范大学）

生活常识题

① 植树节是哪一天？（上海交通大学）

② 江苏省省长是谁？（上海交通大学）

③ 河南省会在哪里？（上海交通大学）

④ 你属什么？比你大三岁的人属什么？（上海交通大学）

学校/专业认知题

① 清华校训"自强不息，厚德载物"出自何处？（清华大学）

② 请说出清华四大国学名师及你对他们的了解。（清华大学）

③ 说说复旦大学校训的含义和出处。（复旦大学）

④ 说出现任北大校长的名字。（北京大学）

⑤ 举出三个从上海交通大学毕业的名人。（上海交通大学）

⑥ 你认为岳麓书院历史上最有影响的人物是哪位？（湖南大学）

⑦ 为什么你填报的两个专业跨度较大？（上海交通大学）

⑧ 你选择从事生命科学类的工作，那你对未来职业设想如何？（上海交通大学）

⑨ 如果你被交大录取了，却进了一个比较不理想的专业，该怎么办？（上海交通大学）

观点态度题

① 说说你对无现金社会的看法。（北京大学）

② 对于有人提倡高等教育"宽进严出"，你怎么看？"宽进严出"和"严进严出"哪种更好呢？（清华大学）

③ 有些老人在公交车上要求别人给自己让座，请你对此提出看法。（中国人民大学）

④ 高三生活、学习压力较大，很多学生都会焦虑，你觉得为什么会出现这种情况？并谈谈该怎么解决。（同济大学）

⑤ 中国已经步入高房价时代？你的观点是什么？（北京师范大学）

时事热点题

① 列举近半年内你了解的5个时事问题，并详细谈一个。（清华大学）

② "怼"这个字在网上流行，你是如何看待这个生僻字在网上流行的？（武汉大学）

③ 英国脱欧对中国经济造成了什么影响？（四川大学）

学科知识题

① 怎样用显微镜观察无色透明细胞？（北京航空航天大学）

② 谈谈在古文字方面对你影响最深的一本书是什么？（武汉大学）

③ 如果带三种作物种子到古代没有任何作物的地方，你会选择哪三种？为什么？（中国农业大学）

④ 在哪里发射卫星更节能？（中山大学）

⑤ 水能变成油吗？（中国人民大学）

⑥ 如果让你做城市规划，你会如何对待城中的古建筑？（中国科学技术大学）

人际交往题

① 当你的志愿和父母的期望有冲突时怎么办？（华中科技大学）

② 当今社会上人与人的关系为什么会变得冷淡？（复旦大学）

③ 如何才能交到知心朋友？（华东师范大学）

综合素养题

① 如何看待经济发展与文化之间的关系？（北京大学）

② 中国古代的嫡长子继承制存在哪些问题？并举例说明其导致的历史事件。（中国人民大学）

③ 上海作为国际化大都市，请谈谈上海综合了传统与现代城市的哪些特点？（同济大学）

④ 你认为文学阅读的最高境界是什么？（北京航空航天大学）

人生观/价值观题目

① 你认为"贫富差距"与"人的弱点"是否有关？（北京大学）

② 近年来，很多大学生毕业后选择创业，请谈谈你对大学生创业的看法。（南京大学）

③ 你做了一件好事，老师却表扬了他人，你会怎么办？（中南大学）

④ 一个母亲为女儿过儿童节去超市盗窃，警察赶到后宽大处理并帮助筹集善款，你怎么看？反映了什么社会问题？（北京师范大学）

⑤ 如果你有一百万，会怎么花？（山东大学）

（3）备考建议

① 平时注意自己**综合素养**的提高；

② 关注相关**学科领域**的**前沿**研究；

③ 关注**时政热点**，丰富自己的见闻；

④ 提前**了解所报考的院校专业**；

⑤ 善于利用**往年校测试题**；

⑥ 提前进行**面试仿真练习**；

⑦ 仔细研读目标高校招生简章的面试要求，**熟悉流程环节**，重视高校对**面试的特殊要求**，如中国海洋大学综合面试可能会考查考生的外语应用能力；中南大学采取站点式考核，考生须参加科学思维、创新想象、公民素质、人文素养、学科特长 5 个站点的考核等。

■ 强基计划规划建议

强基计划的优势

增加公平竞争的机会

与其他的自主招生项目相比，学生只要达到入围分数线就有资格报名强基计划，而且录取的模式也是有规定的，即**综合成绩＝高考成绩（换算成百分制）×85%＋校考成绩×15%**，在很大程度上提升了考试的公平性，减少了传统自主招生中常见的灰色地带。

增加一次被录取的机会

强基计划的录取是在所有批次之前。各校的强基计划通常会在 7 月 5 日前折算综合成绩，择优录取。所以**强基计划会在本科提前批次、特殊类批次，以及本科批次之前完成录取**。即使考生因综合成绩没有达到报名院校的要求未被录取，也不影响后续批次的录取。也就是说，考生仍然可以参加综合评价、专项计划、公费师范生、飞行、航海等其他多元升学方式，或者普通本科批次的录取。

增加上名校的机会

强基计划的入围分数线，**通常要比高考裸分录取的分数线低 5—30 分**，所以对于那些徘徊在"985"院校边缘的同学，是一个很好的冲击更高层次院校的机会。众所周知，由于经济增速放缓，而毕业生数量每年递增，导致就业市场僧多粥少的情况，所以很多企业，尤其是国企、央企或者是各行业头部公司，在招聘时会明里暗里提出优先招收"985"院校本硕毕业生的招聘条件。所以，强基计划这种可以冲击名校的机会对于一部分同学来说也是十分宝贵的。

用最短的时间拿到博士学位

如果按照普通上大学的路径，大学本科至少需要读 4 年，研究生专硕 2 年、学硕 3 年，博士一般为 3—6 年，如果学生的自身资质比较好，那么读大学的普通专业到博士毕业，也需要 9 年的时间。而一些院校的强基计划推出本硕博衔接的培养模式，例如**山东大学**明确提出：我校强基计划按照"3+1+X"模式进行本硕博衔接培养，实行弹性学制，**基本学制 4—6 年，符合博士学位授予要求的将授予博士学位**，达到相应条件可申请提前毕业。也就是说，如果学生个人素质比较好，走强基计划，那么最快 6 年即可毕业并拿到博士学位，**要比普通学生节省 3 年的时间。**

超一流师资保驾护航

强基计划一般会采取小班培养，导师制，很多院校在大一阶段就配备导师，引导学生发展，同时享受学科最优质的师资资源。比如**大连理工大学**的培养方案中标明：实施"**一班一策略、一人一方案、一生一导师**"举措，全面实行"**小班化、个性化、导师制**"培养模式。**北京理工大学**的培养方案中，针对数学与应用数学学科，就**提出要组建以院士、教学名师为主的教学团队**，设置本硕博衔接课程，实施"**数学导师＋信息相关学科导师**"的双导师制。

强基计划的局限性

专业偏冷门

强基计划的初衷是为基础学科培养拔尖人才，所以招收的专业对于现代社会工作背景来说偏冷门，比如**化学、生物科学、基础医学、哲学、汉语言文学（古文字学）、历史学**等，这些专业的特点是学习周期较长，就业范围相对狭窄。而且大部分学校一般会规定，在本科阶段强基计划是不可以转专业的，所以可能要承受学习之后发现自己不合适却又不能转去其他专业的风险。

在一定程度上需要"赌"学校

因为强基计划的报名时间，通常在 4 月中下旬，这时距离高考还有一个多月，很多学生的成绩可能还会有波动。而且强基计划限报一所院校，这无疑让学生承担了"赌"学校的风险。比如学生按照 4 月份的成绩填报了一所院校，结果高考成绩提升了 20 分，可因为强基计划的录取在所有批次之前，于是被填报院校录取锁档，这样学生就可能失去了冲击更高层次院校的机会。

就业前景暂不明朗

2020 年，强基计划第一年招生，到 2024 年 6 月才有第一批本科毕业生，而且大部分学生需要继续读研深造，就业市场上的本科毕业生寥寥无几。虽然在制订计划之初规划了美好愿景，但是强基计划的学生未来就业到底如何，到目前都是一个谜。

强基计划的常见问题

不同省份的考生可以报哪些院校的强基计划？

每个院校的招生专业、面向的省份不同，具体需要参考意向院校的招生简章或录取结果，尤其是**录取结果公告中，会列出当年的专业和录取成绩**，这个的参考价值或更高。例如以下为厦门大学公布的2023年强基计划的录取结果：

省份	科类	专业	最低综合成绩	省份	科类	专业	最低综合成绩
辽宁	物理类	数学类	829.84	上海	综合改革	历史学	843.14
辽宁	物理类	化学类	827.16	上海	综合改革	哲学	811.2
江苏	历史类	历史学	826.78	浙江	综合改革	历史学	850.57
江苏	历史类	哲学	811.67	浙江	综合改革	哲学	849.83
江苏	物理类	数学类	832.17	浙江	综合改革	数学类	852.44
江苏	物理类	物理学	846.13	浙江	综合改革	物理学	832.5
江苏	物理类	化学类	861.1	浙江	综合改革	化学类	826.43
江苏	物理类	生物科学类	813.57	浙江	综合改革	生物科学类	830.57
江苏	物理类	哲学	774.5	福建	历史类	历史学	815.77
安徽	文史	哲学	789	福建	历史类	哲学	817.51
安徽	理工	数学类	787.31	福建	物理类	数学类	811.3

续表

省份	科类	专业	最低综合成绩	省份	科类	专业	最低综合成绩
安徽	理工	哲学	766.74	福建	物理类	物理学	813
江西	理工	数学类	799.47	福建	物理类	化学类	825.97
山东	综合改革	数学类	808.74	福建	物理类	生物科学类	803.5
山东	综合改革	物理学	819.67	福建	物理类	哲学	783.6
山东	综合改革	化学类	835.16	广东	历史类	历史学	794.05
山东	综合改革	生物科学类	796.33	广东	历史类	哲学	790.11
山东	综合改革	历史学	830.43	广东	物理类	哲学	812.1
重庆	物理类	物理学	807.2	广东	物理类	生物科学类	803.84
重庆	物理类	化学类	824.8	湖南	物理类	化学类	821.17

而且**一所院校在不同省份可能招收的专业也不尽相同**，比如东南大学只在北京、江苏、安徽和山东招收哲学专业的学生；而数学类、物理学类和化学类专业则在北京、天津、山西、上海、江苏、浙江、安徽、山东、河南、广东、四川、陕西、湖北、湖南、重庆、江西、福建、贵州、甘肃都有招生计划。

"强基计划可以报几个院校？几个专业？是否涉及调剂？"

强基计划**只能报考 1 所院校**，不得兼报其他高校。但每个院校可以填报的志愿数量会根据他们所招的专业数量有所调整，而且是否调剂也取决于院校自身的规定。比如东南大学鼓励考生按照自己的学科特长和专业兴趣填报 1—3

个专业（类）志愿，并且不安排专业调剂；同济大学则规定考生需要选择一个专业组填报，最多可填报组内所有专业，并选择是否服从组内调剂。所以，考生在填报的时候，还是要关注**招生简章中报名办法**的相关规定。

> **强基计划的招生专业主要有哪些？**

强基计划最早招生的专业主要以基础学科为主，但近年来各院校根据社会发展形势不断进行调整，有些院校推出了**新的工科专业**，例如东北大学的自动化、哈尔滨工业大学和西北工业大学的航空航天类、上海交通大学的船舶与海洋工程、北京理工大学的智能无人系统技术等。

同时，一些学校会安排**理工结合的双学位培养模式**，比如清华大学探微书院、未央书院和行健书院，分别承担强基计划化学生物学、数理基础科学、理论与应用力学专业的人才培养，而这些书院对于学生的培养，部分提供了"理工双学位"的培养模式，这里我们以探微书院为例，具体专业设置如下：

清华大学探微书院

专业名称	学位类型	衔接院系
化学生物学 + 化学工程与工业生物工程	双学士学位	化学工程系
化学生物学 + 高分子材料与工程	双学士学位	化学工程系
化学生物学 + 环境工程	双学士学位	环境学院
化学生物学 + 给排水科学与工程	双学士学位	环境学院
化学生物学 + 生物医学工程	双学士学位	医学院
化学生物学（药学方向）	单学士学位	药学院

同时还有一些院校支持辅修工科专业，例如北京大学的理论与应用力学专业，可以辅修航空航天工程、能源与环境系统工程、材料科学工程、生物医学工程等专业；西安交通大学数学、物理和生物强基学生入校后可以辅修热门工科专业，包括人工智能、计算机科学与技术、软件工程、大数据管理与应用、电气工程及其自动化、电子科学与技术、机械工程、能源与动力工程、基础医学、生物医学工程。

西安交通大学 2024 年"强基计划"辅修专业招生计划

年级	类型	专业名称	"强基计划"辅修专业名称	接收范围	计划接收人数
2022	辅修专业	"数学类"强基	人工智能	大二"数学类"强基学生	8
2022	辅修学位	"数学类"强基	计算机科学与技术	大二"数学类"强基学生	2
2022	辅修学位	"数学类"强基	软件工程	大二"数学类"强基学生	5
2022	辅修学位	"数学类"强基	大数据管理与应用	大二"数学类"强基学生	10
2022	辅修学位	"物理学类"强基	电气工程及其自动化	大二"物理学类"强基学生	15
2022	辅修学位	"物理学类"强基	电子科学与技术	大二"物理学类"强基学生	15
2022	辅修学位	"物理学类"强基	机械工程	大二"物理学类"强基学生	15
2022	辅修学位	"物理学类"强基	能源与动力工程	大二"物理学类"强基学生	15
2022	辅修学位	"生物技术"强基	基础医学	大二"生物技术"强基学生	8
2022	辅修学位	"生物技术"强基	生物医学工程	大二"生物技术"强基学生	8

强基计划专业对选科有要求吗？

有要求。因为新老高考选科规则的不同，所以一所院校中的同一个专业，在不同省份的选科要求也会有所不同。我们可以看一下四川大学 2024 年招生专业的选科情况：

招生专业（类）	非高考综合改革省份科类	高考综合改革省份选科要求
汉语言文学（古文字学方向）	文史类	不提科目要求
历史学类	文史类	不提科目要求
哲学	文史类	不提科目要求

续表

招生专业（类）	非高考综合改革省份科类	高考综合改革省份选科要求
数学与应用数学	理工类	物理、化学 （2门科目考生均需选考方可报考）
物理学		
工程力学		
化学		
生物科学		
基础医学		

强基计划中的"小破格"入围模式是什么？

"小破格"是指 2024 年开始，一些院校为第一类考生（高考成绩优异的学生）设置的入围优惠，**单科高考成绩超过一定分数，可破格入围校测考核**。例如中南大学规定：第一专业志愿为数学与应用数学，且高考数学单科成绩达到 145 分的考生不受名额限制直接入围。2024 年设置"小破格"入围优惠的院校包括国防科技大学、北京理工大学、中山大学、中南大学、西北工业大学、山东大学、大连理工大学、吉林大学等。

报考强基计划需要提交哪些材料？

通常来说，报名大部分院校的强基计划不需要额外提交材料。大多数高校不要求提交过多报名材料，考生在阳光高考信息平台特殊类型招生系统报名成功即可。部分强基院校报名过程中有一些特殊要求，具体细节以高校发布的招生简章为准。需要注意的是，大部分院校要求考生**在规定时间内登录学校相关招生网站签订诚信考试承诺书**。比如复旦大学2024年招生简章中明确表示：入围校测复试的考生须在规定时间内（具体时间另行通知）登录复旦大学强基计划报名平台进行校测复试确认并签订诚信考试承诺书和知情同意书，放弃、未确认或未完成承诺书和知情同意书签订的考生，将被取消入围复试资格，不再进入后续选拔环节。

强基计划中的"复交南"模式是什么？

2022 年，**复旦大学、上海交通大学和南京大学**在强基计划的入围方式上进行改革，简称"复交南"模式。试点采用校测成绩入围，**校测时间提前至高考出分前**，即所有报名考生在高考后都可直接参加校测入围考试，根据校测成绩确定入围复试名单，入围考生按照要求参加校考。

随后的两年又陆续有其他学校加入这种模式，包括同济大学、中国科学技术大学、西安交通大学、浙江大学、厦门大学、兰州大学。这种模式可能对那些高考分数可以超过"复交南"模式学校的学生产生不利的影响。**因为如果考生通过此类学校的复试，即被优先锁档**，高考出分后即使成绩可以去清北也无法通过志愿填报进行报考，只能被强基院校录取，如果不想被局限，也许只能选择退档复读，再战一年了。

"复交南"模式又有何优势呢？

学生报名成功即可参与校测，相当于"全员破格"。这一模式不再以高考成绩作为入围筛选标准，这方面**利好高考成绩不是很理想的学生**。同时，这一模式也比较**利好竞赛生**。"复交南"模式高校校测情况基本达到竞赛难度，从这方面看竞赛生有一定的优势。

强基计划是不是报了名就必须去？

这个不一定。有些学生遇到这样的情况，自己报了某个院校的强基计划专业，结果高考出分后发现自己超常发挥，比平时多考了 20 多分，后悔报考了该院校的强基，因为他可以去一个更高层次的院校。如果他报考的**是"复交南"模式的院校**，那他可能早在出分前就被锁档了，这个时候他只能去这所院校。但如果他报考的**不是"复交南"模式的院校**，那么他在高考出分后参加院小测的时候，就可以跟院校招生老师商定，不再报考该校的强基计划，这种要求一般来说都是可以被满足的，也就是他**可以选择放弃强基院校，通过普通批次录取**。

需要特别注意，各院校强基计划的招生简章中也有明确说明，强基计划确认后不参加考试会有一定的影响。校测确认后不去参加，可能会影响考生诚信档案，实际产生的影响目前没有明确的说法，建议向招办核实。如果确实是特殊原因不能参加的，一定要尝试跟招办沟通说明情况。

> ### 强基计划录取之后可以转专业吗？

在原则上，各院校的强基计划在**本科阶段是不允许转专业**的。因为强基计划的初衷就是培养基础学科人才，如果允许转专业，那么就会出现一些学生利用强基计划做跳板，转到一些其他热门专业的情况，这样会在很大程度上扰乱教学秩序。但近两年部分院校对于转专业政策进行了调整，允许**在强基计划的招生专业内进行转专业**。例如中国科学技术大学在招生简章中写明：强基计划录取考生入学后原则上不转专业，本科阶段转专业范围原则上限于本校强基计划招生专业之内。有相似政策的还有南京大学、北京师范大学、上海交通大学、厦门大学等，具体还是要参照相关院校的招生简章。

> ### 就读强基计划专业，就一定可以保研吗？

各校的强基计划基本实行的都是本硕或者本硕博衔接培养，所以进入强基计划的学生一般情况下可以顺利保研，进行深造。但为了防止部分学生知道有保研政策就"摆烂躺平"，所以现在各高校陆续出台了一些规定，即**动态进出机制**，也就是说每年会对学生根据一定的标准进行综合考核，未达到要求的学生会被淘汰到该专业的普通本科班，而且还会失去强基专业的保研、直博资格；另外会从普通专业班级中选出条件合适的学生补入强基班。例如中山大学在2024年强基计划的培养方案中标明：强基计划实行年度考核及动态进出机制。每学年结束后根据学生课程成绩、科研训练表现等方面的综合考核进行动态管理，本科阶段分流与考核淘汰的学生转入普通本科专业培养。有志向、有兴趣、有天赋且学业成绩优秀的普通录取本科生可选拔补入强基计划。退出强基计划的学生原则上不得再转专业，不再具有申请免试攻读研究生的资格。

> ### 强基计划的硕博阶段可以转专业吗？

不同院校的规定不一样。大部分院校，硕博阶段学生仍需攻读相应的强基专业，比如如果是数学专业，那研究生阶段也要继续攻读数学方向。不过近年来，部分院校也会变得灵活一些，在培养方案中写明**允许强基学生硕士和博士阶段选择相关学科就读**。例如华中科技大学物理学强基计划研究生就可以转到电气工程、电子科学与技术、光学工程、集成电路科学与工程等专业学习；上海交通大学的物理学专业在硕士阶段可转至数学、天文学、生物学等理科专业，以及计算机科学与技术、信息与通信工程、能源动力等工科专业深造。目前，除了中国人民大学、北京理工大学、中国农业大学、中央民族大学、复旦大学、华东师范大学、南京大学、中国海洋大学、华中科技大学、湖南大学、西北农林科技大学、吉林大学、兰州大学之外，其他强基计划招生院校的学生在本科升研究生阶段，都可以由理科转工科专业，或者可以辅修工科专业。

> **强基计划专业的毕业证和普通统招的毕业证有区别吗？**

通过强基计划进入学校的学生的毕业证与普通统招学生的毕业证**没有任何区别**，也不会进行特殊标注。

> **都说强基计划是"低分上名校"的好机会，那强基计划的入围分和普通批次的录取分差别大吗？**

强基计划的"低分上名校"，一般指的是学生通过强基计划可以以略低于普通录取线的分数进入某个院校。但这个**"低分"也是有底线的**，并不是所谓的考400分也能上，毕竟强基计划的报考条件规定，想要报考强基计划要么需要单科成绩优异，要么有竞赛成绩，且分数需要超过当地的本科一批录取分数线或特殊控制分数线。一般来说，强基计划的入围分会比普通招生的录取最低分低5—20分，不过强基计划中的某些热门专业，比如数学或物理，个别院校可能入围分数比普通招生的录取最低分还要高一些。以下为清华大学2023年在各省份的强基计划入围分和高考投档线，以供参考。

省份	2023强基入围分数线	分数排名	2023高考投档线	分数排名	分数差值
安徽	679	272	689	68	−10
北京	662	1662	685	368	−23
重庆	664	452	689	152	−25
福建	678	303	690	79	−12
甘肃	648	130	667	35	−19
广东	683	334	693	96	−10
广西	681	110	690	50	−9
贵州	670	182	684	51	−14
海南	798	93	846	21	−48
河北	676	265	687	67	−11
河南	685	358	698	94	−13
黑龙江	646	468	675	61	−29
湖北	676	547	693	85	−17
湖南	671	442	684	97	−13
吉林	643	490	676	101	−33
江苏	672	974	690	116	−18
江西	671	321	689	40	−18
辽宁	677	632	697	85	−20
内蒙古	657	167	674	54	−17
宁夏	621	104	640	104	−19
青海	—	—	635	21	—
山东	683	357	691	148	−8
山西	660	271	674	84	−14
陕西	681	312	699	62	−18
上海	591	1199	619	48	−28
四川	683	467	698	62	−15
天津	688	759	703	759	−15
新疆	646	—	655	—	−9
云南	678	155	698	50	−20
浙江	683	1687	704	75	−21

强基计划 名校生访谈录

学生名片

姓名：曾同学
生源地：湖北
就读高中：黄冈中学
就读大学：北京大学
升学方式：强基计划

访谈实录

Part 01 报考准备

Q：你是以怎样的成绩进入北京大学强基计划的？

A：我先是获得了全国中学生数学奥林匹克竞赛银牌，以高考640分的成绩破格入围强基计划进入北大。

Q：你为什么会选择北京大学的强基计划呢？

A：因为北大的数学系比较好，而我又是数学竞赛出身，就选择了北京大学。

Q：北京大学的校测都考了哪些内容？你觉得哪个方面对你来说挑战最大？

A：没有参加校测，只参加了面试。可能考前的学习对我来说挑战更大。

Q：针对校测的准备时间和内容，可以给以后的学弟学妹一点建议吗？

A：提前学习准备，而不是在最后高考完再做打算。

Q：你周围还有谁通过高考成绩进入了其他大学的强基计划？

A：我们院有相当一部分人是通过强基计划进入的，80人左右。我也有部分高中同学进入了其他学校的强基计划，比如华中科技大学的核物理专业。

Part 02 学习规划

Q：你们专业和统招进来的同专业学生在学习内容上有什么不同吗？

A：在培养方案上暂时没有不同，一起学习，不知道未来是否改变。

Q：你们专业有什么特别的机会吗？比如交换生？

A：有的，每个专业都有和国内外的大学交换的机会，比如新加坡国立大学、加州大学伯克利分校等等。

Q：你们在本科或者研究生阶段可以转专业吗？

A：本科生是不能转专业的，但可以强基计划专业内进行转专业，研究生阶段没有限制，但对保研的接收单位有限制，比如不能是经管类。

Q：你们这个专业的深造情况怎么样？

A：我们专业的同学大部分会选择出国留学或者在国内读硕读博，每届本科毕业生选择就业的人非常少。

Q：这个专业未来的就业方向如何？

A：总的来说，数学专业就业的机会非常多，比如互联网、科研机构、金融投资公司、教育行业等等，都是很有前景的发展领域。

Q：你会给自己的学弟学妹推荐这个专业吗？

A：我会给有想法从事数学科研和对数学感兴趣的学弟学妹推荐！总的来说，数学比较艰深，所以课业压力会比较大，和实际的联系会更多，所以选择数学专业前要想好到底喜不喜欢数学。

少年班升学路径解读 03

■ 什么是少年班？

少年班是**针对早慧少年的特殊教育模式**，旨在发掘和培养在科学技术等领域具有特殊才能的青少年。学生**年龄通常在 15 岁及以下**，完成高中学业并通过特殊考核进入大学，接受更高层次的教育和科研训练，以期在未来成为科学技术等领域的杰出人才。

■ 哪些高校开设少年班？

国内目前开设少年班的高校共有 6 所，分别是清华大学、北京大学、中国科学技术大学、西安交通大学、东南大学和西湖大学。具体招生专业和人数如下：

学校	班级	招生专业	招生人数
清华大学	丘成桐数学科学领军人才培养计划	数学与应用数学（八年制）	未标明
清华大学	丘成桐数学英才班	数学与应用数学	未标明
清华大学	物理人才培养攀登计划	物理学	不超过 60 人
北京大学	数学英才班	数学类	未标明
北京大学	物理学科卓越人才培养计划	物理学类	不超过 100 人
中国科学技术大学	少年班及创新试点班	入学后由少年班学院统一管理，大学二年级起，可在各基础学科中的拔尖和强基专业任选修读	未标明
西安交通大学	少年班	"预科—本科—硕士"贯通培养，本科阶段主要面向基础学科、新兴交叉学科和优势工科等专业进行专业选择	200 名左右

续表

学校	班级	招生专业	招生人数
东南大学	吴健雄班	工科试验班	不超过15人
西湖大学	创新班	大学二年级第一学期末开始选定专业（生物科学、物理学、化学、电子信息工程、材料科学与工程）	不超过90人

■ 少年班的招生对象有哪些？

不同学校和班级的招生要求不同，以下为2024年各个学校的招生对象。

2024年各校少年班招生对象

学校	班级	招生对象
清华大学	丘成桐数学科学领军人才培养计划	内地招收初中三年级至高中三年级学生，面向境外招收九年级至十二年级学生
	丘成桐数学英才班	符合2024年统一高考报名条件的普通高中三年级毕业生，以及普通高中二年级在读学生
	物理人才培养攀登计划	高中二年级以上且能够满足毕业要求的高中生；在物理等学科奥林匹克竞赛决赛中获奖并符合教育部规定保送资格的学生
北京大学	数学英才班	原则上招收高中二年级以上学生，且满足以下条件之一者： （1）中国数学奥林匹克竞赛全国决赛一等奖获得者； （2）有数学特长，并在国内外数学专业相关学习实践活动中取得优异成绩者
	物理学科卓越人才培养计划	国内主要招收初中三年级至高中三年级的学生；海外主要招收九年级至十二年级或具有同等学力的学生
中国科学技术大学	少年班及创新试点班	原则上招收高中二年级学生，少年班面向2008年1月1日及以后出生的考生，少年班"创新试点班"面向2007年1月1日及以后出生的考生；少数特别优秀的高一年级及以下的学生可破格选拔。高考综合改革省份考生须选考物理、化学，其他科目不限；其他省份考生要求选择理工类

续表

学校	班级	招生对象
西安交通大学	少年班	2008年9月1日后出生的初中应届毕业生和高一、高二在校学生
东南大学	吴健雄班	十六周岁以下（2008年1月1日以后出生）在校高二年级理科学生，少数特别优秀的高一年级理科学生可破格选拔。要求理工类考生，高考综合改革省（区、市）的考生选考科目须包含物理科目，其他两科的选考科目不作要求
西湖大学	创新班	符合下列三类条件之一的普通高中的高二年级及以上学生均可报考： （1）2024年普通高中应届毕业生，综合素质评价均为B等及以上，通过各科目高中学业水平考试，A等科目数达到8科及以上，物理、化学两科必须为A且为选考科目 （2）已通过物理、化学、生物学、思想政治、历史、地理6科学业水平考试的高二学生，且学业水平考试A等科目数达到4科及以上，物理、化学两科必须为A （3）高中阶段在数学、物理、化学、生物学、信息学全国中学生学科奥林匹克竞赛中获得省级赛区一等奖及以上奖项（以全国青少年科技竞赛获奖名单公示网站公示的名单为准）。其中高三学生选考科目须包含物理和化学且为应届毕业生

■ 入选少年班的条件有哪些？

不同高校、不同班级的选拔过程不同，不过基本都要参加高校考核获得入围资格，**除去参加集训队获得保送资格的学生、入围清华大学"丘成桐数学科学领军人才培养计划"或北京大学"物理学科卓越人才培养计划"的学生**，其余学生入围后依然要参加高考，高考分数达到高校设定的标准后方予以录取。以下是2024年各个高校少年班的录取标准。

2024年各校少年班招生对象

学校	班级	录取要求
清华大学	丘成桐数学科学领军人才培养计划	获得入围认定且通过预科考查的内地学生无须参加高考

续表

学校	班级	录取要求
清华大学	丘成桐数学英才班	高考成绩（实考分）达到所在省份同科类本科一批次录取控制分数线即达到录取要求。对于合并本科批次的省份，本科一批次录取控制分数线按相关省级招生主管部门确定的特殊类型控制分数线执行，高考改革省份的高考成绩要求另行公布
	物理人才培养攀登计划	高考成绩原则上需达到所在省份同科类本科一批次录取控制分数线。对于合并本科批次的省份，本科一批次录取控制分数线按相关省级招生主管部门确定的特殊类型控制分数线执行
北京大学	数学英才班	高考成绩须达到当地本科第一批次录取控制分数线，已获得保送资格的按保送程序录取
	物理学科卓越人才培养计划	获得"物理学科卓越人才培养计划"录取资格的国内学生无须参加高考
中国科学技术大学	少年班及创新试点班	考生高考成绩达到相应录取资格档次的要求，且按规定完成确认程序后，即选入少年班及创新试点班拟录取名单，可单独录取。 A档：高考成绩达到所在省份2024年特殊类型招生控制分数线（对于尚未开展高考综合改革的省份，参照该省本科一批次理科录取控制分数线） B档：高考成绩达到所在省份该校2024年本科批次投档分数线下40分且在当地2024年特殊类型招生控制分数线之上（对于尚未开展高考综合改革的省份，参照该省本科一批次理科录取控制分数线） C档：高考成绩达到所在省份该校2024年本科批次投档分数线且在当地2024年特殊类型招生控制分数线之上（对于尚未开展高考综合改革的省份，参照该省本科一批次理科录取控制分数线），在不超过招生计划的前提下，择优选入。入选数学、物理、化学、生物、信息学奥林匹克国家集训队的考生，参加该校少年创新科学营，成为该校少年班及创新试点班入选资格考生的，无须参加高考

续表

学校	班级	录取要求
西安交通大学	少年班	根据复试方案，择优录取。入选学校少年班的学生，进行预科学习两年（第一年委托西安交通大学附属中学、江苏省苏州中学、天津南开中学、浙江省杭州高级中学培养，第二年起在大学培养）；预科期间学习成绩合格者，根据预科阶段的学习成绩和综合考评转入本科阶段，主要面向基础学科、新兴交叉学科和优势工科等专业进行专业选择，按照"基础通识+宽口径专业+创新能力"的模式培养；在大学本科学习期间达到学校相关管理规定要求者，直接保送为学校硕士研究生（或长学制博士研究生）
东南大学	吴健雄班	考生 2024 年高考成绩达到合格线方可参加东南大学举办的少年班测试。合格线为考生所在省当年理工类（或物理类）普通本科一批次录取控制分数线或特殊类型招生最低录取控制线，校方根据考生综合成绩择优录取。综合成绩＝高考成绩（折算成 100 分）×70%＋学校测试成绩（折算成 100 分）×30%
西湖大学	创新班	学校按照复试成绩从高到低依序确定拟录取名单，高考总分达到浙江省特殊类型招生控制线方可录取

■ 少年班的报考流程是怎样的？

每所高校的录取流程不同，不过大体上都遵循着**报名、初审、测试考核、获得入围资格、参加高考**（入选集训队获得保送资格的学生、入围清华大学"丘成桐数学科学领军人才培养计划"或北京大学"物理学科卓越人才培养计划"的学生除外）、**录取**这一系列流程，具体以各高校发布的招生简章为准（通常 12 月发布）。

以下为清华大学 2024 年"丘成桐数学英才班"招生流程。

1. 网上报名（2023 年 12 月 6 日至 2023 年 12 月 15 日）

学生需进行网上报名，在报名系统中填写申请表，填写完成后请将申请表进行打印，经所在中学核实后加盖中学公章，扫描上传后提交。

2. 初评（2023 年 12 月下旬）

专家组对学生数学特长、平时表现、学术研究、创新潜质等方面进行综合评审，初评结果将在报名系统内公布。初评结果分为：优秀、通过、不通过三档。初评"优秀"评级的学生可直接获得入围认定；初评"通过"的学生可参加测试环节；初评"不通过"的学生不能参加后续环节。

3. 考核（2023 年 12 月下旬）

初评"通过"的学生须参加考核环节，考核环节着重考查学生对于数学学科的兴趣及天赋，考核形式包括但不限于笔试、面试等。

4. 确认（2024 年 1 月）

考核环节表现优异者将获得"丘成桐数学英才班"入围认定，认定结果由清华大学招生工作领导小组讨论通过后在报名系统内公布，并按相关要求进行公示，公示无异议后认定结果生效。

获得入围认定的学生应按要求及时进行确认并领取《清华大学 2024 年"丘成桐数学英才班"入围认定证明》。

■ 报考少年班需要提交哪些材料？

报名时需要提交的材料依然要**以各高校的招生简章为准**。以中国科学技术大学 2024 年"少年班及创新试点班"招生简章为例，要求学生提交的材料如下：

考生将申请表、中学推荐表、户口本复印件（考生本人页）、考生本人身份证的正反面复印件、学历信息（学籍中学、就读中学及所在年级）、高中阶段成绩单（包括主要科目成绩、总分成绩、总分班级及年级排名）、主要获奖证书复印件按从前到后的顺序一起装订成册，于规定时间内通过中国邮政 EMS 寄至中国科学技术大学招生办公室。考生可以自主报名或由中学推荐，中学推荐的考生须由中学在申请材料上签署推荐意见并加盖校章。

◼ 少年班规划建议

少年班的优势

快速升学的机会

少年班学生通常有非常强的学习能力，相比于其他同级同学，能够在更短的时间内掌握高中的知识。因此与其继续待在高中学习已经掌握的知识，不如进入大学，学习更高层次的知识。**通过选拔进入少年班后，可以跳过高中的某些年级，直接进入大学接受高等教育**，在较短的时间内完成高中到大学甚至研究生的课程，从而提前完成学业，加速学术进程。

优质教育资源

开设少年班的高校基本都是国内顶尖院校，拥有**超一流的师资、先进的科研设施、更多的国际交流机会等**，而少年班的师资更是优中选优，这些都为学生的学习和科研带来很大的助力。例如，中国科学技术大学将少年班独立出来，单独成立一个专门的少年班学院。在学习上，持续推进小班化、个性化教学，聘选两院院士等高层次人才担任专业班主任和学业导师，深入实施"一生一方案"的培养计划；在科研上，少年班学院学生可以利用全校所有院系的实验教学中心进行科研探索，在导师的指导下进行个性化专业学习。此外，少年班学院大力推行"走出去"和"请进来"相结合的方针，不断推动国际交流的发展，塑造学生的国际竞争力。

个性化教育

除了清华北大的特定学科少年班，其他高校少年班**在专业选择上都充分尊重学生的意愿**，在入学后通常会接受各个学科的通识教育，让学生不断探索自己的兴趣和长处，更深入地了解不同专业，引导学生进行专业的选择，这样的个性化教育更有利于学生未来的发展。

少年班的局限性

学习压力大

少年班的学生通常需要在更短的时间内完成与传统教育相同的学习内容,这导致学习压力显著增加。由于跳过了高中的一些年级,学生可能没有足够的时间去逐步建立和巩固知识体系,而需要快速适应大学阶段的高难度课程。此外,少年班的学生往往被寄予厚望,他们不仅要在学术上表现出色,还要在科研、竞赛等方面有所成就,这种高期望值进一步加剧了他们的学习压力。这种持续的高压状态可能对学生的身心健康产生负面影响,导致他们难以充分享受学习的乐趣,甚至可能产生厌学情绪。

社交和心理挑战

少年班的学生在年龄上通常比同年级的大学生小,与年龄较大的同学交往时,他们可能会感到沟通障碍或难以找到共同话题,还可能会因为自己的特殊身份而感到孤独,难以融入校园文化。此外,由于少年班的学生在学业和未来的规划上承受着较大的压力,他们可能会面临严峻的心理挑战,如焦虑、抑郁等。同时,由于提前进入成年人的生活状态,他们可能还没有准备好应对成年人面对的责任和挑战,这也许会影响他们的自尊心和自我认同。

名额少,竞争激烈

少年班的招生名额通常非常有限,这意味着竞争非常激烈。学生需要在激烈的竞争中脱颖而出,才能获得进入少年班的机会。这需要学生具备优秀的学习成绩、卓越的综合素质和突出的创新能力。同时,他们还需要通过严格的选拔考试和面试,展示自己的潜力和能力。即使成功进入少年班,学生也需要保持高强度的学习和竞争意识,以获得更多的机会。此外,由于名额有限,一些有潜力的学生可能因为竞争太大而无法进入少年班,对于这些学生来说,他们需要及时调整自己的升学途径。

少年班的常见问题

哪些同学适合报考少年班？

少年班是针对早慧少年的特殊教育模式，有以下特质的学生可以考虑报名。

数理能力强。擅长数学和物理的同学在报考少年班时更有优势。从各高校招生简章来看，清华北大只开设数学和物理专业的少年班，中国科学技术大学虽然没有限制专业，但是其要求的入围考试的科目为数学和物理，东南大学校测的笔试主要考查学生的数理基础和语言能力。

自学能力强。报考少年班的学生需要在两年之内完成高中知识的学习，并参加高考（大部分院校有此要求）。对报考少年班的学生来说，学校正常的学习进度太慢，只能自学高中的知识，这就需要他们有强大的自学和自律能力。

适应能力强。考少年班的学生年龄偏小，大学和高中的学习和生活环境有很大不同，有较强的适应能力，才能更快地消除因为环境改变带来的负面影响，更好地投入到学习中去。

少年班对高中选科有要求吗？

除了东南大学和中国科学技术大学写明了招收理科学生外，其他高校并未对学生高中选科进行限制。但是从招收的专业和校测内容上来看，**大部分高校还是招收数理能力强的学生**，算是一种隐形限制。因此想要报考少年班的同学，一定要在数学和物理这两个学科多下功夫。

报考少年班要做哪些准备？

报考少年班应该早做准备，从进入高中（西安交通大学的少年班是初中）起就应该加快学习的速度，在**两年内完成高考内容的学习**。同时，还可以**准备学科竞赛，尤其是数学和物理**，竞赛成绩能够很大程度上显示你在某个学科的学习能力，参加竞赛的过程也能更好地锻炼数理思维，这是很多高校都看重的能力。在竞赛上取得好成绩，有更大机会通过初审，还可能在入围测试中加分。以中国科学技术大学为例，考生在数学、物理、化学、生物、信息学全国中学生学科奥林匹克竞赛中获得省级赛区一等奖及以上的，入围考试成绩加 10 分。

此外，还要**尽早选定报考的学校，了解报考流程，准备好要提交的材料，好好准备高校的校内选拔测试**。

可以同时报名不同高校的少年班吗？

高校**没有限制学生报名几所院校的少年班，但是要注意各高校校内选拔的时间节点，防止重合**。但是如果**获得多所学校的入选资格，可能需要进行抉择**，因为报考少年班的学生需要持高校提供的"入围认定证明"进行补报名。此外，根据教育部规定，**非应届考生不得作为应届毕业生录取到其他高等院校**，如果考生高二参加高考，高考成绩也只能作为少年班招生使用，不能填报其他高考志愿。

少年班的校内测试是什么样的？

每个高校的测试形式和内容都不同，不过基本上都是"笔试＋面试"的形式，具体以招生简章为准。以中国科学技术大学 2024 年的校内选拔测试为例，主要包括入围考试和少年创新科学营。

1. 入围考试

材料评审通过的考生须参加入围考试，科目为数学、物理，考试范围为高中数学、物理的全部知识，可能会涉及少部分大学内容，难度一般超过高考。重点考查相关学科基础、逻辑思维能力。

2. 少年创新科学营

中国科学技术大学为通过入围考试的考生组织少年创新科学营，全面系统地考查学生的知识基础、学习能力及综合素质。科学营分两个阶段：

第一阶段：开展科学前沿报告及生涯导航讲座，进行数理基础知识测试，科目为数学、物理，形式为笔试，难度高于入围考试，大致等同于竞赛复赛难度，通过测试者进入第二阶段；

第二阶段：开设短期大学先修课程，组织科学与社会研讨，安排学习能力测试和非智力因素测试。学习能力测试形式为笔试，内容为短期大学先修课程中教授的知识，因此会涉及大学知识，如高等数学，难度很大；非智力因素测试包括面试和体质测试。

根据考生的综合测试成绩（基础知识、学习能力、非智力因素）确定入选资格考生名单。入选资格考生的录取资格档分为 A 档、B 档和 C 档。

通过入围考试的少年班考生全程参加科学营，增设学习能力测试、科技阅读及写作课程，校方根据上述考生的综合测试成绩单独确定入选资格考生。

> **高考成绩对少年班录取影响大吗？**

相较于按部就班参加高考的学生，高考成绩对报考少年班的学生来说，**影响较小**，大部分高校对拿到少年班资格的考生所要求的高考成绩，通常是达到所在省份同科类本科一批次录取控制分数线或是相关省级招生主管部门确定的特殊类型控制分数线，每个学校要求不同，具体可查看招生简章。**但是也有高校比较看重高考成绩**，如东南大学根据考生综合成绩择优录取。而综合成绩=高考成绩（折算成100分）×70%+学校测试成绩（折算成100分）×30%。此外，中国科学技术大学还会根据高考成绩将考生划分为A、B、C三个档进行录取。

> **少年班开设哪些专业，后期可以转专业吗？**

不同高校、不同类型的少年班有不同的规定。如**清华大学、北京大学的少年班在录取时就已经确定专业，且入学后不可转专业**。而**中国科学技术大学、东南大学、西安交通大学、西湖大学的少年班，都是在入学后先进行通识教育，随后再让学生根据自己的志向、能力、兴趣在全校或某个大类中自主选择专业**。有些学校允许在一定范围内进行专业调整，如中国科学技术大学大三学生可在修读学院内自主调整专业。

> **少年班的同学在升学上有什么优势吗？**

少年班的同学在升学上具有一定的优势。少年班通常具有更优秀的师资和教学资源，少年班注重培养学生的综合素质和学科特长，有利于学生在未来的升学中脱颖而出。此外，**某些高校的少年班在升学方面会有优待**，如东南大学，实行本科－研究生一体化培养。学生修读完成本科学业，符合东南大学"荣誉毕业生证书"授予条件者，可直接选择攻读国内外著名大学的研究生。西安交通大学少年班的同学，在大学本科学习期间达到学校相关管理规定要求者，直接保送为本校硕士研究生（或长学制博士研究生）。

少年班名校生访谈录

学生名片

姓名：刘同学
生源地：山东济南
就读初中：济南育英中学
就读大学：西安交通大学
升学方式：少年班

访谈实录

Part 01 报考准备

Q：你是从什么时候开始学习高中知识？大概到什么时候学完了呢？

A：初三前的暑假开始学习高中知识，英语知识则更早开始；没有学完高中知识。

Q：你有参加竞赛吗？（如果参加）取得了怎样的成绩？对报考少年班有帮助吗？

A：有，但其实都在初一参加了，后来临近少年班考试没有有效的成绩；竞赛本身没有帮助，对竞赛知识的学习有帮助。

Q：你是怎么被西安交通大学的少年班录取的？

A：初试一般会考查文综（语文、地理、历史），理综（物理、化学），数学，英语。本来应该有复试，因为疫情取消了。这个录取的过程后面几年应该有变化，我没了解过。

Q：你是怎么准备西安交通大学的内部测试呢？

A：基本没准备太多，新东方有个专门的班，但其实也就上了一两节课，之后找了个老师学习了议论文的写法。

Q：如何在短时间内学习这么多知识，有什么学习方法可以分享吗？

A：这是个太宽泛的话题，不同的学科能说太多学习方法。

Q：可以给想报考少年班的学弟学妹们一些建议吗？

A：西安交通大学少年班注定是偏向竞赛和先修的路，和中考的路是截然不同的。完全瞄准少年班作为升学路径，其实有挺大失败的可能性（同届的同学就有准备考这个但是没考上的，与此同时我从来没想着考上却被录取了），建议不要完全依赖这条路。

Q：你的父母在备考过程中有给你什么帮助吗？或者你认为父母可以提供哪些方面的帮助呢？

A：理解，支持，不要给太大的压力。

Q：少年班可以选择哪些专业？你们是入学前还是入学后选专业？

A：选专业的时候，会提前发一个问卷大致调查意向，然后给出各个学院的名额，不直接到专业。基本上，西安交通大学强势专业都有，试验班名额不算少。主要有电气工程、电子信息工程、能源与动力工程、机械工程、航空航天等专业。

Part 02　学习规划

Q：方便告知你入学时的年龄吗？会因为提前进入大学感到不适应吗？

A：15岁，不太会。

Q：你的专业是在入学时就确定了还是入学后选择的呢？

A：入学后。

Q：可以分享一下你选择这个专业的理由？

A：我选择了力学（航天航空学院）。其实我想选计算机（电信学院），但是排名不够；选航天航空是因为感觉比较喜欢这个专业。

Q：在你们学校，少年班是单独编班，还是被分配到不同学院呢？

A：一年预科是单独编班，此后就会被分配到不同学院。

Q：可以介绍一下你们学校少年班的培养方案吗？

A：2年预科（预科一在合作的预科中学就读，学习高中知识，过高中生活；预科二在大学就读，学习大学程度的课程，过大学生活）+4年本科+保研资格。

Q：学校会提供出国交流的机会吗？

A：如果能留在试验班就会有资助吧，我不太想出国，所以不怎么了解。

Q：在保研时，学校对少年班会有优待吗？

A：有，满足一些条件（必修课不挂科且一年内低于70分的科目不超过2门）就可以直接保研。

Q：少年班的深造率高吗？你未来会选择继续深造还是就业呢，为什么？

A：应该挺高吧，但没具体统计过；我大概是继续读研，我这个专业比较需要深造。

保送生
升学路径解读

04

■ 什么是保送生？

保送生是指由某些中等学校推荐保送，经有关普通高等学校考查同意，免予参加全国普通高等学校招生统一考试而直接录取入学的学生。高校保送生招生属于特殊类型招生。

■ 哪些考生具有保送资格？

根据教育部等有关部门规定，**中学生学科奥林匹克竞赛国家集训队成员、部分外国语中学（16所）推荐优秀学生、公安英烈子女、退役运动员**等人员具备高校保送资格。

注：有关高校招收中学生学科奥林匹克竞赛国家集训队成员保送生，原则上录取至与学生特长相关的基础学科专业；公安英烈子女按有关规定只能保送至公安类院校。

■ 保送生的报考条件是什么？

1. 竞赛类

中学生学科奥林匹克竞赛国家集训队成员具有高校保送资格。每年入选五大学科（**数学、物理、化学、生物、信息**）竞赛国家集训队的成员共 260 人，是根据五大学科竞赛的决赛结果进行选拔的。**在全国决赛中，物理、化学、生物、信息成绩排名前 50 和数学排名前 60 的学生可进入国家集训队，其中，应届考生有机会保送至清华大学、北京大学。**

2. 外语类

符合教育部规定的**具有推荐保送生资格的 16 所外国语中学**的优秀**应届**高中毕业生，报名申请并通过普通高等学校考查审核后，无须参加高考即可直接录取入学。

16 所具有推荐保送生资格的外国语中学

中学名称	省份（直辖市）	2024年外语类保送生人数
上海外国语大学附中（含浦东、浦西校区）	上海市	118
南京外国语学校	江苏省	131
杭州外国语学校	浙江省	92
长春外国语学校	吉林省	107
石家庄外国语学校	河北省	114
郑州外国语学校	河南省	84
南昌外国语学校	江西省	88
重庆外国语学校	重庆市	82
成都外国语学校	四川省	78
天津外国语学校	天津市	78
太原外国语学校	山西省	105
济南外国语学校	山东省	144
厦门外国语学校	福建省	105
武汉外国语学校	湖北省	99
广东外语外贸大学附中	广东省	63
深圳外国语学校	广东省	120

3. 退役运动员

根据《体育总局办公厅关于做好2024年高校保送录取优秀运动员有关事宜的通知》，运动员保送条件如下：

（1）拥护中国共产党领导，拥护社会主义制度，**无犯罪记录，无兴奋剂违规记录。**

（2）**符合2024年高考报名条件**，并取得生源所在地高考报名号。

（3）运动成绩优异，能够**满足以下任一条件**：

① 奥运项目破世界纪录、亚洲纪录或全国纪录（不含青年纪录）；

② 被授予国际级运动健将称号；

③ 足球、篮球、排球项目被授予运动健将称号；

④ 除足球、篮球、排球外的其他奥运项目的运动健将，及围棋、象棋、国际象棋、武术套路、武术散打项目的运动健将，均应参加《符合高校保送录取优秀运动员的竞赛项目及赛事名录（2024版）》中所列赛事和小项的最高组别比赛，且取得世界体＝育比赛前八名，或亚洲体育比赛前六名，或全国体育比赛前三名。

4. 公安英烈子女

根据公安部和教育部共同发布的《关于进一步加强和改进公安英烈和因公牺牲伤残公安民警子女优待工作的通知》，公安烈士、公安英模和一级至四级因公伤残公安民警子女，志愿献身公安事业的，可保送至公安院校学习深造。

（1）上述保送对象系指与公安英烈**有直系血亲关系**的子女。

（2）保送对象必须是**高中毕业生**（须取得高中毕业证书），学习成绩良好，**未婚，年龄不超过 22 周岁**。

（3）政治思想品德考核和身体条件**符合《公安普通高等学校招生工作暂行办法》规定的标准**。

■ 可以报考哪些院校的保送生？

1. 竞赛类

2024 年共有 99 名国家集训队选手保送至北京大学、103 名国家集训队选手保送至清华大学，这些竞赛类保送生的专业选择如下表。

北京大学 2024 年竞赛类保送生拟录取专业

竞赛类别	化学类	计算机类（图灵班）	理科试验班类（元培）	生物科学类	数学类	物理学类	总计
数学		1			11		12

续表

竞赛类别	化学类	计算机类（图灵班）	理科试验班类（元培）	生物科学类	数学类	物理学类	总计
物理			5	1		15	21
化学	12		20				32
生物学			5	14			19
信息学		15					15
总计	12	16	30	14	12	15	99

清华大学 2024 年竞赛类保送生拟录取专业

竞赛类别	计算机类	理科试验班（化生类）	理科试验班（数理类）	临床医学类	数学与应用数学八年	自动化类	总计
数学	15		1		1		17
物理	23		2				25
化学	4	2				2	8
生物学		13		12			25
信息学	28						28
总计	70	15	3	12	1	2	103

2. 外语类

2024 年起，北京外国语大学、上海外国语大学、外交学院可继续招收少量的外国语中学推荐保送生并安排在英语语种相关专业，单独编班，单独制订培养方案，选拔培养英语类拔尖人才；**其他高校招收的外国语中学推荐保送生均安排在除英语以外的小语种相关专业**，鼓励高校培养"小语种+"复合型人才。保送至小语种相关专业的学生入校后不得转入小语种以外的专业。

保送的专业大多是语言专业，但部分高校部分专业推出了双学位，比如上海外国语大学开设的日语（工商管理双学位）、德语（工商管理双学位），浙江大学开设的德语－光电信息科学与工程、法语－电子科学与技术双学士学位项目，广东外语外贸大学开设的俄语／德语／法语／西班牙语／意大利语／日语／朝鲜语＋国际经济与贸易双学士学位项目等。

2024年高考外语类保送共1604人，这些保送生的录取情况如下表。

大学名称	录取人数	大学名称	录取人数
南京大学	143	西北工业大学	18
上海交通大学	131	中山大学	16
南开大学	118	上海财经大学	15
北京外国语大学	112	大连理工大学	13
上海外国语大学	108	外交学院	12
山东大学	99	吉林大学	8
北京大学	86	四川大学	8
武汉大学	80	重庆大学	6
复旦大学	77	东华大学	5
北京理工大学	61	深圳大学	6
浙江大学	52	东北师范大学	4
西安交通大学	51	华中师范大学	4
对外经济贸易大学	47	中南大学	4
华东师范大学	45	北京科技大学	3
厦门大学	44	华东理工大学	3
华中科技大学	38	武汉理工大学	3
中国人民大学	35	兰州大学	3
东南大学	35	华东政法大学	2
清华大学	29	西安电子科技大学	2
北京航空航天大学	29	广东外语外贸大学	2
同济大学	25	南京航空航天大学	1
哈尔滨工业大学	21	湖南大学	1

3. 退役运动员

2024年，1180名优秀运动员被拟推荐至76所本科高校（不止76所本科高校具备保送资格），包括清华大学、复旦大学、同济大学、厦门大学、北京体育大学、上海体育大学等。

2024年退役运动员保送生录取概况（部分）

学校	人数	录取率
北京体育大学	411	34.8%
上海体育大学	126	10.7%
武汉体育学院	60	5.1%
山东体育学院	58	4.9%
成都体育学院	52	4.4%
南京体育学院	28	2.4%
广州体育学院	26	2.2%
福建师范大学	22	1.9%
安徽师范大学	15	1.3%
西南大学	15	1.3%
首都体育学院	14	1.2%
天津体育学院	14	1.2%
同济大学	14	1.2%
浙江大学	14	1.2%

4. 公安英烈子女

各省、自治区、直辖市公安厅、局所属公安院校原则上招收本地区的保送生；公安部直属院校招收保送生的比例不超过当年保送生总数的20%。

■ 保送生的报考流程是怎样的？

1. 保送生录取流程

竞赛类/外语类保送流程

时间	流程
12月	高校公布保送生招生简章
12月	考生网上报名申请，高校初审
次年1月初（高校自定）	考生参加高校组织的选拔测试
次年1月中下旬（自定）	高校公布保送生拟录取结果
次年5月	教育部阳光高考信息平台公示各高校保送生拟录取名单

各个高校报名和选拔时间以高校发布为准，需要考生自行关注。需要注意的是，竞赛类保送生的审查考核，**一般不需要进行额外的测试**。例如清华大学的认定流程，是由学校组织专家组对申请学生的资料进行综合评价，择优认定为保送生候选人。认定结果由学校招生领导小组讨论通过并按照教育部规定予以公示后生效。而**外语类保送生通常需要参加选拔测试，大部分高校的测试包括笔试和面试**，各个高校考试科目不尽相同。以北京大学为例，2024年其外语类保送测试笔试科目为语文、数学、英语，面试内容则为英语朗读、理解、表达、综合素质考查及专业外语模拟发音等。

2. 高校运动员保送流程

部分高校运动员保送流程

时间	流程
10月至11月	参加生源所在地省级招生考试机构组织的高考报名
次年2月1日至15日	登录"中国运动文化教育网"或"体教联盟"APP里的"体育招生"中的"运动员保送系统"进行报名
次年2月19日前	高校初审完成
次年2月20日	未通过初次审核的运动员可进行调剂志愿填报
次年2月下旬（高校自定）	综合考核

续表

时间	流程
次年2月下旬（高校自定）	高校公布保送生拟录取结果
次年6月	国家体育总局公示保送生拟录取名单

注：考生应在报名截止前获得符合保送条件的运动员技术等级称号及相关运动成绩，相关信息可通过"运动员技术等级信息查询系统"查询。

以上流程为国家体育总局发布，大部分高校的运动员保送工作都依照此流程进行，其中综合考核和结果公布的时间以各高校发布为准。然而，**各个高校的报名方式和时间也不完全如上，需考生自行关注**。以同济大学2024年运动员保送为例，考生需要在2023年12月23日至2024年1月3日期间登录该校"特殊类型招生报名系统"，并在2024年1月10日进行线上综合考核。

3. 公安英烈子女保送流程

根据《普通公安院校招收公安英烈子女保送生的暂行规定》，公安英烈子女保送流程如下：

（1）公安英烈子女向英烈生前所在单位或现工作单位**提出书面申请**，逐级报至省、自治区、直辖市公安厅、局政治部审核。

（2）各省、自治区、直辖市公安厅、局政治部于**每年3月底前**将推荐保送生的材料和审核意见报公安部政治部审批。

（3）初审通过的公安英烈子女**参加公安部统一组织的考试**，公安部确定最低录取资格线，低于此线者不能被保送。

（4）**招生院校复审合格后**，将保送生名单报生源所在省、自治区、直辖市招生委员会办公室备案并办理录取手续。

■ 报考保送生需要提交哪些材料？

参与保送的考生需要在报名时提供**能证明已获得保送资格的材料**，具体材料要求**以高校发布的招生简章为准**。一般需要给出经所在中学核实加盖中学公章的保送生申请表，及高中阶段所获各种奖励证书的扫描件等。

以天津大学为例，考生报名时需要提交的材料包括：

1. 天津大学2024年保送生申请表（由报名系统打印，含基本信息、中学成绩、个人自述、志愿信息、获奖记录等，须所在中学校长或主管校长签字且加盖学校公章）；

2. 高中阶段成绩单（含年级人数、年级排名）、高中学业水平成绩（须由中学教务部门出具并盖章）；

3. 证明材料：学生综合素质评价、考生在高中阶段的获奖证书及其他可证明考生相关申请资格的支撑材料；

4. 天津大学2024年保送生测试承诺书（须参见校方公布的模板文件）：须考生本人手写个人信息并抄写承诺文字。

■ 保送生规划建议

保送生的优势

免试录取，没有高考压力

高考是一场综合性的学科知识能力考查，想要取得好成绩，考生需要在各个学科领域均衡发展。而保送生主要针对的是在五大学科、语言、运动等方面表现突出的特殊型人才，**通过保送直接获得大学录取名额**，可以让考生专注在自己擅长的学科领域，而不必为高考分散过多精力。

保送生的师资和培养模式如何？

招收保送生的高校大部分都是有着一流师资和资源的"双一流"院校，或者是语言类、体育类专门院校，能够为学生提供更加优质的教育。**高校对保送生通常有个性化的培养计划**，能够更好地根据学生的特长和兴趣进行课程安排和发展规划。如浙江大学自 2024 年起新设"小语种＋"双学士学位复合型人才培养项目（以下简称"双学士学位项目"），包括德语－光电信息科学与工程、法语－电子科学与技术双学士学位项目，致力于培养外语类高端复合人才。这种培养方式，让学生将自己的特长与其他能力相结合，拓宽了学生未来的发展道路。

专业匹配度高

考生**所保送的专业往往都是自己的特长相关专业**，从而确保学生能够在最适合自己的领域深入学习和发展。

保送生的局限性

保送资格获取难度大

保送本就是一件"狼多肉少"的事情，无论是通过竞赛进入国家集训队，还是在运动上取得保送的资格，或者是在 16 所外国语中学所有的学生中脱颖而出，都不是一件容易的事情。不仅需要有突出的能力和天赋，还要不断地进行学习训练，**付出超出普通同学数倍的努力**，才有可能取得保送资格。

风险大，付出不一定有回报

走保送这条路，需要从很早就开始准备，想要取得好的成绩必定要付出很多时间和努力，**可能牺牲很多本该花在其他科目上的时间**，造成发展不均衡。但是即便这样也可能无法获得保送资格，只能继续参加高考，而耽误在准备保送上的时间也会让你和周围的同学拉开不小的差距，导致"一路不通，路路不通"，因此需要谨慎考虑。

专业选择受限，对综合能力培养可能不足

国家集训队成员保送生原则上应录取至与学生特长相关的基础学科专业，

外国语中学推荐的保送生大多被安排在小语种相关专业，且入校后不能转入其他专业，符合条件的运动员基本也是保送至高校体育学类本科专业，公安英烈子女则只能保送至公安类院校。相应的，**学校的培养计划也会更倾向于对学生特长的挖掘，可能会忽略学生综合能力的培养。**在选择前考生还是要慎重考虑是否真的热爱相关的专业或行业，否则日后再想更换赛道不是一件容易的事。

保送生的常见问题

保送生可以申请几个学校，几个专业？专业可以调剂吗？

大部分高校没有限制学生申请其他学校，有些学校对申请高校的数量做出了限制。考生可以填报的专业志愿数量及是否可以调剂，要以学校招生简章为准。以北京语言大学为例，考生可在报名系统内填报6个专业志愿。若考生所填报的专业志愿无法满足，服从专业调剂者，调剂至其他专业录取；不服从专业调剂者，不予录取。

如何在16所外国语中学中获得保送资格？

不同中学获得保送资格的要求不同，以深圳外国语学校2024年保送推荐办法为例（以下仅列举成绩评定方面的相关条件，具体条件请查看院校官网）：

1. 综合学习成绩。保送资格考试的科目按照语文、数学、外语原始分计算，各校校荐资格按照保送考试语文、数学、外语三科总分成绩计算。

2. 加分项目。为培养全面发展的学生，鼓励学生参加学科竞赛活动，并根据参加的竞赛及获奖等级给予不同的加分。如，在五大学科竞赛决赛中获得三等奖可加25分，获得一、二等奖加30分；高中阶段在"21世纪杯"全国英语演讲比赛中获全国总决赛一等奖以上、特别单项奖加20分等。

3. 学生综合评定成绩 = 综合学习成绩 + 加分项目分数。按学生综合评定成绩由高到低依次排序择优录取。

选择保送是否可以不注重其他学科的学习？

选择保送不意味着可以放弃其他学科的学习，以外语类保送为例，想要获得外国语中学的保送资格，需要进行综合成绩的量化评定，包括语文、数学、外语的成绩，其他学科的竞赛也可以额外加分，因此即使选择保送也要注重其他学科的学习，为获得保送资格赢得更多的筹码。

保送生选择专业时有哪些限制？

竞赛类保送生原则上应录取至与学生特长相关的基础学科专业。

关于外语类保送，2024年起，**北京外国语大学、上海外国语大学、外交学院**可继续招收少量的外国语中学推荐保送生安排在**英语语种相关专业，其他高校招收的外国语中学推荐保送生均安排在除英语以外的小语种相关专业**。此外，**部分学校对考生高中语种也有要求**，如中国人民大学限定考核语种为英语。

关于运动员保送，鼓励优秀运动员发挥专长，**申请保送至有关高校体育学类本科专业**。如申请就读非体育学类本科专业，应按要求在保送系统内同时报名并**参加2024年普通高校运动训练、武术与民族传统体育专业招生**（简称体育单招）文化考试（具体考试安排见《2024年普通高等学校运动训练、武术与民族传统体育专业招生管理办法》）。

高校如何对保送生进行校内考核？

一般来说，通过高校的校内审查考核，再经过公示，就真正获得了高校的保送资格。**高校的考核内容和程序由高校自行拟定。**

通过保送进入大学后可以换专业吗？

原则上通过保送进入大学后不可以更换至其他不相关专业，保送至小语种相关专业的学生入校后不得转入小语种以外的相关专业。部分大学为了让学生更全面地发展，制订了**复合型人才培养方案**。以北京外国语大学为例，考生被录取后，可根据相关通知要求选拔进入新华社多语种国际新闻传播实验班、

21 世纪马克思主义国际传播人才培养项目班、国际化战略人才培养项目班、北外全球治理卓越本科生平台等复合型人才培养项目。在校期间，学生也可以参加荣誉学士学位课程、辅修专业和系列微专业的学习，辅修学位学信网可查。

学生名片

姓名：李同学
生源地：山西太原
就读高中：太原市外国语学校
- 学校全市排名为 3—4 名
- 李同学高三时年级总人数为 800—900 名，李同学在第 30 名
- 每年通过普通高考进入清北的学生 5—6 名，通过保送进入重点大学的学生 120 名左右

就读大学：南开大学
大学专业：法语
升学方式：外语类保送生

访谈实录

Part 01 如何报考

Q：你当时一个年级有多少同学是通过保送的方式升学的呢？学校是怎样确定保送名额呢？

A：我们学校是有 120 名左右的保送生。高一、高二、高三各有一次排名考试，这三次考试的成绩综合下来进行排名，分数大概的比例是高一占 20%，高二占 30%，高三占 50%，从高到低确定保送名额。我们当时还是文理分科的，文科班的同学大概是 35 名左右，理科班的同学 85 名左右。但是有一些理科的同学会放弃这个保送名额，他们不太想去学语言专业，所以排名可能会往后顺延，理科可能排到 100 名左右也会有这个机会，文科放弃保送的就会少一些。

Part 02 如何录取

Q：可以和我们分享一下保送生从申请到最终录取的流程是怎样的吗？

A：首先我们学校内部会确定保送资格，就是我刚刚说的那三次考试，通过综合排名确定资格。在高三上学期的那个寒假，各个大学会发关于保送生报名的通知，需要大家提交一些材料，比如自己的简历，具体内容就是你在高中阶段参加了什么比赛，什么活动，获得的奖项等。然后去参加保送生考试，比如说南开大学，就会有笔试和面试，大概持续时间是 1 到 2 天。如果你通过了，学校就会给你发录取通知。

Q：南开大学的笔试和面试具体都会考什么内容呢？

A：我参加考试距今已经 4 年了，我不太了解现在的考试形式有没有变化，分享一下我当时的情况吧。笔试包括语文、数学、英语三科，英语主要就是考了翻译、语法、作文。面试有中英文面试，面前坐五六位老师，你坐在桌子另一边面试。最后计算成绩是笔试和面试各占一定比例，但是也会有一些硬性条件，比如我们当时是数学没有考过 60 分的话就会直接被刷掉，所以虽然是外语类保送，其他学科的学习也很重要。

Q：可以同时申请多个学校的保送生吗？

A：高中本身的话是不太会有限制的，只要你有保送的资格，基本上可以想报哪些学校就报哪些学校，最终看哪些学校会通过。但是要注意安排好考试时间。比如你上午跑天津，下午去广东就不太现实，多处"赶场"，也会影响发挥，最后不一定能去特别好的学校，所以就是一定要把握好时间，做出取舍。

Q：如果通过保送的方式进入了语言类的专业，到了大学还可以转专业吗？

A：有人可能会想通过这种方式先进入学校，然后再去改其他专业，这是不允许的。但是辅修经济、法学这些其他专业都是没问题的，只是不能直接转到其他非语言类的专业。

Part 03 如何准备

Q：当时主要是出于什么考虑，最终选择了保送生这种升学的途径呢？

A：我从初中开始就是在外国语学校读的，当时就了解到高中部有保送机会了。其实我小时候就对语言很感兴趣，老师也说我在这方面比较有天赋，所以就比较想去学语言。

我想就算我去参加高考，我肯定也不会学其他专业，只想学语言专业，那还不如直接通过外语保送的方式升学。所以算是个人兴趣和能力作为基础，加上学校有这个机会，最后结合各种因素综合考虑之后选择的。

Q：你为了实现这个目标，都做出了哪些方面的努力呢？大约准备了多长时间？

A：一方面就是学习上的努力，像我刚才说的高一、高二、高三各有一次排名考试，都要尽量考出比较好的成绩，所以可以说是从高一就开始在准备了。另外一方面就是为大学的保送生考试做了一些准备，当时我们高中附近的新东方专门开了一个针对保送生考试的班，会有针对笔试和面试的培训，有老师专门讲南开大学去年考了什么题，看你想报哪个学校，来对你进行针对性的辅导。也有那种大课，就是每个同学说一下自己想去什么学校，然后老师根据大家的意向，综合地去给大家讲一讲。

Q：在整个升学的过程当中，父母给你提供了哪些帮助？

A：首先就是给了我很多精神上的支持，比如当时我爸妈是跟我一起去参加考试的，生活上他们可以帮我去买饭什么的，而且有他们在，我心里也会踏实一点，毕竟那时候才高中，我还是有点害怕的，他们的陪伴确实给了我不少的鼓励。还有就是经济上了，如果没有他们提供经济支持，我怎么能去参加考试呢？还有报的辅导课程，也是他们支持的。

Q：你当时有没有希望父母给你其他的一些支持和帮助？比如说帮你去查一些信息，或者是帮你一起去做决定这种。

A：我觉得我父母其实已经做得很好了，因为一些关于大学的事情，我父母其实也不是很懂，虽然我会参考他们的意见，但是也不会完全依赖他们，还是靠自己拿主意多一点。我当时就是希望他们能跟我一起去考试，提供陪伴、支持、鼓励，我觉得就够了。

Q：如果现在有高中的学弟学妹也想走这条路径升学，你可以给他们一些建议吗？

A：好好学习，成绩是最重要的，我当时差一名就有资格去申请清华北大了，所以我就有点遗憾，你要是第一名，保送时就有资格比别人挑更好的学校，但你成绩要是排在后边，连去参加保送的资格都没有了，所以说到底还是得成绩好。再有就是要考虑清楚，你到底适不适合学外语专业，如果你对这个东西不感兴趣的话，就算保送到了大学肯定也不会好好学，成绩也不好。我觉得语言这个东西就是看你对它的喜欢程度有多深，事实上到了大学如果真去学语言，一天到晚只学那一个东西，就算我当时是很喜欢语言的，我学到现在有的时候也不是很想看见它了。所以学弟学妹们如果真的想尝试的话，可以在寒暑假拿出来一周，其他什么事也不干，就天天看英语，去看一些英文的原著、文献，或者找一些看起来很难、很晦涩的文章，看自己能不能受得了。如果受得了，或者说不排斥，那就应该问题不大。如果你确定了要学外语专业，成绩上也具备了保送生的资格，接下来一定要注意安排好去各个大学参加考试的时间，适当做出取舍，不要把自己弄得很赶，最后也发挥不好。还有，最好提前联系好考试地方周围的酒店，休息不好也会影响发挥。

中外合作办学升学路径解读 05

■ 什么是中外合作办学？

中外合作办学，是指中国教育机构与外国教育机构依法在中国境内合作举办以中国公民为主要招生对象的教育教学活动。中外合作办学的主体通常包括两个方面的教育机构：**一是中国教育机构**，包括公立大学、民办大学、职业技术学院等；**二是外国教育机构**，包括世界各国的知名高校、科研机构等。这两方面的教育机构在合作中各自发挥优势，共同推动教育资源的优化配置和人才培养模式的创新。

中外合作办学的招生对象主要是中国公民，但也包括部分外国留学生。招生标准通常与国内高校相同，要求学生具备较好的**学术基础和外语能力**。同时，中外合作办学也注重学生的综合素质和创新能力培养，为学生未来的职业发展打下坚实基础。

中外合作办学的管理体制通常采取"**双校长制**"或"**联合管理委员会制**"。中外双方共同选派校长或管理委员会委员，共同制定管理规章制度，共同负责教育教学和日常管理工作。

■ 中外合作办学适合哪些学生？

1. 语言学习能力优秀的学生

中外合作办学一般会采用**双语教学**甚至是**全外语教学**的模式，需要学生具备优秀的语言学习能力。对于高考英语成绩在 115 分以上的学生，他们的语言基础较好，更容易适应这种教学模式。

2. 申请条件不够，无法直接出国留学的学生

中外合作办学的申请条件相对宽松，**适合那些成绩不够优秀，无法自主申请国外留学机会**，但又希望接受国际化教育的学生，学生可以通过中外合作办学的方式，先在国内接受一定的国际化教育，再根据自己的情况选择是否出国留学。

3. 希望提前适应海外生活的学生

中外合作办学通常会提供一定的海外学习和生活经验，如短期交换生项目、海外实习等，**可以提前适应国外大学的学习模式**。这种模式有助于学生更好地了解海外文化、生活和学习方式，为未来的留学或就业做好准备。

4. 家庭经济条件较好的学生

中外合作办学的**学费和生活费用要比普通专业更高一些**，建议教育支出占家庭年收入 30% 以上的家庭慎重考虑中外合作办学项目。

5. 自我管理能力和学习能力较强的学生

中外合作办学强调的是**自主学习和积极参与**，学生需要具备较强的自我管理能力和学习能力。学生需要合理安排时间，积极参与课堂讨论和课外活动，才能充分发挥中外合作办学的优势。

6. 想要冲刺更高院校层次的学生

一般高校的中外合作办学收分线会比普通专业收分线低，如果是对于普通专业没有强烈执念，同时可以接受中外合作办学，且对名校毕业存在强烈愿望的学生，可以考虑通过中外合作办学提升就读院校层次。

■ 可以报考哪些院校的中外合作办学？

根据合作主体、合作方式和合作内容的不同，中外合作办学可以分为以下几种类型：

1. 独立法人中外合作办学机构

独立法人中外合作办学机构是指中外双方共同投资、共同管理、具有独立的法人资格的教育机构。这类机构通常拥有独立的教学设施、师资队伍和管理团队，能够自主制订教育教学计划和招生标准。独立法人中外合作办学机构在引进国外优质教育资源、提高教育教学质量方面具有较大的优势。

2. 非独立法人中外合作办学机构

非独立法人中外合作办学机构是指中外双方在中国境内合作举办的不具有

独立法人资格的教育机构。这类机构通常依托国内高校或科研机构设立，与国内高校或科研机构共享教育资源和管理团队。非独立法人中外合作办学机构在合作方式、合作内容和管理体制等方面具有较大的灵活性，能够根据国内外教育市场的需求进行快速调整。

具有独立法人资格的类型可以简单定义为中外合作办学机构，目前这些机构在中国开设还比较少。不具有独立法人资格的中外合作办学可以称为中外合作办学专业。其中分为机构和项目两类，机构类即合作双方在不具有独立法人资格的前提下，依托学校平台成立对应合作学院合作办学，项目类即合作双方仅在学业培养方面进行合作办学。

针对这些分类，可以选择的学校如下：

独立法人中外合作办学机构[含内地与港澳台（本科层次）]

办学地点	院校名称	办学地点	院校名称
广东	广东以色列理工学院	江苏	西交利物浦大学
	香港中文大学（深圳）		昆山杜克大学
	北京师范大学－香港浸会大学联合国际学院	浙江	宁波诺丁汉大学
	深圳北理莫斯科大学		温州肯恩大学
	香港科技大学（广州）	上海	上海纽约大学
	香港城市大学（东莞）		

部分非独立法人中外合作办学机构

办学地点	属性	名称
北京	机构	北京理工大学北理鲍曼联合学院、北京邮电大学玛丽女王学院、北京工业大学北京－都柏林学院等
	项目	中央民族大学与爱尔兰国立科克大学合作举办环境科学专业本科教育项目、北京交通大学与澳大利亚伍伦贡大学合作举办机械电子工程专业本科教育项目等

续表

办学地点	属性	名称
上海	机构	上海交通大学交大密西根学院、同济大学中德工程学院、上海大学中欧工程技术学院等
上海	项目	上海财经大学与美国韦伯斯特大学合作举办工商管理专业本科教育项目、上海交通大学与加拿大渥太华大学合作举办临床医学专业本科教育项目等
四川	机构	四川大学－匹兹堡学院、西南交通大学－利兹学院
四川	项目	四川农业大学与美国密西根州立大学合作举办草业科学专业本科教育项目、电子科技大学与英国格拉斯哥大学合作举办电子信息工程专业本科教育项目
陕西	机构	西北工业大学伦敦玛丽女王大学工程学院、长安大学长安都柏林国际交通学院
陕西	项目	西安电子科技大学与法国南特大学综合理工学院合作举办电子信息工程专业本科教育项目、西北农林科技大学与美国亚利桑那大学合作举办环境科学专业本科教育项目
黑龙江	机构	东北林业大学奥林学院、哈尔滨工程大学南安普顿海洋工程联合学院
黑龙江	项目	哈尔滨工业大学与澳大利亚悉尼大学合作举办电气工程及其自动化专业本科教育项目、东北农业大学与俄罗斯远东国立技术水产大学合作举办工商管理专业本科教育项目
江苏	机构	中国人民大学中法学院、南京理工大学中法工程师学院
江苏	项目	南京师范大学与英国诺森比亚大学合作与举办电气工程及其自动化专业本科教育项目、中国矿业大学与澳大利亚皇家墨尔本大学合作举办建筑环境与能源应用工程专业本科教育项目
广东	机构	中山大学中法核工程与技术学院、暨南大学伯明翰大学联合学院
广东	项目	北京师范大学珠海分校与加拿大圣玛丽大学合作举办金融学专业本科教育项目、华南理工大学与日本千叶大学合作举办工业设计专业本科教育项目

因为不具备独立法人资格的中外合作办学机构和项目数量很多，因此我们在此只做举例，不一一展开。中外合作办学机构和项目的全部信息请以当年各省的招生需求和官方志愿填报手册为准。

■ 中外合作办学的报考条件是什么？

对于中外合作办学专业，和统招生一样，走高考志愿填报路径，因此只需**要正常参加高考**，填报想要就读的中外合作办学专业，如果分数条件和选科条件满足对应招生需求，就能获得入学资格。

对于中外合作办学学校，因为都是**独立招生**，报考要求也不相同，其中有些是通过高考提前批次进行填报，有些通过普通批次填报，对于英语单科成绩的要求也各不相同。

其中，**西交利物浦大学、宁波诺丁汉大学、温州肯恩大学、广州以色列理工学院、北京师范大学－香港浸会大学联合国际学院**这些学校是在本科批次正常招生，只需要满足高考分数要求，正常填报就能报考。

香港中文大学（深圳）和香港科技大学（广州）是在本科提前批次填报，也是只需满足高考分数要求就能报考。

深圳北理莫斯科大学在不同省份的政策不同，既有本科批次的招生，也有提前批次（传统6：3：1模式综合评价）的招生，需要对学生进行校测考查，同时还有艺术类招生和外语保送生，需要关注该学校在各省的具体情况决定报考方式。

昆山杜克大学和上海纽约大学在提前批次招生，但是需要额外参加各自学校的综合评价。同时需要注意它们的申请时间，一般要在当年1月之前完成材料提交。

上海纽约大学的综合评价一般包括材料认证和校园日活动。初审合格的学生受邀参加上海纽约大学"校园日活动"。"校园日活动"全程用英语进行，在春季举办。招生委员会将根据学生初审环节及"校园日活动"表现，确定优先录取（A.预录取）、考虑录取（B.待录取）和不予录取三类情况。获得预录取或待录取资格的学生，须在该批次第一志愿填报上海纽约大学。

昆山杜克大学的综合评价按照5：4：1的权重对高考、校园活动、高中成绩进行结算录取。校园活动为校园日活动，主要考查英文写作和面试。

■ 中外合作办学的报考流程是怎样的？

对于中外合作办学专业，**和统招生一样，走高考志愿填报路径**，通过正常高考填报志愿的方式就可以完成报考。

对于中外合作办学学校而言，情况比较复杂，因为这十所学校都是独立办学的学校，因此在招生方式上也有很大区别。

以**上海纽约大学**为例，其招考流程类似于综合评价和海外申请制的混合模式，需要在截止日期之前提交规定的材料，然后按时参加校园活动，获得综合评价成绩。高考结束后，按照综合评价的三级分级择优录取。

这十所独立办学的大学的招生归类如下：

办学地点	院校名称	招生方式
江苏	西交利物浦大学	本科批次
	昆山杜克大学	本科提前批次，综合评价
浙江	宁波诺丁汉大学	本科批次
	温州肯恩大学	本科批次
广东	广东以色列理工学院	本科批次
	香港中文大学（深圳）	本科提前批
	北京师范大学-香港浸会大学联合国际学院	本科批次
	深圳北理莫斯科大学	本科批次或含综合评价本科提前批次（不同省）
	香港科技大学（广州）	本科提前批次
上海	上海纽约大学	本科提前批次，综合评价

其中，需要综合评价的学校需要**提前规划材料递交和参加对应的校园测试或校园开放日活动**。一般材料递交通道在前一年的秋季开启，最后一轮材料递交在当年年初截止。校园测试或校园开放日活动会安排在春季进行。

93

■ 中外合作办学规划建议

中外合作办学的优势

双学位与国际视野

中外合作办学项目通常允许学生同时获得国内外两所大学的学位，这不仅增加了学生的学术背景，还为他们提供了**更广阔的国际视野**。这种双重教育背景使学生在就业市场上更具竞争力，能够满足跨国公司和国际组织对国际化人才的需求。

语言能力提升

中外合作办学项目通常采用**双语或全英文授课**，这为学生提供了绝佳的语言学习环境。通过系统的语言学习和实践，学生的英语能力将得到显著提升，为他们未来的国际交流和职业发展打下坚实基础。

教学质量与师资力量

中外合作办学项目**汇聚了国内外优秀的教育资源和师资力量**，为学生提供了高质量的教学服务。学生可以在这里接触到最新的学术研究成果和教学方法，获得与国际接轨的学术体验。

出国深造机会

中外合作办学项目通常**与国外的知名大学建立了紧密的合作关系**，为学生提供了丰富的出国深造机会。学生可以在完成国内学业后，直接申请到国外大学继续深造，拓宽自己的学术视野和人生经历。

就业前景广阔

中外合作办学的毕业生通常具备国际化视野、跨文化沟通能力、专业技能和语言能力等多方面的优势，这些优势使他们在就业市场上非常受欢迎。他们可以选择在**国内的跨国公司、外资企业、国际组织等机构**工作，也可以选择到国外发展，实现自己的职业梦想。

中外合作办学的局限性

高昂的学费和生活成本

中外合作办学的学费普遍高于国内传统高校，对于一些家庭经济条件一般的学生来说，这可能是一个不小的负担。普通本科专业一年的学费在 4000—7000 元，而中外合作办学的**学费则在 10000—100000 元不等**，有些院校的学费甚至更高，例如上海纽约大学的学费可达 20 万元/年。除了学费外，学生还需要承担海外学习或交流项目中的生活费、交通费等额外支出，这进一步增加了家庭的经济压力。

文化适应和语言挑战

中外合作办学通常涉及跨文化学习和交流，**学生需要适应不同的文化环境和学习方式**。对于一些学生来说，这可能会带来一定的心理压力和适应困难。**语言是中外合作办学的另一个重要挑战**。虽然学生可以通过学习提高语言能力，但全英文或双语授课环境仍可能对部分学生造成学习压力。

教育质量参差不齐

中外合作办学项目的教育质量因合作双方、项目设置、师资力量等多种因素而异，存在质量参差不齐的情况。一些项目**可能更注重商业利益而非教育质量**，导致学生的学术收获有限。学生和家长在选择中外合作办学项目时需要谨慎评估项目的教育质量和学术水平。

学位认可度问题

虽然中外合作办学项目通常会授予学生双学位，但学位的认可度可能因不同国家、不同行业而异。教育部颁发的学历认证书上会**明确写明学生在国内外的学习时间，个别学校还会标注"中外合作专业"的字样**，这可能导致一些企业对中外合作办学学位的认可度不高。学生和家长在报考时需要了解目标国家或行业对中外合作办学学位的认可情况，以避免未来就业时遇到障碍。

中外合作办学常见问题

中外合作办学是否颁发国内毕业证？

是。中外合作办学和国际本科不同，中外合作办学会提供**国内学校的毕业证和学位证**，如果满足外方毕业要求，会提供**外方学位证**。有些不负责任的国际本科中介会称自己是中外合作办学性质，但是实际上拿不到国内毕业证，注意甄别。计划外的能拿到国内学校毕业证的中外合作办学仅包含前文提到的十所独立学校。

中外合作办学的学费都很高昂吗？

学费因项目而异，每年的学费从几千到几万不等。**相较于直接出国留学，中外合作办学通常更为经济**，因为出国留学一般需要支付更高的学费和生活费。但**相较于国内的公办大学，中外合作办学的学费仍然偏高**。家长在选择时需要综合考虑学生的家庭经济条件和其他费用。当然，也有中外合作办学项目按照正常标准收费的情况，比如部分学校开设的"4+2"项目（2为硕士阶段，如果不能顺利保研，只能在本科毕业阶段拿到国内学校的毕业证和学位证，拿不到外方证件）。

中外合作办学的中方毕业证件是否会备注中外合作办学信息？

分情况。少部分会有标注，现在我国大部分本科毕业证书上都是以专业名称来标注的，而非办学方式，但是很多学校的毕业证上**会写明学院名称，中外合办的学院名称通常会透露中外合办的信息**，因此还是能看出是中外合作办学的毕业生。

中外合作办学的毕业生在考研和寻找工作的时候是否会遭到非议？

不会。中外合作办学的学生在就业市场中的处境和同学校层级同专业的学生一样，不会遭到非议，而在一些具有海外合作背景的就业环境中，反而会有一些文化的优势。

中外合作的"4+0""2+2""3+1"是什么意思？

中外合作办学的"4+0""2+2"和"3+1"是三种不同的教育模式。**"4+0"模式**是指学生在国内大学与国外大学合作举办的教育项目中，四年均在国内大学就读。**"2+2"模式**是指学生先在国内大学完成两年的学习（通常包括语言强化和部分专业课），然后前往国外大学继续学习两年。**"3+1"模式**是指学生在国内高校学习三年，然后前往国外合作高校学习一年。

非"985""211"院校的中外合作专业项目值得报考吗？

目前来说，广大家长和学生报考中外合作专业的目的大多有两个：一是想要冲刺更高层次的院校；二是未来有出国打算，想通过中外合作的方式过渡。双非院校（即非"985"、非"211"院校）的中外合作，如果满足第一个目的，比如**可以通过报考中外合作冲刺一些较好的双一流高校，那么报考也是有性价比的**。如果报考的院校不是"双一流"院校，则需要综合考虑合作院校、具体专业和院校培养模式再做决定。

读了中外合作就一定可以去国外留学吗？

读了中外合作办学的项目，并不意味着一定可以去国外留学。中外合作办学项目有多种模式，每种模式的留学机会和条件都有所不同。中外合作办学项目中的"2+2"和"3+1"模式通常为学生提供了明确的留学路径。然而，**是否能够成功留学还取决于学生的学业成绩、英语水平、经济能力以及国外院校的录取政策等多个因素。**

中外合作办学 名校生访谈录

学生名片

姓名：何同学
生源地：江苏常熟
就读高中：常熟中学
就读大学：北京航空航天大学中法工程师学院
升学方式：中外合作办学

访谈实录

Part 01 报考准备

Q：你当时高考考了多少分？这个分数如果不走中外合作办学机构的话可以去哪里？

A：我高考是改革前的3+2，三门分数385，物理化学两门都是A+，分数还是够的，如果不选择这个项目，可以去同档次的"985"学校别的专业。

Q：你为什么会选择这样一种升学模式呢？

A：并没有选择它，是它选择了我，当时填志愿的时候不知道为什么就锚定了北京和上海的"985"，然后按照分数高低填写学校和专业，刚好录取到了这个学院。

Q：在高考出分之前就已经想好要这么选择了？如果是，为什么？如果不是，为什么突然改换赛道？

A：高考出分之前根本不了解中外联合培养，只知道有个同学通过综合评价招生去了上海纽约大学，然后她只需要过本科线就能升学。这就是高考前我对中外合作办学的全部认知。从根本上讲并没有改换赛道，因为这种中外联合培养模式也是在高考普通批次里面填报，和统招生一样，如果不喜欢也可以转专业去别的专业学习。

Q：当时和招办的老师聊过了吗？哪些方面的信息是你觉得值得问一下的？

A：当时就确认了一下是否可以拿到北航毕业证和学位证，以及证上会不会标出中外合作办学。结果就是可以拿到北航的双证且不会有标注，结果也确实如此。但是如果要我给学弟学妹们一些建议的话，可以问一下培养计划，比如培养计划内的挂科率，挂科是否依旧可以保研；还有保研率、保研难度、交流机会等这些细节问题。中外合作办学在这些事情上的坑很多。

Part 02 学习规划

Q：你们专业课程的设置是怎样的？和其他专业学生的区别是什么？

A：因为专业是小语种的中外合作办学项目，所以我入学先学了两年的法语，在学法语的同时，也学习理工科知识，是中法双语混合或者纯中文的授课。大二以后就纯法语授课了，都是理工科的专业课，很硬核，还是法语版本。和其他专业的学生相比，我们的学习深度并不算很深，但是学习压力更大一些，因为要同时修中法两边体系的所有课程，排课量比别的专业大，学习范围更广，比如我们会同时学习化学专业和结构力学专业，而且存在语言壁垒，需要学生自己攻克。挂科不影响保研，但是要在保研推荐之前，通过补考或重修把学分补上。

Q：你们有什么特别的机会吗？比如海外交换生？

A：有，大二有一次每个人都能拿到出国交流项目的机会，出去时间不长，拿不到对方学校的证，是去法国中央理工旗下的五个校区，具体去哪个校区根据学生成绩和意愿进行选择。大四阶段还有一次出国机会，但是这次机会不是所有人都有，会限定名额，但是只要不太差一般都能去，因为大多数人会放弃这个机会，可以出国两年，并获得对方学校的学位证，但是需要回国后补齐国内的研究生课程。

Q：你们之后的升学规划和工作机会是怎么样的？中外合办的教育背景会给你们带来什么样的优势吗？

A：如果满足保研条件，大多数会选择保研直升，但是也有一部分满足保研条件的同学会选择其他渠道，比如考研和出国。很少会有学生本科毕业直接工作。但是我认识一个学妹考研失败之后没有"二战"考研，直接工作去了。中法合办的理工背景会为我们在一些需要跨国业务的科技型公司、中法合作企业、法语系企业招聘中带来优势。

Q：你们在本科阶段有机会直升研究生吗？升学率如何？

A：我们整个项目就是"4+2"的项目，最大特点就是直升研究生，升学率大概在50%。但是因为也有很多排名靠前的学生会主动放弃保研资格，所以只要不挂科基本都能保研，但是不挂科是很难的，因为这个项目压力很大，要同时学完法国体系和中国体系两套课程。我曾经在一个学期挂了 19.5 学分，北航规定挂 20 学分就要劝退了，好在一开学就补考补齐了学分，没有过重修的经历。研究生阶段是全校理工类导师任选，且不占用导师名额的。

Q：你们的选择似乎相较于传统的升学路径会拉高教育成本，你觉得你们后续的发展能够回本吗？

A：学费其实没有变贵，和统招生是一样的，但是如果要参加出国项目就会贵，项目的学费是另外算的。大二那次项目是全部自费，大四的项目会有几千欧元的补助，但是很难覆盖全部支出，需要做好准备。除此之外，还有一些学校承办的零碎的项目，比如我参加的鲁汶大学的暑期项目，当时产生了几百欧元的支出。是否参加出国项目需要量力而行。

Q：你们学校的毕业生未来的就业方向如何？和传统专业毕业的学生相比呢？

A：去哪儿的都有，考公、考编、国企、私企、升学读博、创业，什么都有。看到比较多的是三类，第一类是进入有法语系国家业务背景的科技型大厂或者国企，比如华为（北非计划）和中航技（以法语系国家业务为主的国企）。第二类是去研究所或科技型公司工作，随北航的大流。第三类是读博，毕业后大部分回来当大学老师，一部分去知名互联网公司做技术。

港澳高校升学路径解读

06

■ 什么是港澳升学？

在当前多元化升学的背景下，考生及家长已经不仅仅着眼于高考统考，而是将目光放在了更多的升学选择上。**港澳升学**对于许多内地考生来说一直是广受欢迎的升学途径之一，相较于传统高考，港澳升学有其**独特优势**，比如教育模式比内地开放、学历认可度高、师资力量雄厚、就业有优势、后续更容易获得香港永久居留权等。但是选择港澳升学同样需要考虑其**报考条件**，比如费用、距离、语言等。

■ 适合选择"港澳升学"的考生有哪些？

1. 不想出国，但是想接受"西方式"教育

港澳地区拥有独特的历史、文化和社会背景，与内地存在一定的差异。而且港澳高校的教育模式和课程设置与国际接轨，同时拥有丰富的国际交流机会，考生们能够感受国际化的教育环境。

2. 愿意投入较高的教育资金

港澳升学的费用较高，包括学费、住宿费、生活费等。考生家庭应具备一定的经济实力，以支持孩子在港澳地区的学习和生活。

3. 想培养一定的国际视野

港澳高校注重培养学生的国际化视野和跨文化交流能力。考生应具备一定的国际视野和跨文化交流能力，以便更好地适应港澳高校的教学环境和未来的职业发展。

4. 英语成绩较为优异

港澳高校多采用全英文授课，因此对考生的英语水平有一定要求。很多院校会要求英语成绩在 120 分以上。考生应具备良好的英语听说读写能力，以便更好地适应港澳高校的教学环境。

5. 想增加高考报考机会

申请港澳高校可以作为一种升学双保险的策略，一般申请香港院校和澳门院校与内地志愿填报不冲突，澳门院校甚至不提档，与内地高校录取互不干扰，有机会被双录取。对于考试成绩不太稳定的同学，可以提供一定保证。

■ 港澳高校的报考方式有哪些？

报考香港、澳门高校有两种方式：**统招和独立招生**。

报考港澳高校方式（2024年）

报考方式	高校	说明
统招 （本科批次）	香港珠海学院 香港城市大学（东莞）	高校在**相关省份普通类本科批次**录取。
统招 （提前批次）	香港城市大学 香港中文大学 香港中文大学（深圳） 香港科技大学（广州）	考生**统一填报高考志愿**，即使在提前批次未被录取，仍可以参加**后续批次**的录取，进入其他**内地高校**。
独立招生 （香港）	香港大学 香港科技大学 香港理工大学 香港浸会大学 岭南大学 香港教育大学 香港树仁大学 香港都会大学 香港演艺学院 香港恒生大学 东华学院 香港高等教育科技学院	考生按照港校的要求提交入学申请，参加学校组织的**面试**，由学校根据考生**高考成绩和面试表现**等其他要求录取考生。需要注意的是，凡被香港12所单招院校录取并经本人向录取院校**确认就读**的考生，**不再参加内地**高校的统一录取。
独立招生 （澳门）	澳门大学 澳门理工大学 澳门科技大学 澳门旅游大学 澳门镜湖护理学院 澳门城市大学	在报名时间内，学生到**指定网页报名缴费**，可登录各**高校网站**查看具体**招生要求**。

注意：

- 澳门高校招收内地学生为独立报名，并**不纳入内地招生计划**内，报读澳门高校意味着考生有更多的升学选择。如果考生同时被澳门高校及内地大学录取，考生可**自行决定**在澳门或在内地就读。

- 虽然一些香港高校在招生简章中只要求考生高考成绩达到特殊类型招生控制分数线，但实际情况是，**不少高校录取分数高出当地特殊类型招生控制分数线 100 分左右**。如 2023 年北京市本科特殊类型招生控制分数线为 527 分，而香港中文大学在京不限选考科目和物理/化学/生物的专业组录取最低分均为 665 分。香港城市大学不限选考科目专业组录取最低分为 600 分，物理/化学/生物的专业组录取最低分 642 分。

- 港澳高校录取通知书一般分批次发放，最早发放录取通知在 7 月初，收到录取通知书后需要在一周内缴纳第一学年的学费和住宿费，如果缴费后不去不退费用，但彼时内地高校大部分本科录取结果未出，这会让考生面临录取抉择问题。

■ 港澳高校的报考条件是什么？

1. 香港高校在录取过程中，综合考查考生整体素质

（1）考生的高考成绩及英语成绩

比如香港大学对外语的要求：考生报考的外语必须为**英语**。以 150 分为满分计算，**英语成绩**须达到 120 分或以上，所有**奖学金生**则须达 130 分或以上。

（2）考生的面试表现（如果获得面试资格）

高考成绩公布后，香港高校将根据当年实际申请情况，并参考各省（区、市）的一批线及内地重点大学的分数线等，定各学院的**面试分数**要求。考生的高考成绩达到所选学院面试分数要求即获得参加该学院面试的机会。面试以**全英文**进行，主要考核考生的**心理素质**、**逻辑思维**、**表达能力**、**沟通技巧**等，通过面试即可获录取。

（3）考生的综合素质

比如香港大学将考虑考生的综合学术及非学术素质进行选拔。**平时成绩优异、曾获竞赛类奖项或有学科特长、课外活动经历丰富、领导能力出众、拥有文艺或体育特长**的考生可以通过"**多元卓越入学计划**"报名，均有机会获得香

港大学**入学优惠**。

2. 澳门高校在录取过程中，综合考查考生的整体素质

报考澳门高校的考生，**高考成绩**一般须达到所属省（区、市）的**本科第一批次录取分数线 / 特殊批次录取控制线**，个别院校参考本科第二批次录取分数线，择优录取。**艺术类专业**则综合考虑考生艺术专业成绩和高考文化成绩，择优录取。详情请参阅有关院校的招生简章或网页。

3. 港澳高校的内地招生情况及综合条件（2024 年）

截至目前，可面向内地招收本科及以上学历学生的**香港高校有 15 所**。可面向内地招收本科及以上学历学生的**澳门高校有 6 所**。

学校	申请日期	世界排名（QS）	每年学费（人民币）	对标内地学校
香港大学	2023.9.20—2024.8.22	26	15.9 万	北京大学
香港中文大学	统招	47	13.5 万	清华大学
香港科技大学	2023.10.3—2024.6.11	60	13 万	浙江大学
香港理工大学	2023.9.21—2024.2.6	65	13.5 万	复旦大学
香港城市大学	统招	70	13.5 万	上海交通大学
澳门大学	2024.5.3—2024.6.26	254	7.8 万	哈尔滨工业大学
香港浸会大学	2024.2.5 起	295	13 万	西安交通大学
澳门科技大学	2024.5.3—2024.6.30	505	11.2 万	吉林大学
岭南大学	2023.10.4—2024.6.10	641—650	13 万	暨南大学

续表

学校	申请日期	世界排名（QS）	每年学费（人民币）	对标内地学校
学校	申请日期	世界排名（QS）	每年学费（人民币）	对标内地学校
澳门理工大学	2024.5.15—2024.6.30	—	7.5万	"211"院校
香港教育大学	2023.9.29—2024.6.12	—	13万	"211"院校
香港树仁大学	2024.2.15—2024.4.30	—	6.9万	一本院校
香港都会大学	2023.10.4—2024.6.28	—	4.7万—11.2万	一本院校
香港恒生大学	2023.10.9—2023.12.15（春季招生）	—	12.1万	一本院校
香港珠海学院	统招	—	8.4万	一本院校
澳门旅游大学	2024.5.2—2024.6.30	—	3.4万	一本院校
澳门城市大学	2024.1.1起	—	6.5万—7.4万	一本院校
香港演艺学院	2023.12.11截止	—	5.3万	一本院校
香港高等科技教育学院	2024.6.12截止	—	9.5万—12.4万	二本院校
东华学院	2024年6月中旬截止	—	6.7万—15.5万	二本院校
澳门镜湖护理学院	2024.5.13—2024.6.30	—	3万	二本院校

注：高校排名参考最新QS世界大学排名，对标国内大学为同级别排名或略高于港澳高校。学费参考高校官网，换算为人民币有部分减少或增加，一切以官方为主。

■ 港校的报考流程是怎样的？

1. 统招方式

（1）高考提前批次

香港中文大学与香港城市大学采用内地高校统一招生方式——**国内高考提前批次录取**，即由省（区、市）招生办公室统一公布招生计划，统一安排考生填报志愿，统一实行远程网上录取。**考生需要参加高考，达到本科一批录取控制分数线／本科批特殊类型录取控制线才可报名**，单科成绩原则上应达到及格水平。考生统一填报高考志愿，即使在提前批次未被港校录取，仍可以参加后续本科批次的录取，进入其他内地高校。

① 香港中文大学单科成绩要求：

考生**高考成绩**应达到本科一批／本科批特殊类型录取控制分数线以上，**考生报考的外语语种必须为英语**，以 150 分为标准满分计算，自费生的英语成绩需达 120 分及以上，申请奖学金的考生则需达 130 分及以上。**该校只录取以香港中文大学为第一院校志愿的考生**。

② 香港城市大学单科成绩要求：

高考成绩（不含任何加分）必须达到本科一批／本科批特殊类型录取控制分数线以上。**其报考的外语语种必须是英语**，并且以 150 分为标准满分计算，必须达到 120 分及以上，报考**人文社会科学院**的考生的英语成绩必须达到 125 分及以上，而报考**法学和兽医专业**的考生的英语成绩必须达到 135 分及以上。

（2）高考本科批次

香港珠海学院于 2023 年起参加高考统招，在相关省份以**普通类本科批次录取**，2024 年在**全国九省**（广东、福建、江苏、河北、辽宁、吉林、江西、山东、浙江）投放计划。

高考成绩达到所属省（区、市）本科录取控制分数线。**考生报考的外语语种必须为英语**，以 150 分为标准满分计算，建议英语成绩达 100 分及以上的考生报考。

2. 独立招生流程与重要节点

由于港澳各高校独立招生时间并不一致，所以考生可以参考下面的流程进行报考，防止遗漏细节。但时间信息要以意向高校官方信息为主。

独立招生流程（大致）	
网上提交入学申请	考生要在规定时间内通过网上入学申请系统提交申请和相关材料，并缴费。（独立招生申请时间较早，并注意一些入学优惠）
面试申请	一些学校要求面试申请，如香港岭南大学。
申请日期截止	注意申请日期截止，截止前可能需要补交一些信息，一般是补交高考准考证号和成绩。
面试安排公布	对于高考成绩等信息符合要求的考生，高校会安排面试时间。
面试	高校采取全英文面试，考验心理素质和沟通技巧等，还有个别奖学金面试。（详情留意官方更新）
公布录取名单	被录取考生需要准备签证等材料。大部分高校会要求提前交付费用，以确定资格，如香港高等教育科技学院。
入学注册	考生在规定时间内到港注册入学，并参加迎新活动。

下面以澳门大学和香港岭南大学的申报为例进行简要介绍。

澳门大学申报的重要时间节点（2024年）	
2024年5月3日至6月26日	网上报名。
2024年6月26日前	当天下午5时前，于网上报名系统填报高考成绩、文理组别及英语成绩。
2024年7月上中旬	于网报系统分批公布录取结果，录取新生在"录取及缴费通知书"上指定时间内缴第一学期学费，并提交缴费凭据，以确认入学资格。
2024年7月下旬	邮寄"确认录取通知书"，已获录取学生办理通行证及赴澳手续。
2024年8月中旬	办理住宿式书院入住手续，新生注册入学及参加迎新活动。
2024年8月19日	新学年开课。

香港岭南大学申报的重要时间节点（2024年）	
2023年10月4日	开始接受入学申请。考生开立网上账户，然后选择志愿，并递交网上申请。
2024年1月28日	早轮申请报名截止日期。
2024年1月至6月	早轮申请面试。
2024年6月10日	入学申请截止日期，逾期申请，恕不受理。
2024年6月下旬	网上补交高考考生准考证号截止日期。
2024年6月30日	公布面试（如适用）安排。
2024年6月下旬至7月上旬	主轮面试（如适用）/ 个别奖学金计划面试。（如需举办主轮面试，大学将于网站的"最新消息"页面公布详情，须密切留意更新）
2024年8月中旬	获录取学生将收到个人邮件通知，并须缴10000港币留位费以确认录取资格，所有已缴费用将不退还（若于2024年7月6日仍未接获录取通知，可做落选论）。大学将协助学生申请学生签证，详情请浏览香港特别行政区政府入境事务处网页www.immd.gov.hk。
2024年9月2日	学生抵港办理入学注册及参加大学迎新活动。

注：以上日期将应以实际情况为准，申请人须自行到该校官网注册处页面"最新入学消息"了解最新入学资讯。

■ 报考港澳高校需要提交哪些材料？

因为不同院校在**材料要求上可能有所不同，请务必关注目标报考院校发布的招生简章**，须根据其要求来准备报名材料并在规定时间内提交。而且请确保所有材料的真实性和准确性，避免弄虚作假。另外，**部分院校可能要求邮寄材料，请务必按照院校要求选择合适的邮寄方式和确认收件地址**。以下仅仅是部分常见准备材料，具体请关注报考院校招生简章。

- 网上申请表
- 个人简介（英文，有页数限制）
- 身份证复印件、户口本复印件
- 高中毕业证书
- 比赛、活动资料
- 高考准考证
- 推荐信
- 中学成绩单、高考成绩单
- 公开考试成绩单复印件（如有）
- 奖状/考核资格证书复印件（如有）
- 雅思成绩单或英文托福成绩单等（如有）

■ 港澳高校升学规划建议

港澳高校升学的优势

多一种升学路径

港澳高校与内地大学的录取机制并不互相冲突，考生可以同时**准备两者**以增加升学机会。港澳高校的录取并不仅仅依赖于高考成绩，还会**综合考虑面试和笔试**等多元因素。因此，相同的分数在港澳地区可能使考生有机会进入**更高层次的学府**。以广东考生为例，如果他们的分数能够进入中山大学，那么他们在港澳地区也有机会申请到如香港大学、香港科技大学等顶尖学府。这种特殊的招生模式为考生提供了一个"弯道超车"的机会，使他们有机会进入港澳的优质高校。通过一次高考，考生可以同时拥有**内地、香港和澳门**三条升学路径。对于**成绩波动较大**的考生来说，申请港澳高校可以作为备选方案，为他们的升学之路增加更多的选择，避免可能出现的**滑档、调剂和退档**等不利情况。

教育模式比内地更有优势，学历认可度高

香港作为全球知名的高等教育中心之一，其高等教育实力在国际舞台上有着显著的地位。根据 QS 2024 **年世界大学排名**，香港有 5 所大学位列全球前 100 名，这充分证明了香港高等教育的卓越品质。近年来，港澳地区的高校发展迅速，其在各个学科领域的影响力日益增强。这些高校普遍采用**与国际接轨**的教育体制，多数院校实行全英文教学，并采用北美和欧洲最新的教材，确保教学内容的**前沿性和国际化**。这种教育模式使得港澳地区的高校在全球范围内享有极高的声誉和认可度。此外，港澳地区的毕业生在申请海外名校深造时具有显著优势。他们通常更容易获得海外名校的青睐，成为申请**欧美硕士项目**的有力竞争者。据统计，每年约有 60% 的港澳毕业生选择继续在国内外优秀大学深造，进一步提升了他们的学术水平和国际竞争力。

性价比更高

港澳留学的经济性显著，相比其他热门的留学国家如英国、美国、澳大利亚和新西兰，港澳地区的**留学费用相对更为亲民**。在这些热门国家留学，每年的开销通常高达 40 万至 70 万人民币，而选择在港澳地区留学，每年的开销

在 25 万人民币左右，这使得港澳留学在性价比上极具吸引力。另外，从**地理和文化角度**来看，港澳地区与内地紧密相连，交通便捷。特别是港珠澳大桥的建成，进一步拉近了港澳与内地的距离，使得在港澳升学的学子与家人团聚更为方便。同时，由于**文化和语言的相近性**，港澳留学的学生在适应环境、沟通交流等方面更为顺畅，有效减少了**境外求学的孤独感和文化隔阂**。

就业有优势

港澳高校毕业生的就业前景极具竞争力。根据数据，香港八大院校的应届毕业生平均**年薪高达 24 万港币（相当于约 21 万人民币）**，显示了其优秀的职业起薪水平。此外，香港政府为这些毕业生提供一年的 **IANG 工作签证**，为他们在香港就业提供了便利。更重要的是，毕业生在**香港工作、生活满七年（包括学习期间）**后，有机会**申请香港永久居留身份**，为他们的长期发展提供了更多可能性。对于选择回内地发展的港澳毕业生，他们享受着与海外留学生同等的待遇。这不仅包括在**北上广深等一线城市落户**的机会，还包括**免税购车、考取公务员**等福利。此外，许多城市为吸引港澳优秀人才，还提供了丰厚的**人才引进补贴及创业资助**，为他们的职业发展提供了有力支持。

港澳高校升学的局限性

可选专业较少

港澳高校的专业设置可能不同于内地高校，某些专业可能在港澳地区没有开设或者开设较少。这会**限制考生的专业选择范围**。

招生名额有限

港澳高校在内地招生的名额相对较少，尤其是通过独立招生方式的高校，**每年的招生名额有限，竞争较为激烈**。

录取标准高

港澳高校对申请者的录取标准普遍较高,除了要求申请者的高考成绩达到一定水平外,还要求申请者具备良好的英语能力和综合素质。例如,**香港中文大学和香港城市大学建议申请者的高考分数超一本线 130—150 分,英语成绩须在 130 分以上;香港科技大学则建议高考分数超一本线 110—130 分,英语成绩须在 125 分以上。**

升学双保险也有风险

虽然申请港澳高校可以作为一种升学双保险的策略,但是与内地高校的录取还是有一定的关联。**如果被香港高校录取并确认就读,将不再参加内地高校的统一录取**。而被**澳门高校**录取并确认就读,就需要缴纳相关费用,且不会退费。虽然还可以参加内地高校的统一录取,但是一般此时内地录取结果未出,这意味着**申请者需要在港澳高校和内地高校之间做出选择**,可能存在一定的风险。

港澳高校升学常见问题

报考香港、澳门高校的费用有哪些?

报考港澳高校的费用主要是学费、住宿费及日常生活费。例如,香港大学非本地学生学费为每年 18.2 万港币,住宿费每年 17290 港币至 37940 港币,生活费约为每年 5 万港币;澳门理工大学学费每年 95000 澳门元,住宿费每年 20000 澳门元;其他港澳高校略有不同,详细情况请参照所申请院校官网。

考生能被澳门高校和内地高校同时录取吗?

当然可以。澳门高校招收内地学生为独立报名,并不纳入内地招生计划,报读澳门高校意味着考生有更多的升学选择。**如果考生同时被澳门高校及内地大学录取,考生可自行决定在澳门或在内地就读。**

考生申请香港澳门高校从哪些渠道获取信息？

1. 香港、澳门高校网站

内地的考生和家长可以直接查询**香港、澳门高校的网站**，获取该校招生的各项信息。如香港中文大学本科招生，专门设有"内地高考"网页，详细介绍相关本科课程结构、申请详情等，还设有内地热线电话供咨询所需；澳门大学设有"学在澳大"栏目，发布申请时间及重要资讯等。

2. 阳光高考信息平台及各省教育考试院（招办）

内地考生和家长也可以通过**国家教育部阳光高考信息平台**了解港澳高校内地招生的政策等信息，**省（区、市）教育考试院（招办）**也会在报考阶段公布港澳高校在本省招生的动态。

港澳学历内地认可吗？

港澳学历文凭被**国家教育部、全球 100 多个国家**认可。毕业时所获学位是受国家教育部认可的，学生毕业后回内地无论是在事业单位、国企求职，或是去外企、私企等均不受影响。港澳本科毕业为学士学位，回内地以留学生身份就业，享受留学生的待遇福利等。

从港澳院校毕业时获得的学历证明和从内地毕业时获得的有什么不同？

不同于学生从内地高校毕业时获得的学历证书加学位证书，从港澳院校毕业时，学生只获颁学位证书，并没有学历证书。因此，**在正式求职前，学生需要到国家智慧教育公共服务平台办理相应学位、学历的证明，获取认证证书（线上也可办理）**。

在香港院校结束本科学业后，学生都有怎样的未来规划？

据统计，在香港上学的内地毕业生中，**48% 选择留港工作，36% 选择继续升学，仅仅 16% 因为各种原因回内地或者出国留学。**

> **就读香港高校的考生需要学习粤语吗？**

学习方面是不需要掌握的，但是不会粤语可能会对学生的日常生活造成一定的困扰。 不过，许多**香港的学校都会有专门的粤语教学课程**，例如香港中文大学、香港浸会大学、香港科技大学等都开设了选修课，还有许多**由学生组织的粤语学习论坛或官方社交账户**，都是用来帮助一些非本地学生学习粤语的，有利于他们尽快地融入香港生活。因此，只要考生愿意学习，平时多留意学校官网相关课程的开设情况，多和学生组织的粤语社群交流沟通，是可以在粤语方面有所提高的。

> **哪些港澳高校有本科加分优惠政策或是奖学金？申请要求有哪些？**

大部分港澳院校都有一定的本科加分政策，**比如澳门大学针对具备广东省和北京市、珠海市考籍，以及有珠海市考籍且有横琴户籍的申请人，可在高考分数上分别额外加 5 分、15 分、20 分等。**

以 2024 年申报港澳高校为例，申请人须参加 2024 年高考且其成绩必须达到所属省份本科第一批录取控制分数线或特殊类型招生控制分数线，英语单科成绩须达 110 分（150 分制）及以上，方可加分。所有申请人必须在报名日期内（2024 年 5 月 3 日至 6 月 26 日下午 5 时）完成 2024 / 2025 学年网上报名手续，否则不获加分。

> **香港和澳门的这些院校可以申请奖学金吗？**

可以的，不过不同高校的奖学金政策不同，具体请查看院校官网获取。以香港中文大学为例，奖学金分为"全额奖学金类""全免学费奖学金类"及"本科入学奖学金类"。申请要求：

1. 分数要求

考生高考成绩（不含加分）达到或高于香港中文大学为颁授奖学金而定的最低分数，方可申请奖学金。以 750 分为标准高考满分计算，理工类 / 物理组考生须达 630 分或以上，文史类 / 历史组 / 综合类考生须达 600 分或以上；或考生高考成绩（不含加分）位列该省（区、市）应考组别前 0.5%（按省高招办公布的一分一段表);另英语单科成绩须达 130 分或以上。

2.志愿要求

奖学金只给予填报香港中文大学为第一院校志愿的考生。本科入学奖学金名额给予符合颁授奖学金要求而投档该校最高分考生,考生亦须以"本科入学奖学金类"为其中一项专业志愿;另凡只填报一项奖学金类志愿的,则不会考虑服从调剂录取。

港澳高校 名校生访谈录

学生名片

姓名:钱同学
生源地:山东济南
就读高中:山东省实验中学(首批省级重点学校、省级规范化学校)
- 山东省实验中学在济南市排名第一位
- 钱同学高三时班级人数为 50 名,钱同学排名在前 10 名
- 全校进入香港理工大学的有 3 名(非国际班),全校考入清北的有 20 个左右。

就读大学:香港理工大学
升学方式:独立招生

访谈实录

Part 01 报考准备

Q:你是通过高考成绩直接申请的香港理工大学吗?

A:是的。

Q:你高考的时候考试成绩是多少?香港理工大学的高考分数线是多少?

A:619 分,我们学校没有给出具体分数线(一般还是要过所在省份的一本线)。

Q：在申请的过程中除了高考成绩，学校还考查哪些因素？

A：我们学校没有额外考察。

Q：你是从什么途径知道可以申报港校这个信息的？家长，还是学校？

A：高考结束后，香港理工大学去我们学校宣讲。

Q：你是在什么时间提交申请的？什么时间通过的？

A：我是在高考后、出分前提交的申请。差不多在提前批录取的前几天，申请结果会出来，然后会通过电子邮件告知你要缴纳留位费。如果没通过，不会影响后边的报考。可能也会查英语的分数了，我没特别注意这个问题，我有一个同学，他是2—3月份提交申请的，他通过申请后，会参考他的综合素质情况，有面试。面试的问题类似于为什么选这个专业和院校，还需要雅思成绩。

Q：那我可以理解为申请香港理工大学，有两个不同的批次是吗？二者有什么不同吗？

A：1. 2—3月份提交申请，会有面试，按照总分的计算公式，相对高考的裸分来说会低一点，因为还要加上面试成绩和其他的综合成绩。

2. 6月份提交申请，虽然没有面试，只看你的高考成绩，那你的成绩是唯一的参考因素，就需要考高一点的分了。

3. 还有一些特殊专业，像物理治疗、设计等，校方比较重视的专业，也是需要面试的。

4. 其实也不是只有两个时间段提交申请，我认识的同学中，还有9月份开学后进来的，是类似补录的情况。

Q：你们是全英文授课吗？

A：大部分是英文授课，但是和专业相关的语言类课程是中文授课，有普通话的，也有粤语的。

Q：你们有固定的班级吗？

A：没有，我们其实更像是走读制。

Q：你所知道的你那一届申请到香港理工大学的同学分数最低是多少？

A：我知道的最低是 540 分进来的。

Part 02 备考建议

Q：为了申请香港高校，你做了哪些准备？

A：我其实是在高考结束后，听到宣讲才知道这个升学途径的，当时就想着报名试试，也是一个选择。

Q：在整个升学过程中爸爸妈妈提供了什么样的帮助呢？

A：精神鼓励、经济支持之类。专业的选择上，爸妈和家里其他人都觉得金融还不错，尤其是来香港读金融，然后就提交了申请。

Q：如果学弟学妹们也想走这条路径，你有什么建议？

A：①对自己有深刻而正确的认知，清楚自己真正想要的是什么。想学的专业，未来的就业方向等。

②专业的选择是很重要的，关于专业的现状、未来的发展前景，多了解一些信息。

③对自己进入香港高校进行本科阶段的学习有明确的规划，包括本科毕业之后的出路。是考研还是就业，是内地考研还是出国考研。由于教学机制的原因，这边的学生一般都是出国考研或者香港考研。

④客观、理性地看待香港，去掉滤镜。香港可能和你想象中的不太一样。

> **学生名片**
>
> **姓名**：王同学
> **生源地**：广东深圳
> **就读高中**：深圳市明德实验学校（公立非公办）
> - 2021 年全球风向标学校 TOP100
> - 2022 年深圳市教育工作先进单位
> - 2022 年全球风向标学校 TOP100（信息来源于网络，仅供参考）
>
> **就读大学**：香港浸会大学（副学士）—香港理工大学（学士）
> **升学方式**：独立招生

访谈实录

Part 01　报考准备

Q：你当时申请香港院校的高考分数是多少？

A：高考 490 多分。我当时先申请的香港浸会大学的副学士，然后 GPA（平均学分绩点）满足一定的条件，又申请的香港理工大学的学士。我当时的 GPA 是我们班的前三。

（编者补充："副学士"是香港学位的一种，获政府认可，也被海外大学承认，学制为两年，获得副学士学位后可申请本科学位。凭借副学士 2 年的 GPA 和英文成绩可以申请香港本地大学或海外名校，通过"2+2"的方式获得本科学位。）

Q：除了高考成绩，申请香港院校还会考查哪些因素？

A：高考的英语成绩一百二三十分或以上。如果英语成绩没有达到，还要再读英文课程。最好雅思成绩 6.5 分以上，还要提供高中成绩证明（期末考试、模考成绩）等。

Q：除了成绩，申请的时候还需要准备其他的资料吗？

A：高考成绩、英语成绩、高中成绩证明，还有个人简历、学校老师的推荐信。

Q：你们平时上课讲中文还是英文？

A：通识中文课讲中文，有普通话课程，也有粤语课程。其他的课基本都是英文授课。

Q：港校的申请流程是什么样的？

A：每年的 10—11 月份左右，会开放申请的窗口，然后你要提交校方要求的资料，包括成绩、简历、推荐信等。如果通过了，差不多来年的一二月份就会收到通知了。

Q：还有其他流程吗？

A：有。

1. 香港浸会大学有英文笔试，特别像是考雅思。
2. 群面面试：6 个同学一组，2 个面试官，大概会问问选学校和专业的理由，15—20 分钟。主要是考查个人综合能力、反应能力。

Q：如何知道申请通过了？

A：报名申请的时候会留一个电子邮箱，后续的事情一般会通过发电子邮件联系。

Part 02 备考建议

Q：申请港院校你准备了多长时间？

A：我是高二暑假开始准备的，妈妈关注到这个信息，和我沟通后，觉得是一条不错的升学道路，就开始准备需要的材料。

Q：都做了哪些方面的准备？

A：英语有特殊要求，我那会儿考了雅思（最好是 6.5 分以上）。然后准备简历，梳理自己的经历，还有一些文件需要学校签字，以及去找老师写推荐信。

Q：面试的时候有什么特别需要注意的吗？

A：面试全英文，英语口语表达力要比较强，考试之前要自己多训练。

Q：在整个升学过程中，爸爸妈妈提供了什么样的帮助呢？

A：提供了不同的升学路径，妈妈还找了留学中介（帮忙准备一些文书资料，看一下专业的信息、申请要求、邮件账号等），但我觉得中介的作用有限。

Q：你选择去香港读书的原因是什么？

A：首先，这是除了高考外的一种选择，一个备选升学路径；其次，家里当时问我，是想出国留学还是去香港，我觉得香港离家近，饮食上也更容易适应，所以选择了去香港读书。

Q：你在香港读书最大的感受是什么？

A：我觉得更能把控自己的生活和想法了。在学习的安排上，自主性会更强一些，老师会告诉你目标，其余事情都是自己安排，有问题可以咨询老师。学生自己也会更有想法，而且学校里能够接纳的观点很多。

Q：学弟学妹们也想走这条路径，你有什么建议？

A：还是鼓励大家申请港校的，个人能力、生活等各个方面都会有全新的变化。

学生名片

姓名：胡同学
生源地：安徽宿州
就读高中：宿城第一中学（安徽省示范高中）

- 宿城第一中学在宿州市排名第一
- 胡同学高三时班级人数 58 名；胡同学理科普通班排名 1—6（浮动）
- 2021 年高考，同班考上澳门大学的有 2 名同学
- 全校共有 33 个班，全校考上清华大学、北京大学的有 4 名同学

就读大学：澳门大学
升学方式：独立招生

访谈实录

Part 01 报考准备

Q：你是通过高考成绩直接申请的澳门大学是吗？

A：是。

Q：你高考成绩是多少？澳门大学对于高考成绩的分数要求是多少？

A：597分。没有具体的分数线，当时告诉我们全国招550个。

Q：在申请的过程中除了高考成绩，学校还考查哪些因素？

A：英语成绩，我们那一年要求英语要110分以上，高考总的文化课成绩要过所在省份的一本分数线。高考分数也有系数计算，但是影响不大。户籍因素也影响分数。

Q：你说的户籍因素影响分数可以具体说一下吗？

A：主要是政策因素，北京和广东考籍的考生可以加5分，珠海考籍的考生加15分，在珠海参加高考并且在高考前至少拥有两年横琴户籍的考生加20分。

Q：学校授课大部分使用英文吗？

A：3—4个专业除外，大多数的课程是英文，夹杂一些粤语。

Q：你是从什么途径知道可以申报澳门大学这个信息的？

A：家里有亲戚在澳门，介绍过学校。

Q：整个的申请过程大概需要多久？

A：我是高考结束后申请的，最早的一批能够拿奖学金的6月30日至7月1日能知道结果，然后陆陆续续的7月3日至4日出结果，最迟7月15日左右也都出结果了。

Q：从哪里知道申请结果？

A：通过短信和电子邮件告诉你申请结果。回复邮件确认的时候，要缴纳一笔留位费（一学期的学费），我那一年（2021年）是5万多，今年（2023年）是6万多。

Q：申请通过之后，高校还有笔试和面试吗？

A：没有。

Q：你前面提到了奖学金，高考考多少分可以拿到奖学金？

A：具体不清楚，但是有一个考了630分的同学，没有拿到奖学金。澳门大学给内地考生一个专业两个奖学金的名额，不是很好拿。在校学习期间，学校内部给内地学生的奖学金不多，因为全校学生的GPA一起比，由于多种因素，有些专业的GPA不好拿高分，但是商科还可以。

Part 02 备考建议

Q：你走这个升学路径，做了多长时间的准备呢？

A：从高三寒假开始，准备了半年左右。

Q：在整个升学过程中，爸爸妈妈提供了什么样的帮助呢？

A：爸爸妈妈主要是经济支持，其余都是我自己弄的。

Q：你当时希望父母给你什么样的支持和帮助？

A：父母一开始并不是很同意我来澳门读书，后来沟通后表示支持，他们能同意对我来说就很好了。

Q：学弟学妹们也想走这条路径，你有什么建议？

A：1. 好好学习。最重要的还是高考成绩。

2. 不建议找中介，澳门大学不看文书，没有复杂的报名流程，只需要填写高考成绩和ID（身份证号、准考证号）。

国际本科升学路径解读 07

■ 什么是国际本科？

国际本科是指国内的某些高校与其他国家的合作高校联合培养的一种本科教育模式。该模式通常由**国内培训和国外课程学习**两个阶段组成，学生可以在国内接受一段时间的培训后，再到国外合作高校继续完成学业，**最终获得国外高校颁发的国际认可的本科学位证书**。

国际本科项目为学生提供了一个国际化的教育环境，学生可以在国内和国外两个不同的教育体系中学习，接触不同的文化、思维方式和教育模式。国际本科项目通常涵盖多个学科领域，包括自然科学、工程学、社会科学、人文科学等。学生可以根据自己的兴趣和目标选择适合的专业方向，同时学习国外的先进课程和技术。国际本科项目前期通常采用双语教学，即同时使用中文和英文进行教学。这有助于学生提高英语水平，为未来的国际交流和工作做好准备。学生完成国际本科项目后，将获得国外高校颁发的国际认可的本科学位证书，但是不会获得合作的国内高校的毕业证、学位证。这点家长需要注意，和计划内统招中外计划不同。

国际本科作为一种新兴的教育模式，为学生提供了更多元化、国际化的学习机会。通过接受国际化的教育和培训，学生可以拓宽视野、提高综合素质，为未来的学术和职业发展奠定坚实基础。同时，国际本科项目也促进了国内外高校之间的合作与交流，推动了教育领域的国际化发展。

■ 国际本科适合哪些学生？

1. 家境条件殷实：

国际本科项目通常涉及**较高的学费和生活费用**。对于家境条件好的学生来说，他们有能力承担这些费用，无须为经济问题而担忧，从而能够全身心地投入到学习和国际交流中去。

2. 国内高考分数不高：

虽然高考成绩不理想，但这并不意味着学生没有接受优质教育的机会。国际本科项目通常**更注重学生的综合素质和语言能力**，而不仅仅是高考分数。因此，即使高考分数不高，只要有能力负担高额学费且不介意无法获得国内学校文凭，学生仍然有机会进入优质的国际本科项目。

3. 不愿意读专科学校：

对于不愿意就读专科学校的学生来说，国际本科项目提供了一个保底的选择。大部分国际本科项目的录取线很低，**适合分数在本科线徘徊的学生**。

4. 国外学校申请困难或申请窗口已错过：

对于那些希望出国留学，但面临申请困难或已错过申请窗口的学生来说，国际本科项目是一个很好的过渡和准备阶段。在国内接受一段时间的国际本科教育后，学生不仅可以提高英语水平，适应国际化学习环境，还可以为将来出国留学做更充分的准备。

综上所述，**家境条件很好、国内高考分数不高、不愿意读专科学校且国外学校申请困难或申请窗口已错过的学生**非常适合选择国际本科项目。只要不介意无法获得国内学校的相应文凭这一劣势，国际本科项目不仅提供了一个接受优质教育和国际化培训的机会，也为这些考生未来的出国留学发展奠定了基础。

家境一般的家庭不建议学生报考国际本科项目，国际本科项目一般会带有学费昂贵的属性，教育的本质是一种超前投资，既然是投资，那么就务必要考虑投资回报。国际本科项目最终只能获得外方学校的学业证明而无法获得中方合作院校的相关证明，而国际本科项目很少会有和 QS 排名 100 以内的学校合作的情况，对于家境一般的孩子而言，很难回收成本。

■ 可以报考哪些国际本科？

较多"985""211"院校和部分优质院校都开设了国际本科项目，因此在此不做全部开设院校的汇总，将会根据项目类型分别展开描述和举例，并评估不同项目的优劣势。

国际本科通常由国内培训和国外课程学习两个阶段组成。具体模式包括"1+3""2+2""3+1""4+0"等,意味着学生可能在国内学习1年到3年,再到国外学习1年到3年,或者全程在国内学习,但采用国际化的教学模式。

1. "1+3"模式:

学生在国内高校学习一年,然后到国外合作高校学习三年,最终获得国外高校的学位证书。这种模式适用于希望尽快适应国外学习环境的学生。**"1+3"项目本质上是先读一年国外大学认证的预科,之后用预科成绩申请海外学校。**需要注意的是,在一些"1+3"国际本科项目中,预科阶段只需要满足少量条件即可与外方院校进行对接,详细内容需要与具体项目的对接中方官方学校确认。如果学生在"1+3"项目中表现优秀,甚至可以冲击QS排名50以内的学校。

2. "2+2"模式:

学生在国内高校学习两年,然后到国外合作高校学习两年,最终获得国外高校的学位证书。这种模式为学生提供了更多的时间去了解国外文化和教育体系。"2+2"项目中,**存在官方备案的自主招生联合培养项目,安全性高,且学位含金量有保障,但是一般要求学生成绩达到高考本科线,且学生需要通过入学考试筛选,项目门槛较高。**同时,中国教育部留学服务中心设有中国大学一对多海外院校的项目,在中国留学网公示了50多所海外合作大学的"2+2"相关项目。除此之外,其余"2+2"项目多为市场项目,如果学生需要通过这种升学路径升学,安全性较低,升学保障不够牢固,需要有极强的甄别能力。

"2+2"项目分类

培养模式	性质	中方	学生要求	备注
自主招生联合培养	中外合作办学,备案	中国大学	高考本科+入学考试	官方备案项目,安全性高,如温州肯恩大学等
自主招生留学培训	留学培训	中国大学+中国教育部留学服务中心	高中学历+英语水平	详见中国留学网公示的50所海外学校项目
		中国大学		市场上很多,需要学生甄别信息
		科研院所/资产公司	无	无保障,不建议选择

3. "3+1" 模式：

学生在国内高校学习三年，然后到国外合作高校学习一年，进行实习或毕业设计等实践活动。这种模式注重实践能力的培养，有助于学生更好地将所学知识应用于实际工作中。"3+1"项目的情况和"2+2"类似，包含官方备案的中外合作办学项目和中国留学网公示的30所海外院校合作项目。**除此之外的项目在选择时需要甄别资质和升学保障。**

"3+1"项目分类

培养模式	性质	中方	学生要求	备注
自主招生联合培养	中外合作办学，备案	中国大学	高考本科线+入学考试	官方备案项目，安全性高，如对外经济贸易大学、中央财经等院校开设的"3+1"项目
自主招生留学培训	留学培训	中国大学+中国教育部留学服务中心	高中学历+英语水平	详见中国留学网公示的30所海外学校合作项目
		中国大学		市场上很多，需要学生甄别信息
		科研院所/资产公司	无	无保障，不建议选择

4. "4+0" 模式：

学生全程在国内高校学习，但采用国际化的教学模式和课程设置，使用原版英文教材，由中外教师共同授课。学生毕业后获得国外高校颁发的学位证书。这种模式适合那些希望在国内接受国际化教育的学生。**国际本科"4+0"项目是指自主招生的"4+0"项目，而非统招的"4+0"项目。**我们列出目前开设的"4+0"项目中部分对学生比较友好的如下。

"4+0"项目分类

培养模式	性质	中方	外方	方向
自主招生	中外合作办学	上海大学悉尼工商学院	悉尼科技大学	商科、信息
		上海理工大学中英国际学院	英国谢菲尔德哈勒姆大学 英国利物浦约翰摩尔大学	商科、电子电气、机械

续表

培养模式	性质	中方	外方	方向
自主招生	中外合作办学	北京理工大学国际教育学院	美国犹他州立大学	国际经济
		中央财经大学	澳大利亚维多利亚大学	商科
		集美大学海外教育学院	美国库克大学	商科
		沈阳师范大学国际商学院	美国富特海斯州立大学	商科
		武汉理工大学国际教育学院	美国威尔士三一圣大卫大学	艺术

其中，上海大学悉尼工商学院因为其外方合作学校本身含金量较高，所以学生在申请这个项目的时候竞争会比较激烈，如果高考成绩只到本科线附近，甚至在本科线以下，申请成功率并不高。武汉理工大学国际教育学院是少有的艺术类项目，想要申请艺术类国际本科的同学可以关注一下这个项目的细节。

■ 国际本科的报考条件是什么？

1. 学历背景

应届或往届高中毕业生（或同等学力学生），以及修完高中二年级课程的学生（出国前须获得高中毕业证书）。对于国际高中生，需要获得国际高中或国外高中的毕业证，并且有完整的高中阶段学习经历。

2. 高考成绩

对于国内高考生，部分学校，比如北京外国语大学、北京理工大学、中央财经大学等，要求总分需要达到二本及以上的水平。部分学校，比如北京语言大学、北京第二外国语学院，对于高考总分在二本线以下的考生，加试通过也可以入学，比较宽松。英语单科分数一般要求达到110分以上（具体分数可能因学校和专业而异），英语分数较低可以加试入学。

3. 英语能力

对于国际高中生，雅思或托福的有效成绩需要达到学校的要求，一般雅思成绩 5.5 分或者托福成绩 70 分以上，可免试入学。英语分数不够，若加试通过，亦可录取。对于国内考生，除了高考英语成绩，部分学校可能还有额外的英语要求，如雅思或托福成绩。

4. 入学评估

成绩合格后，还需通过学校的入学评估，通常包括面试。部分学校可能还会有自主招生考试，如上海财经大学、华东师范大学等。

5. 其他条件

对于某些特定专业，如艺术设计类，可能需要满足相关前提课程或艺术基础要求。部分学校可能对特定国家或地区的考生有额外的录取要求。

6. 特殊招生方式

对于不满足上述条件的考生，部分学校可能提供特殊的招生方式，如通过学校的入学测试、面试等方式进行录取。

7. 学费和学制

国际本科项目通常包括"1+3""2+2""3+1""4+0"等不同学制，学费因学校和专业而异。请注意，以上条件仅供参考，具体报考条件还需根据所申请的学校和专业来确定。在申请前，建议仔细阅读学校的招生简章，了解详细的报考条件和申请流程。

■ 国际本科的报考流程是怎样的？

1. 确定目标和了解要求

（1）明确目标学校及专业：根据个人兴趣、专业方向及未来职业规划，明确想要报考的国际本科学校及专业。

（2）查看招生简章：在对应的国内对接院校官网会体现相关项目信息，关注目标国际本科学校的招生简章，了解详细的报考要求、时间、材料清单等信息。注意甄别对接院校资质信息。

2. 准备报名材料

（1）身份证、高中毕业证（或等同于高中学力的证书）等身份和学历证明材料。

（2）高考成绩单（如适用）、英语成绩证明（如雅思、托福成绩单）等学术成绩材料。虽然部分项目并不要求提供外语成绩证明，但是强烈建议主动提供。

（3）对于美术类考生，可能需要提交美术类联考成绩单、校考成绩等材料。部分项目会要求学生提供作品集。

（4）个人简历、推荐信、个人陈述等材料。这些软性材料根据项目要求选择提供。

（5）申请费：一般报名费300—500元/人。

3. 报名

（1）网上报名：访问学校官方网站或指定的报名系统，填写报名信息并上传所需材料。注意甄别网站信息的真伪，选择官方认证项目的官方报名系统。

（2）现场报名：至招生办公室现场填写完整报名表并提交所需材料。

4. 成绩、资料审核阶段

（1）提交的材料将被严格审核，以确认是否符合录取标准。所以材料准备阶段需要极其用心。

（2）符合免笔试条件的考生可能直接获得面试通知。

（3）不符合免笔试条件的考生可能需要参加学校组织的线上或线下学科入学测试。一般考查数学和英语学科，英语学科占比很大，需要好好准备，具体考查学科和考试内容根据项目而定。

5. 面试

（1）通过线上或线下的方式进行面试，面试内容可能包括英语口语交流、专业及学业规划等方面。

（2）部分学校还可能包含学生心理测试。

6. 收到通知并缴纳学费

（1）通过面试的考生将收到入学测试、面试通过通知单。

（2）按照通知要求缴纳第一年学费。

7. 查询录取结果并等待录取通知书

（1）可在学校网站或通过电话查询录取结果。

（2）随后会收到录取通知书。

8. 入学

（1）根据报到时间持录取通知书到校报到注册。请注意，每个学校的报名流程可能会有所不同，具体以国内合作高校规定为准。在报考前，建议详细阅读各国际本科院校的招生简章，以确保准确了解并遵循其报考流程。

（2）需要注意的是，国际本科属于计划外招生，所选择项目是否具有安全性需要学生自己考量，对于对接中方的资质水平需要时刻保持清醒的认知。在进入报考流程之前一定要用心选择项目。

（3）部分项目存在先入学后缴费的情况，会在入学后短期内缴费。

■ 国际本科规划建议

国际本科的优势

 跨文化沟通和国际化视野

国际本科项目通常注重培养学生的跨文化沟通能力和国际化视野，这使得学生在求职市场上具有一定的竞争优势。特别是在全球化背景下，越来越多的企业开始寻求具有国际视野和跨文化背景的员工，以应对日益激烈的国际竞争。

提供更多的实习和就业机会

国际本科项目通常与国外的大学或机构有合作关系,学生可以获得更多的实习和就业机会。这些机会不仅可以帮助学生积累实践经验,提高就业竞争力,还可以为他们建立更广泛的职业网络和人脉关系。

低分高走

对于成绩在本科线附近或不到本科线的学生来说,国际本科是一个很好的选择,可以顺利获得本科学历。

留学过渡

国际本科也起到了很好的过渡作用,实现了出国留学前语言及心理的良好过渡,同时减少了留学开支和降低了留学风险。在外语环境中学习和生活,可以快速提高外语水平,对未来的工作也有帮助。

获取国际认证

国外本科院校拥有严谨的教学体系和更多的研究资源,获得国际认证和教育部留学服务中心认证的学位也将为职业道路添砖加瓦。

国际本科的局限性

学费较高

国际本科项目的学费通常较高,对于家庭经济条件一般的学生来说,可能会产生较大的经济压力。一般而言,正规的国际本科,一年会产生8万—10万元人民币的学费成本,而出国之后的生活费也是一笔不小的开销,每年需要10万—100万元人民币不等,根据不同国家、不同院校的具体情况而定。

适应难度大

国际本科项目的学习环境和要求通常比较灵活和多样化，学生需要具备较强的适应能力和自主学习能力，否则可能会面临学习困难，最终达不到外方对接院校的申请要求。同时，顺利出国之后，文化差异可能会导致一些学生在适应学习和生活环境方面遇到困难。

学历认证问题

国外院校学位证在中国教育部留学服务中心认证上可能遭遇困难。只有在教育部备案过、中国留学网上能查到的院校才能顺利认证，认证后才等同于国内本科学历。因为国际本科基本都是计划外招生，容易出现学历断档，可能对日后考公、考编就业等产生影响。

教学质量参差不齐

部分国际本科院校的教学和管理质量可能不尽如人意，学习氛围松散，师资力量不足，甚至存在让没有教学经验的本校研究生来授课的现象，这会影响学生的升学率和毕业率。

不利于考研

国际本科项目中，花费了大量时间培训语言类技能和应对外方对接院校要求的专项技能，对于专业性课程的教授和管理相对薄弱，如果在国际本科毕业之后需要考研，则需要学生耗费很多精力补齐考研要求的专业课程。

专业局限性大

目前国内开设的国际本科专业比较有限，各高校开设商科、人文学科专业的居多，北京航空航天大学和北京理工大学开设了工科，工科对学生成绩要求较高，比较难学，对基础比较弱的同学来说，选择有限。一些文科高校比较宽松，比如北京语言大学，转专业也比较宽松。对于一些高校，比如中央财经大学，几乎不存在转专业问题，国内阶段课程是商科大类的基础通识课，选择具体细分专业是在国外阶段。

缺少国内双证

国际本科专业不同于统招的联合培养，属于计划外的自主招生。一般情况下，学生毕业之后只能获得海外学校的学位证，而不能获得国内学校的双证。

国际本科常见问题

国际本科是否提供校内住宿？

不一定，部分中方对接学校会给学生提供校内的住宿条件，与统招生相同待遇。但是也有部分中方对接学校并不直接提供校内住宿，会将学生安排在校外的酒店宾馆内住宿。住宿条件差异也较大，部分项目不仅会为学生提供校区内的宿舍住宿条件，还会配备足够的收纳空间，宿舍内设施完备，配有饮水机、浴室、洗衣房，但是同时，部分项目存在住宿管理松散，外来人员随意进出的情况。住宿收费情况也参差不齐，从每年几千到几万不等，贵的未必是好的，便宜的未必是差的。需要学生自行斟酌。

国际本科可以考研吗？

可以。目前来说，国内的研究生考试英雄不问出处，只要获得了中国教育部留学服务中心认可的本科毕业生身份，且满足其他通式化的考研要求，就可以选择在国内考研。只需要保持中华人民共和国国籍，在国家教育部获得留学生的学历认证报告，即获得研究生入学考试的资格。但是，因为国际本科本身教育内容和学科难度与国内的本科教学存在巨大差异，因此对于国际本科生而言，考研难度很大，需要学生自己下功夫补齐缺少的课程学习。

国际本科学生和统招生共享教育资源吗？

不是。国际本科生和统招生并不统一管理，课程设置与安排是完全分开的，行政管理方面也是一样，分别处理。国际本科学生在校园生活中与统招生几乎没有交集。

国际本科可以在海外院校直升研究生吗？

关于在海外直升研究生的问题已经和国际本科项目关系不大了。国际本科项目的培养终点就是获得海外学位证。至于**在海外学习期间是否能够直升研究生，是根据海外院校各自学校的独立政策决定的**。一般来讲，国际本科生在获得学位证后，申请海外研究生的过程和普通留学生不会有太大区别。

国际本科课程设置难度如何？

主要分为语言课程和专业课程。**语言课程为雅思、托福课程难度**，学生达到可以申请海外本科学校的水平即可，一般只要用心去学就能顺利读下来。**专业课程根据所选的具体专业而定**，会有很大概率存在硬核的数学类课程，如果学生数学功底不足，就需要认真学习，不能"摆烂"。

国际本科学费有多贵？

一年几万到十几万人民币，略低于出国留学费用，远高于统招。需要学生和家长根据自身实际情况量力而行。如果学生学习过程中感到有难度和脱节，还会产生因为校外补课而带来的费用。

国际本科避坑指南

选择"1+3"项目需要关注哪些细节？

直接和项目的中方学校对接即可，**国际本科项目的中方院校一般不会设立第三方中介机构**，将申请流程委托给中介机构会面对不可预知的风险。

不要选择做一年语言培训后再做留学申请的项目，这种模式下升学并无实质保障，且流程过于拖沓，浪费时间。

正规的"1+3"项目由学校官方主办，第一年是接受海外院校认可的预科教育，成绩达标第二年就可以直接和海外院校进行对接。

对于海外的对接院校，一定要提前问清楚学校档次，"1+3"项目存在冲击 QS 排名 50 内的学校的可能性，如果对接院校不够优秀，可以选择别的项目，或直接考虑"2+2"。

"1+3"项目升学率是否有保障？

"1+3"项目本质是 1 年预科加 3 年本科，所以如果项目方的语言培训和学生管理方面存在明显缺陷，学生容易出现语言成绩不达标或软性材料准备不充分的情况，会对学生升学产生巨大的影响。对"1+3"项目有想法的学生和家长需要对国内对接方院校和机构的办学实力有清晰的认知。**在此推荐选择海外名校在国内开办的直属预科班**，这些预科项目中，只要学生语言和专业成绩达标，就可以针对海外名校直接升学，升学途径有保障。预科办学的中方学校，首先选择"985"或"211"院校，或者实力强大的语言类学校。

入学后，不喜欢"1+3"或"2+2"项目，可以像转专业一样互换吗？

当中方院校同时承办"1+3"和"2+2"项目的时候，有些学生会在过完"1+3"项目的第一年或"2+2"项目的第二年之后，想要跳转到对面项目。但是，**"1+3"和"2+2"项目并不能互相转换**，原因是项目本身的升学安排途径并不统一，"1+3"本质上是读 1 年预科之后用预科成绩申请国外学校的本科；"2+2"本质上是学分互认，在国内修习国外院校承认的学分课程，通过学分互认的流程后，在海外院校继续学习。因此，"1+3"项目的第一年后，不具备学分互认的学分课程认证，"2+2"项目的第二年之后也不具备预科学习经历和相关成绩，两者不能互相跳转。

无限制的"4+0"项目是否可以选择？

存在一些低门槛的"4+0"项目，不要求高考分数等条件，只要能够支付学费就能成功入学。**这类"4+0"项目大概率是升学培训而非本科教育，本质上还是"1+3"或"2+2"。**

通过"2+2"项目升学,可以进入的学校档次如何?

"2+2"项目本质上是利用转学替代升学,正规的"2+2"项目确实给学生提供了冲击 QS 排名 100 内高校的机会,但是因为**在大三升学的时候,学生需要提供相应的语言成绩证明、与对应学校匹配的均分绩点和专业课成绩,同时还需要提供部分软实力背景材料**,而这些实力证明材料的获得,对于本身在传统高考模式中实力欠缺的学生也是极大的挑战。因此,大部分"2+2"项目的学生最终的升学出路是 QS 排名 300+ 的学校。

"3+1"项目第一学历是专科还是本科?

不正规的"3+1"项目会在第一年给学生注册专科学历,之后再通过海外途径的专升本将海外学位做成本科。**这一专科学历会在学信网留下记录**。国内大环境非常看重学生的第一学历,因此,这种类型的不正规的"3+1"项目,会对学生之后考公、考编和找工作产生不可估量的影响。正规的"3+1"项目不会注册专科学籍,中国教育部留学服务中心的记录中,第一学历也是本科。

"4+0"无"海归"身份会有什么影响?

"4+0"最大的问题在于没有"海归"身份,而用人单位对于持有海外学位证的学生,最大的看重点就是国际化视野和国际认知。但是"4+0"受到中国官方监管相对严格,因此升学安全性有很大保障,依旧适合那些综合成本预算不充足,英语能力尚可且不想在本科阶段出国的学生。

"2+2"项目可以无缝衔接国外学校的大三吗?

有些不负责的"2+2"项目会在完成学分转换之后,转入海外学校的大一,这种"2+2"项目性价比极低,且浪费时间。学生需要甄别项目资质,确保第三年可以转入外方对接院校的大二或大三。

"3+1"会产生学历断层吗?

正规的"3+1"项目是通过 SQA 留学项目(英国高等教育文凭项目)途径后,再申请一年本科学习获得的本科证书,SQA 证书本质上是一种职业技能证书,**之所以不会在国内留下专科痕迹是因为 SQA 目前在国内不被认证**。但是这也会留下学历断层,即缺少前置年级的学习经历,直接进入本科毕业年级。

军校升学路径解读 08

■ 什么是军校？

军校是专门为军队培养军事人才的院校。其学生源于普通学生或军队里的士兵及干部。学生于军校中参加专业知识的学习及军事训练，并受军事化管理，**毕业后可于军队服役，去向涉及海、陆、空三军等。**

为了进一步规范军队院校招收普通中学高中毕业生的工作，保证招生质量，2023 年 12 月，教育部、中央军委政治工作部、中央军委后勤保障部、中央军委训练管理部、中央军委国防动员部印发了《军队院校招收普通高中毕业生工作办法》，文件系统地规范了军队院校招收普通高中毕业生工作，立志为我国培养德才兼备的高素质、专业化新型军事人才。

■ 军校的军籍划分如何？

按照有无军籍，军队院校学员可以划分为**生长军官本科学员（有军籍）和无军籍地方本科生（无军籍）**。面向高考生招生的 27 所军队院校均招收生长军官本科学员，但只**有国防科技大学、陆军军医大学**等 5 所军队院校招收无军籍地方本科生。有无军籍在录取批次、在校待遇、毕业去向上有较大差异。

2024 年 27 所军校中招收无军籍地方本科生的院校

院校名称	招生专业	计划性质	毕业去向	录取批次
国防科技大学	计算机类、电子信息类、自动化类、大气科学类、航空航天类、力学类	非定向	自主择业	本科批次
陆军军医大学	临床医学类、公共卫生与预防医学类、医学技术类、公共管理类			

续表

院校名称	招生专业	计划性质	毕业去向	录取批次
海军军医大学	临床医学类、中医学类、药学类、生物科学类、护理学类	非定向	自主择业	本科批次
空军军医大学	基础医学类、临床医学类、口腔医学类、生物医学工程类、生物科学类、药学类、护理学类	非定向	自主择业	本科批次
陆军工程大学	建筑学类、土木类、信息类、计算机类、电气类、管理科学与工程类	定向	主要面向人防系统自主就业	本科批次

■ 军校包含哪些专业？

1. 生长军官（警官）本科学员

军队院校在招收生长军官本科学员时，**专业类型分为指挥类专业、技术类专业和指技融合类专业**，不同院校具体专业所属类型可参考各大院校招生计划。

专业类型	专业名称	就业方向
指挥类	作战指挥、外交学、国际事务与国际关系、军事交通工程、网电指挥与工程、预警探测、无人系统工程、武器系统与工程、大数据工程等	毕业后可能任排长、连长、营长，海军部队的部门长、舰长等军事指挥军官，或政治指挥官及各类军事参谋、政治干事、后装助理员等
技术类	英语、俄语、日语、导弹工程、车辆工程、轮机工程、装备保障工程、雷达工程、核工程与核技术、辐射防护与核安全、目标工程等	毕业后主要从事各专业技术岗位，根据岗位的需要，在部队院校、部队研究单位、作战部队从事教学、技术和管理工作等
指技融合类	电子信息工程、海洋技术、军事海洋学、光电信息科学与工程、武器系统与工程、测控工程、土木工程等	招生时不区分指挥和技术，入校后进行融合式培养，毕业后区分指挥、技术进行分配

指技融合类专业是为满足国防和军队建设对部分新质战斗力人才培养的新要求而设置的，并依托国防科技大学、火箭军工程大学、海军工程大学等军队院校，深化拓展指挥与技术并轨招生、融合培养。由于**指技融合类专业不区分安排岗位去向，培养方向更加全面**，培养流程需要更多的师资力量、资源投入等因素，所以开展这一类专业的院校较少，招收的学生较少，要求的分数也较高。

2024 年 27 所军校中招收指技融合类专业的院校

院校名称	指技融合类专业
国防科技大学	海洋技术、军事海洋学、电子信息工程、通信工程、光电信息科学与工程、海洋信息工程、计算机科学与技术、软件工程、物联网工程、武器系统与工程、信息对抗技术、侦察情报、网电指挥与工程、雷达工程等
陆军工程大学	通信工程、土木工程
海军工程大学	电气工程及其自动化（舰艇机电指挥）、轮机工程（舰艇机电指挥）、核工程与核技术、无人装备工程
空军工程大学	雷达工程（航空导弹雷达技术与指挥）、无人装备工程
火箭军工程大学	测控工程、机械工程
战略支援部队航天工程大学	测控工程、导航工程
战略支援部队信息工程大学	信息工程、遥感科学与技术、网络空间安全、无人系统工程
武警工程大学	通信工程（武警通信技术与指挥）、信息安全（武警通信技术与指挥）

2. 无军籍地方本科生

无军籍地方本科生不做专业类型区分。在招生时**一般按照专业大类**进行招生，后续按照个人意愿、学业成绩以及各专业分流计划组织专业分流。如国防科技大学主要按照计算机类、电子信息类、自动化类、大气科学类、航空航天类、力学类这六大类进行招生。

■ 有哪些军校可以报考？

全国共 44 所军校，但**面向高中生招生的只有 27 所**，其中**国防科技大学属于"985"高校，空军军医大学、海军军医大学为"211"高校**。根据招生政策，2024 年军队院校总体招生人数与去年基本持平，较前年有明显增加。27 所军队院校中军委直属 1 所、陆军 10 所、海军 5 所、空军 4 所、火箭军 1 所、战略支援部队 2 所、武警部队 4 所。

2024 年 27 所军队院校所属地与招生专业

所属单位/兵种	院校名称	所属地	招生专业
军委	国防科技大学	湖南省长沙市	（1）指挥类：外交学、国际事务与国际关系 （2）技术类：朝鲜语、菲律宾语、印地语、生物技术、机械工程、测控技术与仪器、纳米材料与技术、电子科学与技术、信息工程等 （3）指技融合类：海洋信息工程、计算机科学与技术、物联网工程、信息对抗技术、侦察情报、网电指挥与工程、雷达工程等 （4）无军籍专业：计算机类、电子信息类、自动化类、大气科学类、航空航天类、力学类
陆军	陆军边海防学院	陕西省西安市	指挥类：中国语言文学类、作战指挥、火力指挥与控制工程、指挥信息系统工程
	陆军步兵学院	江西省南昌市	（1）指挥类：作战指挥、指挥信息系统工程 （2）技术类：装甲车辆工程、武器系统与工程
	陆军防化学院	北京市	（1）指挥类：作战指挥、生物技术 （2）技术类：化学、辐射防护与核安全、装备保障工程
	陆军工程大学	江苏省南京市	（1）指挥类：无人系统工程、地雷爆破与破障工程、军事设施工程、伪装与防护工程、道路桥梁与渡河工程等 （2）技术类：电气工程及其自动化、无人装备工程、指挥信息与系统工程、飞行器设计与工程、武器系统与工程（航空机务技术与指挥）等 （3）指技融合类：通信工程、土木工程 （4）无军籍专业：建筑学类、土木类、信息类、计算机类、电气类、管理科学与工程类

续表

所属单位/兵种	院校名称	所属地	招生专业
陆军	陆军军事交通学院	天津市	（1）指挥类：车辆工程、航海技术、轮机工程、作战指挥、军事交通工程、无人装备工程、物流管理与工程类 （2）技术类：车辆工程、轮机工程、物流管理与工程类
陆军	陆军军医大学	重庆市	（1）指挥类：公共事业管理 （2）技术类：临床医学、医学检验技术、预防医学 （3）无军籍专业：临床医学类、公共卫生与预防医学类、医学技术类、公共管理类
陆军	陆军炮兵防空兵学院	安徽省合肥市	指挥类：机械工程、测控技术与仪器、电气工程及其自动化、通信工程、光电信息科学与工程、计算机科学与技术等
陆军	陆军勤务学院	重庆市	（1）指挥类：化学、物联网工程、土木工程、建筑学、财务管理、审计学、特种能源技术与工程等 （2）技术类：化学、特种能源技术与工程、军事能源工程、财务管理、审计学等
陆军	陆军特种作战学院	广西壮族自治区	指挥类：作战指挥（空降兵初级指挥、伞训初级指挥、特种兵初级指挥）、侦察情报、指挥信息系统工程
陆军	陆军装甲兵学院	北京市	（1）指挥类：作战指挥、机械工程、火力指挥与控制系统、通信工程、指挥信息系统工程、电气工程及其自动化、仿真工程、光电信息科学与工程等 （2）技术类：武器系统与工程、装甲车辆工程、无人装备工程、装备保障工程
海军	海军大连舰艇学院	辽宁省大连市	（1）指挥类：电子信息工程、通信工程、航海技术、武器系统与工程、探测制导与控制技术、无人系统工程 （2）技术类：军事海洋学、测绘工程

续表

所属单位/兵种	院校名称	所属地	招生专业
海军	海军工程大学	湖北省武汉市	（1）指挥类：能源与动力工程、水声工程、信息安全、导航工程、船舶与海洋工程、安全工程、目标工程、雷达工程等 （2）技术类：电气工程及其自动化、通信工程、船舶与海洋工程、信息对抗技术、装备经济管理、电磁发射工程等 （3）指技融合类：电气工程及其自动化（潜艇机电指挥）、轮机工程（潜艇机电指挥）、核工程与核技术、无人装备工程
海军	海军航空大学	山东省烟台市	（1）指挥类：火力指挥与控制工程、无人系统工程、航空管制与领航工程、场站管理工程等 （2）技术类：电气工程及其自动化、电子信息工程、水声工程、飞行器设计与工程、武器系统与工程等
海军	海军军医大学	上海市	（1）技术类：麻醉学、医学影像学、精神医学、预防医学、药学、公共事业管理等 （2）无军籍专业：临床医学类、中医学类、药学类、生物科学类、护理学类
海军	海军潜艇学院	山东省青岛市	（1）指挥类：电子信息工程、航海技术、救助与打捞工程、船舶与海洋工程、武器系统与工程、武器发射工程 （2）技术类：水声工程、救助与打捞工程
空军	空军工程大学	陕西省西安市	（1）指挥类：机械电子工程、电子信息工程、导航工程、通信工程、安全工程、场站管理工程、导弹工程等 （2）技术类：机械工程、机械电子工程、电气工程及其自动化（航空特设、计量技术与指挥）、飞行器动力工程、武器系统与工程、武器发射系统等 （3）指技融合类：无人装备工程、雷达工程（防空导弹雷达技术与指挥）
空军	空军航空大学	吉林省长春市	（1）指挥类：侦察情报、目标工程 （2）技术类：侦察情报

续表

所属单位/兵种	院校名称	所属地	招生专业
空军	空军军医大学	陕西省西安市	（1）技术类：基础医学、临床医学、口腔医学、预防医学 （2）无军籍专业：基础医学类、临床医学类、口腔医学类、生物医学工程类、生物科学类、药学类、护理学类
空军	空军预警学院	湖北省武汉市	（1）指挥类：武器系统与工程、预警探测、网电指挥与工程、无人系统工程 （2）技术类：指挥信息系统工程、雷达工程、装备保障工程
火箭军	火箭军工程大学	陕西省西安市	（1）指挥类：电气工程及其自动化、通信工程、武器发射工程、导弹工程等 （2）技术类：电气工程及其自动化、电子信息工程、土木工程、目标工程、指挥信息系统工程 （3）指技融合类：机械工程、测控工程
战略支援部队	战略支援部队航天工程大学	北京市	（1）指挥类：通信工程、遥感科学与技术、武器发射工程、侦察情报、运筹与任务规划、信息安全等 （2）技术类：光电信息科学与工程、飞行器动力工程、预警探测、信息对抗技术、指挥信息系统工程等 （3）指技融合类：导航工程、测控工程
战略支援部队	战略支援部队信息工程大学	河南省郑州市	（1）指挥类：大数据工程、信息安全、侦察情报、保密管理等 （2）技术类：通信工程、侦测工程、水声工程、网电指挥与工程、测绘技术、电子信息工程、密码工程等 （3）指技融合类：信息工程、遥感科学与技术、网络空间安全、无人系统工程
武警部队	武警工程大学	陕西省西安市	（1）指挥类：法学、应用心理学、应用统计学、机械工程、通信工程、计算机科学与技术、信息安全、网络空间安全、土木工程等 （2）技术类：大数据工程、指挥信息系统工程、信息安全等 （3）指技融合类：通信工程（武警通信技术与指挥）、信息安全（武警通信技术与指挥）

续表

所属单位/兵种	院校名称	所属地	招生专业
武警部队	武警海警学院	浙江省宁波市	指挥类：法学、航海技术、作战指挥（舰艇指挥、维权执法）、侦察情报
	武警警官学院	四川省成都市	指挥类：哲学（武警内卫总队机动分队指挥）、思想政治教育（武警内卫总队机动分队指挥）、信息安全（武警内卫总队机动分队指挥）、应用心理学（武警内卫总队机动分队指挥）等
	武警特种警察学院	北京市	（1）指挥类：作战指挥、侦察情报（武警侦察指挥） （2）技术类：侦察情报（侦察技术与指挥）

军队院校所属地并不代表学生四年都在该地区，例如国防科技大学校本部设在长沙，内设学院位于长沙、南京、武汉、合肥等四座城市，不同专业学员的不同学习阶段分别在长沙、南京、武汉、合肥等地内设学院学习；陆军工程大学兵器科学技术类学科专业、装备信息技术类学科专业下属的专业实行"2+2"培训模式，即被录取的学员，一、二年级在大学校本部（江苏南京）学习基础课程，三、四年级转入石家庄校区学习专业课程，而被该学校陆军航空兵相关专业录取的学员，一、二年级在大学校本部（江苏南京）学习基础课程，三、四年级时，主体转入陆军航空兵学院（北京）学习专业课程，无人系统工程专业部分学员转入大学石家庄校区学习专业课程。

生长军官专业所属类别不是绝对的，如陆军军事交通学院的车辆工程专业，在招生时分为指挥类招生和技术类招生，具体属于哪个专业须结合实际录取情况来看。

■ 军校的报考条件是什么？

1. 生长军官（警官）本科学员

根据教育部、中央军委政治工作部等多部门印发的《军队院校招收普通高中毕业生工作办法》，**所有报考军队院校生长军官本科学员的学生均须符合以下三个基本条件**，但每所院校根据自身办学特色，在具体实施过程中存在一定的差异性，如不同院校、不同兵种在开展体格检查中要求不同，具体可参考各大院校的招生计划。

（1）未婚，年龄不低于16周岁、不超过20周岁（截至当年8月31日）；

（2）参加普通高等学校招生全国统一考试，**高考成绩达到考生所在省一本线，其中合并批次省（区、市）须达到特殊类型招生控制线（普通高中应届毕业生、往届毕业生均可报考）；**

（3）参加由军队组织的政治考核、面试和体格检查，结论均为合格，体检标准按照中央军委发布的《军队选拔军官和文职人员体检标准》（2023年3月颁布）执行。

2. 无军籍地方本科生

招收无军籍地方本科生的院校均须满足以下两个条件，除此以外，各大军校根据专业特点以及计划性质等因素会有不同的补充条件。如国防科技大学、陆军军医大学、海军军医大学、空军军医大学要求考生加分后的统考成绩须达到所在省（区、市）普通本科一批录取分数控制线［批次合并的省（区、市），须达到特殊类型招生控制线，具体按照各省（区、市）相关规定执行］，而陆军工程大学由于是定向培养，录取批次由各省（区、市）招生办公室确定。除成绩外，各大军校在招收无军籍地方本科生时也对身体条件有不同的要求，具体可参考其发布的招生简章。

（1）参加普通高等学校招生全国统一考试的普通中学**应届高中毕业生；**

（2）考生本人政治面貌为**中共党员或共青团员**，家庭及主要社会关系历史清楚，无重大问题。

报考军校的流程较多，内容细致严谨，须要学生通过多环节考核才能顺利成为军校一员，对于考生来说，须特别关注两项内容：

（1）学业成绩

根据教育部、中央军委等多部门发布的招生政策，军校的录取分数线，一般都在各省（区、市）的**本科一批录取控制分数线或特殊类型招生控制线之上**，对学生的学业成绩要求较高。比如河北省2023年物理类特殊类型招生控制线为492分，以下为军校在河北招收物理类专业的最低录取分数，涵盖生长军官本科学员和无军籍地方本科生。

27所军校2023年在河北招收物理类专业的最低录取分数

院校名称	录取最低分	院校名称	录取最低分
国防科技大学	621	陆军工程大学	518
陆军步兵学院	498	陆军装甲兵学院	544
陆军炮兵防空兵学院	557	陆军特种作战学院	530
陆军边海防学院	521	陆军防化学院	497
陆军军医大学	553	陆军军事交通学院	564
陆军勤务学院	535	海军工程大学	544
海军大连舰艇学院	515	海军潜艇学院	513
海军航空大学	561	海军军医大学	607
空军工程大学	571	空军航空大学	528
空军预警学院	552	空军军医大学	600
火箭军工程大学	560	战略支援部队航天工程大学	554
战略支援部队信息工程大学	569	武警工程大学	570
武警警官学院	551	武警特警警察学院	492
武警海警学院	554		

由上表可知大部分军校最低录取分数在特殊类型招生控制线30分以上，分数越高，可选择的院校和专业也就越多，学生想进入军校学习，首先需要有良好的学业成绩。

（2）体格检查

① 生长军官（警官）本科学员

军队院校招收普通高中毕业生执行《军队选拔军官和文职人员体检标准》，**视力、身高、体重的通用标准是：**

视力，任何一眼裸眼视力不低于4.5。双眼中任何一眼裸眼视力低于4.8时，需进行矫正视力检查，双眼中任何一眼矫正视力在4.8以上且矫正度数均在600度以下。双眼中任何一眼行激光手术（有晶体眼人工晶体植入术除外），术后时间在半年以上,手术眼裸眼视力4.8以上,无并发症,且眼底检查正常。双眼中任何一眼行激光手术(有晶体眼人工晶体植入术除外),术后时间在半年以上(高考年3月1日前),无并发症,且眼底检查正常,但手术眼裸眼视力小于4.8的,需进行矫正视力检查,双眼中任何一眼矫正视力在4.8以上且矫正度数均在600度以下。

身高,**男性162厘米以上、女性158厘米以上**。装甲类岗位,身高不得超过182厘米。航海类中的舰艇、潜艇岗位,身高不得超过185厘米。防化类岗位,航海类中的潜水岗位,身高要求168—185厘米。航空类中的伞降、机降岗位,特战类岗位,男性身高不得低于168厘米,女性身高不得低于165厘米。

体重,**男性体重指数在17.5至30、女性体重指数在17至24**,空腹血糖不得大于7.0mmol/L。男性体重指数28至30者,糖化血红蛋白不得高于6.5%。

其他身体条件通用标准详见《军队选拔军官和文职人员体检标准》,**对于部分兵种,则须达到对应的标准**,如国防科技大学绝大多数专业只要达到通用标准即可,少部分涉及电子对抗和通信导航岗位的专业,需要达到相应岗位补充标准;陆军步兵学院装甲步兵分队指挥方向要求装甲岗合格;陆军装甲兵学院除无人装备工程、装备保障工程、装备再制造工程、武器系统与工程、装甲车辆工程这五个专业体检要求通用标准合格外,剩下专业体检均要求装甲类岗位军官补充标准合格。

② 无军籍地方本科生

无军籍地方本科生也须进行体检,大部分设有无军籍地方本科生招生的院校以《普通高等学校招生体检工作指导意见》(教学〔2003〕3号)为参考,**不同院校由于专业性质不同会有补充标准**,如陆军军医大学根据该指导意见,除其中列举的患有学校可以不予录取的疾病外,医学专业对色盲、色弱及其他各类不能准确识别颜色者不予录取。有下列情况者不宜就读医学类专业:任何一眼矫正到4.8的镜片度数大于800度;一眼失明,另一眼矫正到4.8的镜片度数大于400度;两耳听力均在3米以内,或一耳听力在5米,另一耳全聋;斜视、嗅觉迟钝、口吃;对化学物品有过敏反应。由于学习、就业的特殊性,左利手(俗称左撇子)考生不宜报考口腔医学专业。此外,考生还应身心健康,无精神性疾病、传染性疾病,面部及身体各部位无明显缺陷。

■ 军校的报考流程是怎样的？

1. 生长军官（警官）本科学员报考流程

时间	流程	流程主要内容
6月中旬	政治考核	考生按照户籍所在地、经常居住地或报考所在地兵役机关要求参加政治考核
6月26日—28日	填报志愿	考生根据所在省、自治区、直辖市高考招生工作要求填报志愿
6月底	划设军检线	省军区招生工作办公室按照招生计划数的3倍到5倍，会同省级招委会办公室划设军检线，并向社会公布
6月底—7月初	面试体检	填报军队院校提前批志愿且达到军检线的考生，按照当地省军区招生工作办公室要求参加面试和体格检查
7月8日—10日	投档录取	通过政治考核、面试和体格检查，且成绩达到志愿院校提档分数线的考生，由省级招委会办公室在提前批次按照成绩由高到低进行投档，院校审核通过后录取，未被投档或未被录取的，可以参加后续普通批次投档
开学一个月内	复审复查	考生按院校录取通知书要求报到后，须参加政治复审和体格检查，合格者取得学籍和军籍，不合格者按有关规定处理

生长军官（警官）本科学员录取批次为本科提前批，需要根据各省（区、市）的志愿填写要求进行报考。

目前大部分军队院校生长军官（警官）本科学员招生按照以上流程开展录取工作，但也有个别院校在不同地区录取流程不同，例如海军工程大学报考流程有两种形式：一是政治考核、公布成绩、**填报志愿**、**军检**、投档、录取［大部分省（区、市）］；二是政治考核、公布成绩、**军检**、**填报志愿**、投档、录取（目前有江苏、福建）。

（1）政治考核主要考核什么内容

政治考核主要考核考生本人政治思想表现，以及家庭成员、未共同生活的兄弟姐妹的政治背景和违法犯罪情况等。

主要程序：高考结束后考生填写政治考核表，由学校通过所在市、县、区教育部门报送当地兵役机关，兵役机关会同公安机关组织政治考核、做出结论，逐级上报至省军区招生工作办公室，由其向省级招委会办公室提供。关于各地考核的详细内容和要求，考生可关注当地有关部门发布的信息。

（2）面试一般考查哪些方面

面试由省军区招生工作办公室具体组织实施，主要了解考生报考动机，考查考生分析判断问题、语言表达以及身体协调、反应等方面能力。面试完成后，面试结论由面试工作人员当场告知面试对象。面试对象对面试结论有异议的，可以当场申请复核，复核结论为最终结论。

（3）军队院校审核主要审核哪些内容

根据 2024 年普通高等学校招生工作规定，军队院校须对省级招委会办公室投放的考生电子档案进行审阅，重点审核考生基本信息、政治考核、面试、体格检查等情况是否达到报考院校和专业的相关要求。

2. 无军籍地方大学生报考流程

无军籍地方本科生的录取批次为普通本科第一批。根据教育部和军委有关规定，实行顺序志愿投档的省，按照招生计划数量的 120% 组织投档；实行平行志愿投档的省，按照招生计划数量的 100% 组织投档。

■ 军校规划建议

 军校生长军官（警官）的优势

增加一次被录取的机会

军校生长军官（警官）学员的录取是在所有批次之前。各校的录取通常会在 7 月中旬前综合高考分数、政审、体检、面试等成绩，择优录取。所以各大军队院校会在本科提前批、特殊类批次，以及本科批次之前完成录取，这使得身体条件良好，但总体分数较低的同学有冲击好学校的机会，例如国防科技大学 2023 年理科（物理类）生长军官本科学员在山东省最低录取分数为 621 分，而无军籍地方本科生最低录取分数为 641 分，两者相差 20 分。即使考生的综合成绩没有达到报名院校的要求未被录取，也不影响后续批次的录取。

在校期间免学费、有补助

军队院校生长军官（警官）学员入学复审复查合格后参军入伍，**享受军人待遇，家庭享受军属待遇**。在校期间，统一着军队配发的制式服装，学费食宿费、教材文具、文化用品、生活医疗等费用均按标准由军队承担。按月发放军人津贴（不同院校发放规格不同），每年按标准发放探亲路费。此外，不同院校也会开展多样的活动培养学生的兴趣爱好，相较于其他院校学生花费更少。

毕业即分配工作

对比其他院校的大学生，就读于军队院校的生长军官（警官）学员毕业直接分配工作，分配原则**大都实行综合素质量化考评**，依据学员在校期间的文化课程、军事训练、学科竞赛、立功受奖、参加大型活动以及平时综合表现等情况，进行量化加权打分，按照总分进行排名，排名靠前的学员在毕业当年本专业分配计划内优先选择毕业去向。分配政策制度、量化考评结果、分配计划方案等全程公开公示，确保公平公正。在目前就业市场竞争比较激烈的情况下，毕业即分配的制度使得学员无须跑招聘、投简历。**近几年国家明确提出要保障军官工资和福利待遇在社会职业中处于较高水平，近些年军人收入已有大幅度提高**。例如国防科技大学学员本科毕业后，授予少尉军衔成为军官，待遇级别定为十八级，享受基本工资、各类津贴补贴、住房补助以及其他福利待遇，可按照室内标准化装修后"拎包入住"条件享受住房保障，长期服役还可分配由全军统一建设的安置住房。现役军官配偶及双方直系亲属享受军队免费或优惠医疗。

享受军属家庭优待

根据现有政策，部队有配偶免费医疗、未成年子女免费医疗、父母和配偶父母优惠医疗、子女保教费 500 元/月、两地分居费 1000 元—1500 元/月、随军家属未就业生活补贴 1400 元—2000 元/月、配偶荣誉金 500 元/月、父母赡养补助 600 元/月等福利，根据各地政策情况，地方政府还有相应的经济和荣誉等优待措施。这些政策最大程度上保障了军属家庭的权利，待遇良好，福利保障全面。

培养个人良好作风

军队院校一般管理严格，是个大学校、大熔炉，从军经历对一个人的成长发展，有着从事其他职业难以得到的帮助，有利于锤炼个人素质，培养良好的个人作风，比如：独立生活的能力、健康强壮的体魄、遵规守纪的作风、吃苦耐劳的品质、不怕困难的精神等。

军校生长军官（警官）的局限性

生长军官（警官）本科学员实行全程淘汰制度

进入军校，获得军籍**并不是一劳永逸的**，军队院校会不断对学员进行身体、心理等各方面的考核，**不合格者会面临淘汰**。具体可参考国防科技大学的考核制度：1、入学阶段取得学籍前，因复审复查不合格被取消入学资格的新学员，退回入学前常住户口所在地；2、取得学籍后，因学习成绩、身体心理条件不合格等原因退学的学员，或不符合毕业条件予以结业的学员，按照规定分流安置，退回入学、入伍前或其父母常住户口所在地，其中服役期两年以内（含两年）的参照义务兵退伍、两年以上的参照军士退役有关规定办理。因身体、心理或者政治考核方面原因，不宜继续在军队院校学习，但符合普通高等学校学习条件的青年学生学员，可转入学校对口接收的普通高等学校学习。

就业方向有一定的局限性

军队院校的毕业分配岗位制度有一定的优势但也有局限性，**即毕业需要听从组织分配**，按照目前各大院校发布的分配标准，结合兵种、综合成绩等因素，最后可选择的空间较小，有可能分配到边防、海岛、高原、深山等艰苦偏远地区，离家较远，**工作后工作调动机会较少**。例如武警警官学院规定，毕业分配在实施综合素质量化考评，按排名自主在分配计划内选择分配去向的基础上，必须服从组织分配。若拒绝分配或退出现役，将会受到严肃处理（注销学历和学位，收回学历和学位证书，退还在校期间的一切生活费、工资津贴、培养费，给予开除学籍处分并退回原籍）。

> **陪伴家人时间相对较少**

学员在毕业工作后，由于工作性质比较特殊，多数军属家庭都是两地分居，加上部队管理严格，经常还有各种重要任务，陪伴家人时间较少，军人家庭需要比普通家庭付出更多。但目前国家正通过一系列政策改善这一状况，2023年1月1日起，**《军人休假暂行规定》**正式施行，进一步规范了军人的年休假、探亲假以及规定的事假、病假、产假、护理假等。2023年9月10日，正式施行《军队实施〈中华人民共和国人口与计划生育法〉办法》，新增了育儿假和独生子女护理假等。

> **工作时长有限**

军校学员被分配的工作岗位相较于警校学员而言，**并不是可以工作到常规退休年龄**，未来成长发展空间有一定的限制，工作十几年即面临退役或转业。但目前国家正在努力改变这一境况，例如**大力推行军官职业化改革，经个人申请，可长期在部队工作，并且有较大概率工作到常规退休年龄**。即使转业，选择安置也都能分配到公务员或事业编岗位，符合相关条件的还可以选择逐月领取退役金。

军校常见问题

> **不同省份可以报哪些军校？**

每所军校面向不同省份的招生专业、招生人数等均有差异，具体需要参考意向院校的招生简章或其公布的录取结果，其中会列出当年的专业和录取的成绩，参考价值更高。例如海军军医大学2024年计划在四川招收临床医学、麻醉学等8个专业共计26位考生，而在云南计划招收生物技术、药学等5个专业共计22位考生。

> **军校学员可以继续攻读研究生吗？**

生长军官（警官）本科学员：有的军校可以，有的军校不可以。例如陆军装甲兵学院装甲车辆工程、武器系统工程、装备再制造工程、装备保障工程和无人装备工程5个专业主要培养方向为装甲装备维修与管理领域的专业技术军官，未来有机会攻读研究生。火箭军工程大学指挥类、技术类和指技融合类应届本科毕业生均可通过推荐免试、全国统考两种方式直接攻读研究生，特别优秀的可通过遴选攻读本校硕博连读研究生，博士生有机会进入与清华大学、中国科学技术大学、哈尔滨工业大学等高校实施的博士联合培养计划，或出国攻读博士学位。而**陆军边海防学院**根据政策规定**指挥类学员毕业当年不能报考研究生**，并建议到部队报到后，带着实践经验再报考研究生，届时在部队报考研究生可在全军院校中选择合适专业，不受军兵种限制。若有本科毕业后，想继续攻读研究生的同学，在填报志愿时须认真阅读院校的升学规定。

无军籍地方本科生：可选择继续攻读研究生。

报考军校对选科有要求吗？

有要求，不同军校、不同兵种等对选科均有要求，例如陆军军医大学规定生长军官（警官）学员除公共事业管理专业外，其他专业须同时选考物理和化学，无军籍地方本科生所有专业须同时选考物理和化学。大部分院校在选考"3+1+2"模式中，首选科目要求根据"文理科"确定，文科首选科目为历史，理科首选科目为物理，选考科目要求中的科目，考生均须选考，方可报考。以陆军边海防学院为例：

院校名称	专业名称（报考方向）	文理科	选考科目
陆军边海防学院	中国语言文学类	文科	不提科目要求
	作战指挥	文科	不提科目要求
	火力指挥与控制工程	理科	物理
	指挥信息系统工程	理科	物理

除选科要求外，大部分院校对生源性别也有要求，例如陆军炮兵防空兵学院、海军潜艇学院只招收男生，并且大部分军校招收男生人数总体大于招收女生人数，男女比例约为9：1。

有军籍和无军籍待遇相差大吗？

两者待遇相差较大。首先，在校期间有军籍学员的大部分费用由国家承担，享受军人优待，无军籍学生和普通大学生一样承担学费、住宿费、书本费等各项开销，因为无军籍不享受军人的各项待遇。其次，对于有军籍的学员而言，毕业即分配，而在军校就读的无军籍地方本科生和普通大学生一样，毕业需要自主就业。

就读军校期间可以转专业吗？

大部分军队院校规定，**学员应当在被录取的院校和专业完成学业**。部分院校根据培养计划允许部分同学调整专业。如战略支援部队信息工程大学规定：一般情况下，不允许调整专业，入选特殊人才培养实验班的除外。

无军籍地方本科生将来有没有可能成为军人？

有可能。根据目前军队有关政策规定，无军籍地方生本科就读期间无法直接申请转为军籍学员，但本科毕业后可通过两种渠道成为军人：一是学校可以面向该校无军籍地方本科生招收应届毕业生入伍攻读硕士研究生；二是部分该校"双一流"学科无军籍地方生已纳入该校直接选拔招录军官范围。

报考军队院校生长军官哪个专业更好？

军队院校生长军官（警官）不同于地方高校，**不涉及就业问题，毕业后全部按照所学专业分配至部队相关工作岗位**。因此，无论报考哪所军队院校，建议以自己的专业学习兴趣为出发点。

毕业会分配到什么兵种？

国防科技大学作为军校中唯一的"985"院校，是不分兵种的，**毕业生会根据国家需要分配到各个兵种部队**。除了国防科技大学之外，其他的军校在学生进校那一刻其实已经决定了他们以后要进哪一种部队，因为**每一个院校都有它的所属兵种**。例如进入海军工程大学，那毕业后就会成为一名海军；进入火箭军工程大学，就会成为一名火箭军；进入陆军装甲兵学院，未来会加入陆军部队；等等。

警校升学路径解读 09

■ 什么是警校生？

警校生指的是**警察学校的学生**，中国的警察学校主要分为公安院校和司法院校。

公安院校：是指由公安部和省级公安机关直属和管理的为公安机关培养人民警察的高等院校，按隶属关系分部属和省属两类，按办学层次分本科院校和高职专科院校两类。

司法院校：是指由司法部和省级司法行政机关直属和管理的为监狱、劳动教养机关培养人民警察的高等院校，按隶属关系分部属和省属两类，按办学层次分本科院校和专科院校两类。

■ 公安警察常见警种有哪些？

1. 公安机关管理及领导的人民警察警种

刑事侦查警察：负责进行刑事侦查，预防刑事案件发生。管理刑事侦查警察的全国性机关是公安部刑事侦查局（公安部五局）。

经济犯罪侦查警察：负责进行经济犯罪侦查，预防经济案件发生。管理经济犯罪侦查警察的全国性机关是公安部经济犯罪侦查局（公安部二局）。

治安警察：负责预防、发现和制止一般违法犯罪，处理集会、游行、示威等群体性事件，维护公共场所的治安秩序，管理特种行业和危险品，依《中华人民共和国治安管理处罚法》处置治安行政执法案件。管理治安警察的全国性机关是公安部治安管理局（公安部三局）。

食品药品侦查警察：负责处理食品药品、知识产权、生态环境、森林草原、生物安全案件。管理食品药品侦查警察的全国性机关是公安部食品药品犯罪侦查局（公安部七局）。

特勤警察：负责党和国家领导人、省级主要领导人及重要来访外宾警卫任务。管理特勤警察的全国性机关是公安部特勤局（公安部八局）。

铁路警察：负责处理铁路行政执法案件和关于铁路运输的其他违法犯罪。管理铁路警察的全国性机关是公安部铁路公安局（公安部十局）。

公共信息网络安全监察警察：负责监察公共互联网网站内容、电子邮件、聊天信息和访问记录。依《中华人民共和国网络安全法》处置互联网行政执法案件，可以使用域名劫持、关键字过滤、网络嗅探、网关 IP 封锁、子数据取证等技术来过滤、获取有关情报信息；查禁、封堵和阻断可能会破坏民族和国家统一、颠覆国家政权、危害国家安全、色情淫秽类有害信息；查处网络和计算机违法犯罪；备份、调取有关电子证据等。管理公共信息网络安全监察警察的全国性机关是公安部网络安全保卫局（公安部十一局）。

监所警察：负责管理公安机关下属的看守所、拘留所、收容所、强制隔离戒毒所、戒毒康复中心和安康医院等。管理监所警察的全国性机关是公安部监所管理局（公安部十三局）。

交通警察：简称"交警"，负责指挥道路交通，依《中华人民共和国道路交通安全法》处置交通行政执法案件，依法查处道路交通违法行为和交通事故；维护城乡道路交通秩序和公路治安秩序；开展机动车辆安全检验、牌证发放和驾驶员考核发证工作；开展道路交通安全宣传教育与活动；开展道路交通管理科研工作；参与城市建设、道路交通和安全设施的规划；组织宣传交通法规，依法管理道路交通秩序，管理车辆、驾驶员和行人，教育交通违法者，勘查处理交通事故，以维护正常的交通秩序，保证交通运输的畅通与安全。但其职责并不包括铁路、港航、民航的交通管理。管理交通警察的全国性机关是公安部交通管理局（公安部十七局）。

外事警察：负责外国驻华使馆的安全，或是常驻中国驻外使馆进行警务联络工作。管理外事警察的全国性机关是公安部国际合作局（公安部十九局）。

禁毒警察：负责涉毒犯罪的侦查。管理禁毒警察的全国性机关是公安部禁毒局（公安部二十一局）。

政治安全保卫警察：负责维护国家安全和社会政治稳定，依法处置破坏国家统一和民族团结的案件，维护宪法确立的基本政治原则。管理政治安全保卫警察的全国性机关是公安部国内安全保卫局（公安部一局）、公安部反邪教局（公安部四局）。

户籍警察：负责办理户籍管理事务。管理户籍警察的全国性机关是公安部治安管理户籍管理处（公安部三局四处）。

巡逻警察：负责在巡逻中预防、发现和制止一般违法犯罪行为，处理集会、游行、示威等群体性事件，维护公共场所的治安秩序，管理特种行业和危险品，依《中华人民共和国治安管理处罚法》处置治安行政执法案件。这是地方公安机关设立的一类警种，在部分地区与交通警察合并为交巡警。

航运港口警察：负责处理水上行政执法案件和水路航运的其他违法犯罪。这是地方公安机关设立的一个警种。

警务督察：负责监督公安机关人民警察的行政执法行为，依《中华人民共和国人民警察法》处置人民警察行政执法案件。管理警务督察的全国性机关是公安部督察审计局。

移民警察：即中国边检，负责办理移民管理事务、执行出入境边防检查任务，依《中华人民共和国出入境管理法》和《中华人民共和国外国人入境出境管理条例》处置出入境行政执法案件。管理移民警察的全国性机关是国家移民管理局。

2. 公安部门与其他政府部门双重领导的行业警察警种

海关缉私警察：负责处理海关走私案件。管理海关缉私警察的全国性机关是海关总署四局（公安部十四局）。

民航警察：负责处置空中和机场内的行政执法案件、进行民航飞行安全维护和处理劫机突发安全情态。管理民航警察的全国性机关是中国民用航空局安全局（公安部十五局），下设中国民航空中警察总队。

3. 国家安全部管理及领导的警察警种

国家机关人民警察：简称"国家民警"，负责情报收集分析、反间谍、政治保卫等工作，也参与部分国内安全事务。

■ 司法警察常见警种有哪些？

司法行政机关人民警察（简称"司法警察"）是由**中华人民共和国司法部**管理及领导的人民警察。

监狱机关人民警察：简称"监狱民警"，负责管理司法行政机关下属的监狱，拥有监狱内侦查权和对逃犯的追捕权。管理监狱机关人民警察的全国性机关是司法部监狱管理局。

戒毒机关人民警察：简称"戒毒民警"，负责管理司法行政机关下属的戒毒所，并负责强制隔离戒毒、戒毒康复、轻型罪犯教育矫治工作。管理戒毒机关人民警察的全国性机关是司法部戒毒管理局。

人民法院司法警察：简称"法院法警"，是由中华人民共和国最高人民法院管理和领导的人民警察，其工作是维持法庭秩序、协助调查取证与判决执行。

人民检察院司法警察：简称"检察院法警"，是由中华人民共和国最高人民检察院管理和领导的人民警察。

■ 警校适合哪些学生？

1. 强烈的正义感和责任感

警校生需要具备高度的正义感和社会责任感，愿意为维护社会治安、保护人民安全贡献自己的力量。考生应当有坚定的信念，勇于面对挑战和困难，始终坚守法律和道德的底线。

2. 良好的身体素质和体能

警校生活充满挑战，对体能要求极高。想成为警校生应具备强健的体魄、良好的耐力和爆发力，以及出色的协调性和反应能力。这些身体素质是完成高强度训练和执行任务的基础。

3. 优秀的心理素质

警校学习和未来公安工作都面临着巨大的心理压力和挑战。学生应具备稳定的情绪、坚强的意志力和良好的抗压能力，能够在紧张、复杂的环境中保持冷静和理智，有效应对各种突发情况。

4. 严格的自律性和纪律性

警校是培养未来警察的摇篮，对纪律和规矩有着极高的要求。学生应具备良好的自律性和纪律性，能够严格遵守学校的各项规章制度，自觉维护学校的形象和声誉。

5. 良好的沟通能力和团队合作精神

在未来的公安工作中，沟通和合作是必不可少的。学生应具备出色的沟通能力和团队合作精神，能够与同事、领导和社会各界建立良好的关系，共同完成任务和目标。

6. 对公安事业有浓厚的兴趣和热情

兴趣是最好的老师。学生应对公安事业有浓厚的兴趣和热情，愿意为之付出努力和汗水。学生还需要关注公安工作的最新动态和发展趋势，积极学习相关知识和技能，不断提升自己的专业素养和综合能力。

7. 学习成绩优秀，文化素养较高

虽然警校主要培养的是专业技能和实践能力，但文化素养和学习能力也是不可忽视的。这就要求学生应具备基本的文化素养和学习能力，能够迅速掌握新的知识和技能，适应不断变化的公安工作需求。并且对于一般省（区、市）来说，想考警校的话，理科至少需要达到本科线/特招线之上 20 分左右，文科则需高出 10 分左右。大部分省（区、市）警校的录取分数线都高于一本线，且呈现逐年升高的趋势。以四川为例，理科需高出 21 分，文科需高出 9 分。而对于北京考生来说，最低要比本科线高出 13 分。然而，仅有少数地区的警校录取线在二本线/特招线以内，且主要是一些分数线较低、较为偏远或高考人数较少的地区。

■ 警校招生的报考条件和注意事项有哪些？

1. 报考公安大学公安专业的考生，应取得当年高考资格，并具备下列资格条件：

（1）具有中华人民共和国国籍；

（2）遵守中华人民共和国宪法和法律；

（3）热爱祖国，热爱人民，热爱中国共产党，热爱中国特色社会主义制度；

（4）志愿从事公安工作，热爱人民公安事业，立志为捍卫国家政治安全和社会稳定刻苦学习、拼搏奉献；

（5）年龄为16周岁以上、22周岁以下（2024年考生应为2002年9月1日至2008年8月31日期间出生者），未婚；

（6）普通高级中学毕业；

（7）具有良好的政治素质和道德品行，符合公安院校公安专业招生政治条件；

（8）具有良好的身体条件和心理素质，符合公安院校公安专业招生面试、体检和体能测评合格标准；

（9）考生须参加由生源地省（区、市）公安厅（局）政治部组织开展的**政治考察、面试、体检和体能测评**［考生生源地为其参加高考时的户籍所在地，具体由有关省（区、市）公安厅（局）政治部组织认定］。政治考察、面试、体检或体能测评结论不合格的，不予投档，不予录取。

2. 查看招生章程时应注意哪些内容？

（1）**专业类型**：对于想要报考公安联考或司法联考的考生来说，需要特别注意报考院校招生专业类型，**确定哪些专业能够报考公安联考或是司法联考。而且有些警校的招生专业并不是本科范围，而是专科。**

（2）**招生分组和比例**：需要注意的是，**警校都是按需招生，有些是按照公安局的需求，有些是按照省（区、市）招生计划的需求。而且对于一些特定专业会有性别限制等**。比如，在山西警察学院的招生简章中提到，公安专业招生计划，由山西省公安厅会同有关政策主管部门共同编制后报公安部审批。分专业计划由学院根据办学条件和培养能力拟定，并报省公安厅、省教育厅主管部门审核和公布。

在中国人民警察大学的招生简章中提到，警察大学贯彻公安院校公安专业人才招录培养制度改革要求，坚持按需招生、以用定招，根据各省（区、市）公安厅（局）、新疆生产建设兵团公安局和公安部铁路公安局以及国家移民管理局提出的公安专业人才培养需求，统筹编制分入警就业面向（面向地方公安机关、铁路公安机关、移民管理机构入警就业）、分省份、分科类（或选考科目要求）、分专业、分男女的公安专业招生计划。

由于公安工作具有高负荷、高对抗、高压力、高风险等特点，警察大学公安专业女生计划数不超过招生计划总数的15%。

（3）**体检合格标准：**以中国人民警察大学为例，体检的项目和标准参照《公务员录用体检通用标准（试行）》《公务员录用体检特殊标准（试行）》有关规定执行。同时，还应符合下列条件：

① 身高：男性170厘米及以上，女性160厘米及以上；

② 体重指数（单位：千克/米^2）：男性在17.3至27.3（含本数，计算时四舍五入保留小数点后一位，下同），女性在17.1至25.7；

③ 视力：任何一眼裸眼视力4.8及以上；

④ 色觉：无色盲，无色弱；

⑤ 外观：无少白头，无胸廓畸形，无脊柱侧弯、驼背，膝内翻股骨内髁间距离不超过7厘米，膝外翻胫骨内踝间距离不超过7厘米，无足底弓完全消失的扁平足，身体无影响功能的瘢痕，面颈部无瘢痕，无下肢静脉曲张，无腋臭，共同性内、外斜视不超过15度，无唇、腭裂或唇裂术后无明显瘢痕。

（4）**体测合格标准：**以中国人民警察大学为例，体能测评的项目和标准参照《国家学生体质健康标准（2014年修订）》有关规定执行，具体如下：

① 50米跑。可测次数：1次，合格标准：男性≤9.2秒，女性≤10.4秒；

② 立定跳远。可测次数：3次，合格标准：男性≥2.05米，女性≥1.5米；

③ 1000米跑（男）/800米跑（女）。可测次数：1次，合格标准：男性≤4分35秒，女性≤4分36秒；

④ 引体向上（男）/仰卧起坐（女）。可测次数：1次，合格标准：男性≥9次/分钟，女性≥25次/分钟。

以上 4 个项目应当全部进行测评。其中，有 3 个及以上达标的，体能测评结论为合格。

（5）**专业成绩要求：一些特殊专业，对于单科成绩是有一定要求的，比如涉外的专业对外语选课的要求**。比如，在中国人民警察大学的招生简章中提到，警察大学边防管理、移民管理、出入境管理专业外语必修课程可选择英语、日语、俄语。涉外警务专业外语必修课程可选择英语、日语、俄语、法语、西班牙语，报考该专业考生，**其外语成绩不得低于外语单科总分的 70%。其他专业外语必修课程为英语，请非英语语种考生慎重报考。**

（6）**录取原则：** 以中国人民警察大学为例，执行"分数优先"的录取规则。根据招生计划，按照进档考生投档分数从高到低的顺序依次录取，依据考生专业志愿确定录取专业，各专业志愿之间不设级差。对于所有专业志愿都无法满足的考生，若服从专业调剂，则做调剂录取；若不服从专业调剂，则作退档处理。警察大学在按照顺序志愿投档的省（区、市），若第一志愿生源不足，接收非第一志愿考生。警察大学未完成的招生计划，经报省级招生考试机构同意后，通过公开征集志愿录取。征集志愿录取规则与前款规定一致。

■ 可以报考的警校有哪些？有什么专业可以选择？

一般，考生报考警校是为了毕业后成为一名警察，公安联考和司法联考是应届生进入公安系统的好机会；但不是所有警校毕业生都能参加公安联考和司法联考，因此，建议优先选择报考能参加公安联考或司法联考的院校和专业。

1. 公安联考

公安联考，正式名称为**公安院校联考**，是公安机关面向全国公安院校中公安专业的应届毕业生组织的统一招录人民警察的考试。这一考试的特点在于其对象特定，仅限于公安院校的**公安专业应届毕业生，且每人一生只能参加一次。**

公安联考的选岗分为**一批岗、调剂岗和二批岗**，选岗规则相对复杂。简单来说，就是考生按成绩高低选择岗位，原则上回生源地。选岗分为两个批次：
第一个批次：公安部机关及直属单位，铁路、交通、民航、海关缉私机关招录。
第二个批次：地方公安机关招录。 但是若学生为一名某省当地公安职业学院学生（只招该省份的学生），其只有如下一种选择：参加第二批选岗。

考试内容主要包括申论、公安专业基础知识和行测（机考）3门科目，一般在每年1月份，元旦后的周末进行。

2. 可以报考公安联考的警校

2024年，**可以参加公安联考的警校共有35所**，其中有公安部直属院校、省属本科院校（公安专业一般只招本省学生，在本省属于二本学院）、省属专科院校（除西藏警官高等专科学校外，公安专业一般只招本省学生）。**为方便选公安联考的考生参考，下面表格中的专业仅仅是公安专业。**

可以参加公安联考的学校及其专业

类别	学校名称	公安专业
公安部直属院校	中国人民公安大学	治安学、治安学（警察法学方向）、侦查学、公安情报学、犯罪学、公安管理学、涉外警务、警务指挥与战术、公安政治工作、移民管理、刑事科学技术、交通管理工程、安全防范工程、网络安全与执法、公安视听技术、数据警务技术
	中国刑事警察学院	治安学、侦查学、禁毒学、警犬技术、经济犯罪侦查、公安情报学、涉外警务、刑事科学技术、公安视听技术、网络安全与执法、数据警务技术
	南京警察学院	治安学、侦查学、警犬技术、公安情报学、公安管理学、警务指挥与战术（特警方向）、刑事科学技术、刑事科学技术（试听技术方向）、网络安全与执法、数据警务技术、食品药品环境犯罪侦查技术
	郑州警察学院	治安学、治安学（城轨安全与执法方向）、侦查学、公安管理学、警务指挥与战术、铁路警务、刑事科学技术、网络安全与执法
	中国人民警察大学	边防管理、移民管理、出入境管理、警务指挥与战术（含无人驾驶航空器警务应用方向）、公安政治工作、公安情报学、涉外警务、网络安全与执法、数据警务技术（含装备管理信息化方向）、刑事科学技术、食品药品环境犯罪侦查技术
省属本科院校	北京警察学院	侦查学、治安学、公安管理学、涉外警务、刑事科学技术、网络安全与执法、交通管理工程、警犬技术
	山西警察学院	侦查学、经济犯罪侦查、治安学、禁毒学、公安管理学、公安情报学、交通管理工程、刑事科学技术、公安视听技术、网络安全与执法、警务指挥与战术

续表

类别	学校名称	公安专业
省属本科院校	辽宁警察学院	刑事科学与技术、交通管理工程、网络安全与执法、公安视听技术、治安学、侦查学、经济犯罪侦查、警务指挥与战术、犯罪学
	吉林警察学院	侦查学、治安学、经济犯罪侦查、公安情报学、禁毒学、涉外警务、刑事科学技术、交通管理工程、网络安全与执法、公安视听技术、数据警务技术、食品药品环境犯罪侦查技术
	上海公安学院	治安学、侦查学、警务指挥与战术、网络安全与执法、刑事科学技术
	江苏警官学院	刑事科学技术、侦查学、治安学、公安管理学、经济犯罪侦查、涉外警务、网络安全与执法、交通管理工程 警务指挥与战术
	浙江警察学院	治安学、侦查学、涉外警务、经济犯罪侦查、警务指挥与战术、刑事科学与战术、交通管理工程（智能交通方向）、网络安全与执法、网络安全与执法（数据警务技术方向）
	福建警察学院	侦查学、经济犯罪侦查、国内安全保卫、禁毒学、治安学、公安政治工作、警务指挥与战术、刑事科学与技术、食品药品环境犯罪侦查技术、交通管理工程、网络安全与执法
	江西警察学院	公安政治工作、侦查学、刑事科学技术、刑事科学技术（警犬侦查方向）、食品药品环境犯罪侦查技术、治安学、交通管理工程、网络安全与执法、网络安全与执法（安防工程方向）、公安管理学、经济犯罪侦查、警务指挥与战术
	山东警察学院	侦查学、治安学、经济犯罪侦查、公安情报学、刑事科学技术、交通管理工程、网络安全与执法
	河南警察学院	侦查学、治安学、刑事科学技术、交通管理工程、网络安全与执法、警务指挥与战术、经济犯罪侦查、公安管理学、治安学（公安法制方向）、涉外警务、反恐警务、数据警务技术、食品药品环境犯罪侦查技术、刑事科学技术（警犬方向）
	湖北警察学院	侦查学、经济犯罪侦查、治安学、警务指挥与战术、涉外警务、网络安全与执法、刑事科学技术、交通管理工程
	湖南警察学院	侦查学、治安学、交通管理工程、刑事科学技术、网络安全与执法
	广东警察学院	治安学、侦查学、经济犯罪侦查、禁毒学、刑事科学技术、交通管理工程、警务指挥与战术、网络安全与执法
	广西警察学院	侦查学、禁毒学、治安学、经济犯罪侦查、警务指挥与战术、治安学、公安管理学、刑事科学技术、犯罪学、交通管理工程、网络安全与执法

续表

类别	学校名称	公安专业
省属本科院校	重庆警察学院	治安学、侦查学、经济犯罪侦查、警务指挥与战术、涉外警务、公安政治工作、刑事科学技术、交通管理工程、网络安全与执法
	四川警察学院	治安学、侦查学、禁毒学、公安管理学、刑事科学技术、交通管理工程、网络安全与执法、安全防范工程和食品药品环境犯罪侦查技术、警犬技术
	贵州警察学院	治安学、侦查学、禁毒学、经济犯罪侦查、公安管理学、警务指挥与战术、刑事科学技术、交通管理工程、安全防范工程、网络安全与执法
	云南警官学院	国内安全保卫、网络安全与执法、禁毒学、交通管理工程、治安学、刑事科学技术、经济犯罪侦查、侦查学
	新疆警察学院	侦查学（维吾尔语方向）、治安学、侦查学
	甘肃警察学院	治安学、侦查学、警犬技术、刑事科学技术、网络安全与执法、刑事侦查、治安管理、道路交通管理、经济犯罪侦查
	陕西警察学院	治安管理、道路交通管理、警务指挥与战术、网络安全与执法、刑事侦查、安全保卫管理
省属专科院校	西藏警官高等专科学校	治安管理、刑事侦查、政治安全保卫、道路交通管理、经济犯罪侦查、网络安全与执法、刑事科学技术
	青海警官职业学院	治安管理（汉藏双语）、交通管理、信息网络安全监察、特警、警察管理、警察指挥与战术、刑事科学技术、国内安全保卫
	安徽公安职业学院	信息安全技术应用、治安管理、道路交通管理、特警、警务指挥与战术、刑事科学技术、网络安全与执法、刑事侦查、安全保卫管理
	天津公安警官职业学院	刑事侦查、刑事科学与技术、治安管理、警务指挥与战术、网络安全与执法、信息安全技术与应用、安全保卫管理
	河北公安警察职业学院	治安管理、刑事侦查、道路交通管理、警务指挥与战术、经济犯罪侦查、网络安全与执法、刑事科学技术、特警
	内蒙古警察职业学院	刑事侦查、治安管理、道路交通管理、刑事科学技术、网络安全与执法、特警、政治安全保卫、警犬技术

续表

类别	学校名称	公安专业
省属专科院校	黑龙江公安警官职业学院	刑事侦查、治安管理、刑事科学技术、警务指挥与战术、网络安全与执法、道路交通管理
	宁夏警官职业学院	道路交通管理、治安管理、特警、刑事执行、刑事侦查技术、安全防范技术、信息安全技术应用

注：只有提前批录取的学生才有资格参加公安联考。部属院校与省属院校毕业生的区别不大。

3. 司法联考

司法联考其实是一个通俗的说法，目的是与公安联考进行区分，需要注意的是**司法警校是不属于公安类院校的，因此不能参加公安联考**。司法联考全称是"**司法行政机关面向中央司法警官学院司法行政警察类专业毕业生招录人民警察考试**"，主要针对的是中央司法警官学院的涉警专业毕业生，且目前只有这所学校的学生可以参加。

考试时间与公安联考相同，但考试科目中少了公安专业基础知识。

此外，需要注意的是，只有**司法行政警察类专业[如监狱学、侦查学、法律硕士（监所管理方向）等]**的毕业生才能参加司法联考。

4. 可以参加司法联考的学校

2024年，可以参加**司法联考的警校共有16所**，其中仅有一所本科学校，其余都是专科学校。**为方便选择司法联考的考生参考，下面表格中的专业仅仅是司法行政类专业。**

学校名称	司法行政类专业
中央司法警官学院（本科）	监狱学各方向、侦查学、法律硕士（监所管理方向）、司法警察学、禁毒学、数据警务技术
四川司法警官职业学院	法律事务、司法警务、刑事执行、行政执行、罪犯心理测量与矫正技术、社区矫正、刑事侦查技术、安全防范技术、司法信息技术、司法信息安全

续表

学校名称	司法行政类专业
河北司法警官职业学院	刑事执行、行政执行、罪犯心理测量与矫正技术、刑事侦查技术、司法信息安全、司法警务
浙江警官职业学院	监狱学（含各专业方向）、侦查学（狱内侦查方向）、禁毒学（戒毒方向）、数据警务技术、司法警察学、刑事执行、罪犯心理测量与矫正技术、司法信息安全
山西警官职业学院	刑事执行、行政执行、司法警务专业
黑龙江司法警官职业学院	刑事执行、刑事侦查技术、罪犯心理测量与矫正技术、司法信息安全
安徽警官职业学院	刑事执行、刑事侦查技术、罪犯心理测量与矫正技术、行政执行、司法信息安全
江西司法警官职业学院	司法警务、司法信息技术
山东司法警官职业学院	刑事执行、刑事侦查技术、司法信息安全、行政执行
河南司法警官职业学院	刑事执行、刑事侦查技术、行政执行、罪犯心理测量与矫正技术
武汉警官职业学院	刑事执行、行政执行、刑事侦查技术、罪犯心理测量与矫正技术、司法信息安全、司法警务
湖南司法警官职业学院	刑事执行、刑事侦查技术、司法信息安全和行政执行
云南司法警官职业学院	刑事执行、罪犯心理测量与矫正技术、刑事侦查技术、戒毒矫治技术、司法信息安全
吉林司法警官职业学院	刑事执行、刑事侦查技术、戒毒矫治技术、行政执行、罪犯心理测量与矫正技术、司法信息安全
广东司法警官职业学院	刑事执行、行政执行、司法警务、刑事侦查技术、司法信息技术、司法信息安全、罪犯心理测量与矫正技术
新疆司法警官职业学院	刑事执行、行政执行

注：只有提前批录取的学生才有资格参加司法联考。除标注"本科"，其余院校均为专科。

■ 警校的报考流程是怎样的？

报考流程与重要事件节点（以 2024 年为例）

时间	步骤	备注
6月7日—9日	参加高考	—
6月中旬	政审（部分地区在高考前政审）	考生到户籍所在地或居住地的派出所领取政审表，或在所报警校官网下载政审表，填写后由派出所负责人或考察实施人员签字盖章。
6月底	查询成绩	—
7月初	查看考生名单	通过相关网站查询本人是否具有参加面试、体检、体测的资格。
7月初	面试	面试主要从报考动机、思维表达能力、身体协调能力、心理素质等方面，辨识考生是否适合接受公安院校教育和从事公安工作。
7月初	体检	体检的标准参照《公务员录用体检通用标准（试行）》《公务员录用体检特殊标准（试行）》有关规定执行，项目包括身高、体重指数、视力、色觉、外观等。
7月初	体测	体能测评的项目和标准，参照《国家学生体质健康标准（2014 年修订）》有关规定执行，包括 50 米跑、立定跳远、1000/800 米跑、引体向上 / 仰卧起坐。其中，有 3 个及以上达标的，体能测评结论为合格。
7月中旬	录取	面试、体检、体测、政审都通过即可录取，有任何一项不通过，考生均会被退档。
入学1个月内	复审复查	警校会按照有关规定再次组织检查，合格的学生予以注册学籍，不合格的则取消入学资格。

注：不同学校的考生名单公布、面试、体检、体测、录取结果公示时间均不相同，详情查询报考院校招生章程，以免错过消息通知。

■ 报考警校需要哪些材料？

因为不同院校在材料要求上可能有所不同，**请务必关注目标报考院校发布的招生简章中的要求来准备报名材料，并在规定时间内提交。**而且请确保所有材料的真实性和准确性，严禁弄虚作假。另外，部分院校可能要求邮寄材料，请务必按照院校要求选择合适的邮寄方式和地址。以下仅仅是部分常见准备材料，具体请关注报考院校招生简章。

1. **本人户口簿、身份证、准考证、《公安院校公安专业本专科招生政治考察表》**。

2. 由**考生学校**出具的考生现实表现材料，主要写明有无以下情形（学校证明材料中以下四项内容缺一不可）：

（1）有无"曾被开除团籍，或者受过撤销党内职务以上党纪处分，或者团纪、党纪处分等影响期未满或者期满影响使用；曾受到开除学籍处分"。

（2）有无"在国家法定考试中被认定有舞弊等严重违纪违规行为，或者在法律规定的国家考试以外的其他考试中被认定为组织作弊"。

（3）有无"个人档案中记载出生日期、入党（团）时间、学籍、学历、经历、身份等信息的重要材料缺失、严重失实，且在规定期限内考生无法补齐或者涉嫌涂改造假无法有效认定"。

（4）考生的表现情况。

3. **个人征信记录：**银行个人征信报告在个人信用信息服务平台（https://ipcrs.pbccrc.org.cn/）打印，或在人民银行（银行网点也可出具）出具征信记录（年满18周岁及以上年龄考生须开具）；

4. **法院被执行人记录：**在中国执行信息公开网（http://zxgk.court.gov.cn/）查询考生本人是否为"被依法列为失信联合惩戒对象"，通过首页进入"综合查询被执行人"栏目，在执行法院范围选择"全国法院"进行查询并截屏打印。

5. **考生家庭成员**［指考生的父母（监护人、直接抚养人、有共同生活经历的生父母、养父母和有抚养关系的继父母）、未婚兄弟姐妹（有共同生活经历的同父母的兄弟姐妹、同父异母或者同母异父的兄弟姐妹、养兄弟姐妹、有抚养关系的继兄弟姐妹）]**和主要社会关系人**（指考生的已婚兄弟姐妹、祖父母、外祖父母）**所在单位和村（社区）出具的现实表现材料，户籍地派出所出具的有无犯罪情况的说明，一人一份**。已去世人员填写称谓、姓名并在工作单位及职务栏备注"已故"。

6. 照片统一为1寸蓝底免冠证件照；所有**表格均不能空白，政审"具体情形"由派出所负责勾选；政治考察表格，4面正反打印在一张A3纸上，不能调整表格格式，必须手写**。

注：所有资料一式两份，交至户籍地派出所审核。

■ 警校规划建议

报考警校的优势

职业目标明确且政策支持

选择警校意味着从入学之初就明确了未来从事公安工作的职业方向。这种**明确性有助于学生在学习过程中更有针对性地提升自我，为将来的职业生涯打下坚实基础**。

系统的专业培训，提高纪律性和责任感

警校提供全面的警务知识和技能培训，包括**法律法规、刑事侦查、治安管理、交通管理、警务实战技能**等多个方面。这些培训内容旨在使学生全面掌握公安工作的基本要求和技能，为将来的工作做好充分准备。警校生活强调纪律性和责任感，通过**严格的军事化管理、体能训练以及日常行为规范，培养学生的自律性、团队精神和责任感**。这些品质对于未来从事公安工作至关重要。

身体素质的提升

警校注重学生的体能训练，通过高强度的**体能训练，提高学生的身体素质、耐力和反应能力**。这对公安工作中需要面对的各种复杂环境和紧急情况具有重要意义。

> **就业前景广阔**

随着社会治安形势日益复杂，公安工作的重要性日益凸显。警校毕业生在就业市场上具有较高的竞争力，不仅可以在**公安机关工作，还可以在司法、安全、民政等相关领域找到适合自己的岗位。**

> **社会认可度高，实现个人价值**

警察作为维护社会治安、保障人民生命财产安全的重要力量，其职业形象在社会中具有较高的认可度。成为警校生并最终成为一名警察，可以获得社会的广泛尊重和认可。公安工作是一项充满挑战和奉献的职业，通过**参与打击犯罪、维护社会稳定等任务**，警校生可以实现自己的个人价值和社会价值，为社会的和谐稳定贡献自己的力量。

报考警校的局限性

> **专业选择受限和就业前景单一**

警校的教育体系主要围绕警务知识和技能展开，因此提供的专业选择相对有限。学生**可能无法像在综合性大学那样，自由选择各种学术和兴趣导向的专业。**警校毕业生的主要就业方向是警察系统，包括公安、司法、安全等部门。虽然这些领域有其独特的魅力和价值，但这也意味着毕业生的职业道路可能相对固定，**缺乏在其他行业或领域的就业机会。**

> **职业风险**

警察工作本身就存在一定的职业风险，**包括身体伤害、心理压力等**。报考警校生需要充分认识到这一点，并具备相应的心理准备和应对能力。

> **社交圈子相对固定**

由于警校的特殊性质，学生的社交圈子可能相对固定，**主要围绕警务领域展开**。这可能会限制学生的社交视野和人际关系网络。

政审和选拔标准严格

报考警校需要通过严格的政审和选拔过程,包括**身体检查**、**心理测试**、**面试等多个环节**。这些标准通常较高,可能会排除一部分不符合要求的学生。大部分警校存在地域限制,会优先录取本省或特定地区的考生,这可能会限制一些外地学生的报考机会。

学术发展受限

尽管警校也会提供一定的学术教育和研究机会,但**相较于综合性大学,其学术资源和研究氛围可能较为有限**。这可能会限制学生在学术领域的深入发展和探索。

警校常见问题

进入警校就有编制吗?

不是的,进入警校后,仅那些成功通过公安联考的考生有机会获得编制。值得注意的是,**公安联考的通过率较高**。然而,考生需明确自己是否具备参加该联考的资格,这一资格通常要求考生通过提前批录取进入警校,并选择了公安类专业。因此,**考生在选择进入警校及专业时,应慎重考虑以确保自己具备未来参加公安联考的资格**。

政治审查到什么程度?

政治审查(简称"政审")通常涉及两代人的审查,评估范围包括毕业生个人、其家庭成员[具体为配偶、父母(即监护人或直接抚养人)、子女、未婚的兄弟姐妹以及主要社会关系(已婚的兄弟姐妹、祖父母、外祖父母)]。审查内容聚焦于这些人员是否存在违法犯罪行为及其现实表现。原则上,要求三代以内无违法犯罪记录。尽管理论上仅要求无违法犯罪记录,但无行政处罚记录是更为理想的状态。

可以报考其他省份的警校吗？

在大多数情况下，考生报考警校的选择受到限制，**主要限于本省警校或国家部属院校，仅西藏、云南等特定地区可能有例外**。具体而言，以2024年河北考生为例，其报考警校的范围仅限于河北公安警察职业学院、浙江警察学院（涉外警务专业）及国家部属的相关院校，而不具备报考如上海公安学院、江苏警官学院等其他省份警校的资格。就警校毕业生的就业前景而言，**本科与专科层次的学生在就业上的差异并不明显**。这是因为警校毕业生的就业主要是通过参加公安联考后由相关部门进行岗位分配实现的。因此，关键在于能否参与公安联考，而非学历层次或具体专业的限制。

警校对于选科有要求吗？

有一定要求。以2024年的中国人民警察大学为例，在北京、天津、上海、浙江、山东、海南6个省（市），报考公安学类专业招生计划要求必选政治，报考公安技术类专业招生计划要求必选物理和化学；在河北、辽宁、吉林、黑龙江、江苏、安徽、福建、江西、湖北、湖南、广东、广西、重庆、贵州、甘肃15个省（区、市），招生计划分为A类、B类、C类。其中，报考A类招生计划要求首选科目为历史，再选科目必选政治；报考B类招生计划要求首选科目为物理，再选科目必选政治；报考C类招生计划要求首选科目为物理，再选科目必选化学。

总的来说，**报考公安学类专业需要选择政治，而报考公安技术类专业则需要选择物理和化学**，如果打算报考警校，建议选科组合为物理、化学和政治。

不同警校、不同高考综合改革的省（区、市）都会导致招生专业对于选科的要求改变，具体要求需要查看报考意向的院校招生简章或当地政策。

学什么专业就业好？

实际上，**在警校本科阶段的专业选择对于未来就业岗位的直接影响较小，因为大多数学生将通过公安联考后，由户籍所在地的公安厅根据实际需求分配岗位**。这意味着，即使本科阶段主修刑侦等专业，最终也有可能被分配到交警等岗位，具体取决于公安厅的岗位空缺情况。因此，**对于有意进入警校的学生而言，关键在于以提前批公安类专业入学，从而确保获得参加公安联考的资格。**

对于希望参与司法联考的学生，则需在专业选择上更为谨慎。以中央司法警官学院为例，欲参与司法联考，学生需选择监狱学各方向、侦查学、法律硕士（监所管理方向）以及新增的司法警察学、禁毒学、数据警务技术等特定专业，其他非相关专业的学生则不具备此资格。同样，**若学生计划在专科院校参与司法联考，也须确保选择的是司法行政警察类专业**，具体可参照各院校当年的招生简章以获取最新信息。

> **想当内勤警察（网络技术、户籍警察）可以报考什么专业？**

内勤警察的职责范围广泛，包括但不限于**网络技术的维护与执法、户籍管理**等工作。为了适应这些职责，选择相关的专业是非常重要的。以下是一些适合内勤警察的专业：

1. **公安管理类专业**：如**治安学、侦查学、公安情报学、犯罪学**等。这些专业提供了对社会治安、刑事案件侦查、公安情报的搜集与分析等方面的系统学习，对于内勤警察来说，这些知识都是非常有用的。

2. **技术类专业**：刑事科学技术专业涉及**刑事案件的现场勘查、物证检验、法医学鉴定**等技术支持工作，而网络安全与执法专业则专注于**网络安全事件的调查处理、网络犯罪的侦查和打击**等工作。这些专业对于想从事网络技术警察的学生来说是非常适合的选择。

3. **行政管理类专业**：行政管理专业培养学生在公安局进行日常行政管理工作，如**人事管理、财务管理、后勤保障**等。这对于内勤警察的日常运作和管理是非常重要的。

警校生的一天是什么样子的，和普通大学有什么不同？

总的来说，警校生与普通大学生比较，纪律要求严格很多，比如在**作息时间、外出管理、内务管理、行为举止等方面都有严格要求**。

1. **作息时间规律**：警校生的作息时间非常严格，**晚上十点半睡觉，早上六点起床集合**，列队点名跑步，随后吃早饭、整理内务，八点前列队点名后去上课。周末也不例外，八点钟要列队点名，最好不要有睡懒觉的念头。

2. **外出管理严格**：警校实行**严格的管理制度**，警校生外出须请假，上课期间不得外出，而且非常注重考勤，所以注意不要随意外出而导致缺勤。周末外出通常不用请假，但要在规定时间内回校，不可在外留宿，有些警校甚至周末外出也需要请假。

3. **内务管理检查**：与普通大学不同，警校生的内务管理也非常严格。被子要叠成豆腐块，卫生必须打扫干净，寝室内物品必须摆放整齐，督察每周例行检查。

4. **行为举止规范**：在教学区域行走时，警校生要求二人成行，三人成列，四人成方，五人以上走队列。

5. **日常训练和文化课学习并行**：警校生除了日常的体能训练外，还要进行文化课学习。考级考证对他们来说也不在话下，比如学校的法考氛围就十分浓厚。此外，警校生上课时手机要上交，并没有上课玩手机、点外卖的机会。

6. **有一些特殊课程**：警校生除了日常训练外，还有一些特殊课程，比如为警务指挥与战术专业人才培养方案开设的专业必修课程，力求使学生能够较系统地掌握格斗必需的基础理论、基本知识和基本技能，掌握必备的格斗技巧和战术、训练和方法，具备制服犯罪分子（嫌疑人）的综合实战能力。

官校升学路径解读

10

■ 什么是官校？

官校通常指"五大官校"，具体是指在**本科提前批**招生的五所规模不大、背景深厚的高校，它们因其毕业生**进入公务员**序列的比例较高而被称为"官校"。分别是：外交学院、国际关系学院、中国消防救援学院、北京电子科技学院、上海海关学院。

■ 五大官校特色介绍

1. 外交学院

（1）院校背景

外交学院是以服务中国外交事业为宗旨，培养一流外交外事人才的小规模、高层次、特色鲜明的**外交部唯一直属高校**，是**财政部 6 所"小规模试点高校"之一**，也是**国家"双一流"建设高校**。该校在周恩来总理倡议下于 1955 年成立，周总理亲笔题写校名，时任国务院副总理兼外交部部长陈毅元帅担任外交学院首任院长。未来想要进入外交部或者政府机关的考生可以考虑报考外交学院。

（2）毕业去向

许多学生报考外交学院的目的是进外交部，但是外交部对毕业生的录取标准以及要求比较高，每届学生**进入外交部的比例在 30% 到 40%**。

外交学院的毕业生常见就业方向如下：

① **进入外交部**。根据外交学院官网信息，外交学院每年会从全校**外语类**、**翻译类专业**的本科一、二年级或研究生一、二年级在校生中，选拔推荐一定数量综合素质好、品学兼优的学生到外交部，通过**考试、体检和政审**后，成为外交部外交人才**定向培养**人选，毕业后经**入部考试合格**即正式录用为外交部公务员。当然，除了外交学院，其他高校的学生也有资格参加外交部的定向培养，如北京外国语大学、上海外国语大学、复旦大学、南开大学、中国人民大学等，涉及的专业主要是语言类或者政法类的国际法方向。但是，**在外交部定向培养**

的学生中，**外交学院的人数最多**，有 40—50 人。外交学院向外交部输送毕业生的比例在全国高校中名列前茅，2022 届本科毕业生中入职外交部人数占签约就业总人数的 36.36%。

② **通过国考进入政府机关**。国考对于外交学院的学生来说难度不大，因为国考面试的内容是外交学院平时的学习内容，所以通过率比较高。

③ 其他。除了政府机关外，外交学院学生也有其他去向，比如进入**国企、民企、新闻单位、教学科研机构、国际组织等从事相关工作**。以 2022 届本科毕业生为例，截至 2022 年 12 月 31 日，外交学院实际就业学生中，在机关就业的比例为 44.00%，在国有企业就业的比例为 16.00%，在其他企业就业的比例为 21.33%。

（3）报考注意事项

外交学院在本科提前批次招生录取，按照教育部批准的招生计划，实行网上远程录取。学校会在高考成绩公布后，在当地**本科一批**录取最低控制分数线（含）以上且符合学校录取标准的考生中从高分到低分择优录取。对于合并本科批次的省（区、市），则在当地本科录取最低控制分数线（含）以上且符合学校录取标准的考生中从高分到低分择优录取。

确定录取专业时按实际高考总分排列，**由高分到低分**根据考生填报专业志愿情况依次录取；各专业间不设定志愿级差；如所填报专业志愿无法满足，服从调剂者，将由外交学院根据分数调剂到招生计划尚未完成的专业；不能满足所填报专业志愿又不服从调剂者，将做退档处理。

在施行提前批次顺序志愿的省（区、市），在第一志愿考生生源不足的情况下，可录取非第一志愿考生，按实际高考总分由高到低择优录取；若符合条件的非第一志愿考生生源仍不足，采取征集志愿录取。外交学院在施行提前批次平行志愿的省（区、市），在招生计划未完成的情况下，采取征集志愿录取。通过上述形式仍未完成的剩余招生计划，经学院本科招生委员会和教育部批准后调剂到其他生源质量好的省（区、市）。

所有报考该校的考生**必须参加所在地省级招生考试主管部门统一组织的高考外语口试**（省级招生考试主管部门不组织高考外语口试的省份除外），且口试成绩达到合格（含）以上者方可录取。外交学院不再单独组织外语口试和专业面试。但该校对新疆协作计划（民族班）、内地西藏高中班、内地新疆高中班考生高考外语口试暂不作要求。

外交学院在各省（区、市）英语、翻译、法语、日语、西班牙语等语言类专业只招英语语种考生，非语言类专业不限外语语种。但外交学院非语言类专业的英语课程起点高、比重大，部分专业课程直接用英语授课，非英语语种考生须慎重报考。

根据学校特点（毕业生有从事外交外事工作的特殊需要），凡有**口吃、嘶哑或有口腔、耳鼻喉科疾病**之一而妨碍发音者，以及有听力障碍、面部疤痕、血管瘤、黑色素痣、白癜风、步态异常、驼背、肢体残疾的考生**不宜就读**。

2. 国际关系学院

（1）院校背景

国际关系学院是一所位于北京市的全国重点大学，由中华人民共和国教育部直属，始建于1949年，学院位于北京海淀三山五园核心区域，地理位置和教育科研环境优越。学院在周恩来总理的关怀下成立，陈毅副总理亲笔题写校名，长期受到党和国家领导人的重视和关怀。

（2）毕业去向

国际关系学院本科生不像外交学院那样有定向培养，大约**20%的本科生会进入国家机关单位**，约80%的毕业生自主就业。以下是国际关系学院毕业生的主要毕业去向：

政府机关：国际关系学院的学生在公务员考试中具有一定的优势，可报考外交部、国安部、安全局等部门。

新闻媒体：毕业生可以选择进入新闻媒体行业工作，如中央电视台、环球网等。

国企/事业单位：可以从事外交、翻译等工作。

其他：部分毕业生会选择继续攻读硕士或博士学位，一些毕业生也会进入外企或民企工作，如四大会计事务所、快消公司，以及百度、阿里巴巴、腾讯、华为、字节跳动等互联网科技公司。

（3）报考注意事项

学校按照教育部批准的招生计划和该校录取条件［**综合改革省（区、市）在本科线上，非综合改革省（区、市）在本科一批线上**］从高分到低分实行网上远程录取。

经教育部批准，2024年该校在**北京、天津、河北、山东、河南、重庆、云南、浙江组织本科招生面试**，国家专项计划考生及其他省份考生不面试。凡在2024年高考第一志愿填报"国际关系学院"，高考成绩达到面试资格分数线，且符合该校本科招生章程规定报考条件的，均须参加面试，面试合格后进入网录程序。

2024年报考考生**出生日期**为2002年9月1日及以后（每年顺延）；考生拥护中国共产党的领导，政治立场坚定，品学兼优，无违法违纪行为；家庭及主要社会关系历史清楚，无重大问题。

男生**身高**应在170厘米及以上，女生身高应在160厘米及以上，男女生体重均在上限标准及以下；**体重**上限标准为［身高（厘米）－110］×1.4公斤。

考生应身心健康，无严重急慢性疾病，无传染病；五官端正，面部及身体各部位无明显特征和缺陷；**左右眼矫正视力在4.8以上，无色盲、色弱、斜视、对眼等眼疾**；听觉、嗅觉正常，无影响外语学习的听力和发音系统疾病。

录取男女生比例总体为1∶1。

3. 中国消防救援学院

（1）学校概况

中国消防救援学院前身是1978年9月成立的黑龙江省武装森林警察总队教导队，历经武警森林警察学校、武警森林学校、武警森林指挥学校、武警警种指挥学院、武警警种学院5个发展时期。2018年9月，以原武警警种学院为基础更名组建，并于同年12月挂牌成立。

学院是**应急管理部直属高等院校**，是国家综合性消防救援队伍的重要组成部分，实行"院－部系"两级管理，主要**承担国家综合性消防救援队伍初级指挥员培养工作**，包括干部学历教育、继续教育、在职培训、应急管理和消防救援科学技术研究、决策咨询及相关交流合作等，**参加重大应急救援机动增援任务**。

学校"三免"，即免学费、免住宿费、免生活费，还会发服装津贴。

（2）毕业去向

中国消防救援学院的毕业生就业去向主要为**消防救援队伍或相关单位**。

学员毕业并通过**中央公务员主管部门会同应急管理部组织的统一考试**，原则上按照**属地分配**原则，录用为国家综合性消防救援队伍干部。其中消防指挥专业（直升机飞行与指挥方向）、航空航天工程专业的学员毕业按生源地就近录用到应急管理部森林消防局两个航空救援支队，生源地为山西、辽宁、吉林、黑龙江的，录用为大庆航空救援支队干部；生源地为广西、重庆、四川、贵州、云南的，录用为昆明航空救援支队干部。

未能录用为干部的，可按培养方向到生源省（市、区）相应总队当消防员；不愿到队伍当消防员的，按普通高等学校毕业生自主就业。消防指挥（直升机飞行与指挥方向）、航空航天工程专业的学员，入学时须签订培养协议，毕业时根据招录干部计划，按培养协议约定的就业去向报考相应航空救援队伍招录职位。

（3）报考注意事项

招生对象为当年普通高等学校招生全国统一考试报名的高级中等教育学校毕业生，年龄**不超过22周岁**，具有中华人民共和国国籍，且须有明确的生源地，参加生源地省级消防员招录工作办公室组织的**政治审查、体格检查、心理测试、面试**，结论须均为合格。

投档分数达到生源省（市、区）本科第一批次录取控制分数线，并符合学院调档要求的考生，执行"分数优先"的录取规则，按照考生投档分数从高到低的顺序录取并确定专业和培养方向，确定专业时不设专业级差。

在身体要求方面，**身高**：男性身高162厘米以上，女性身高160厘米以上。**体重**：男性体重不超过标准体重的30%，不低于标准体重的15%；女性体重不超过标准体重的20%，不低于标准体重的15%［标准体重（公斤）=身高（厘米）-110］。**视力**：裸眼视力低于4.5，不合格；任何一眼裸眼视力低于4.9，需进行矫正视力检查，任何一眼矫正视力低于4.9或矫正度数超过600度，不合格。**色觉**：色盲，不合格；色弱但能够识别红、绿、黄、蓝、紫各单色者，合格。**听力**：双耳均有听力障碍，不合格；但一侧耳语达到5米，另一侧不低于3米，合格。**其他**：嗅觉迟钝，不合格。

新生入学一个月内，学院按照有关规定组织开展**档案审核、政治复核和体格复检**。档案审核、复核复检合格的，予以注册学籍；**不合格的，取消入学资格**。

4. 北京电子科技学院

（1）学校概况

北京电子科技学院创建于1947年8月，是一所为全国各级党政机关培养**密码保密**和**信息安全**专门人才的普通高等学校，学院**隶属于中共中央办公厅**。

（2）毕业去向

北京电子科技学院的毕业生就业去向主要为党政机关。该校为全国各级党政机关培养信息安全和办公自动化专门人才，学生在**大四时会统一参加内部公务员考试**，合格后取得公务员身份，再进行**双向选择就业**。2023年北京电子科技学院党政机关就业的本科毕业生，占已就业毕业生的95.35%。

需要注意的是，虽然北京电子科技学院的毕业生在成为公务员方面有一定的优势，但**并不是所有毕业生都能直接成为公务员**，毕业生仍须参加本校内部的公务员考试，内部考试与统一公务员考试在内容上并无差别，通过政审、面试和体检环节，符合要求的考生才会被择优录取。并根据分数被分配给不同等级的政府部门。

（3）报考注意事项

招生对象为符合高考报名条件的应届普通高中毕业生，身体健康，未婚，**年龄**不超过20周岁（2024年招生对象应于2004年9月1日以后出生）；

考生应为**中共党员（预备党员）或共青团员**（以填报高考志愿时为准）；

考生父母、兄弟姐妹以及与本人关系密切的其他主要社会关系，应具有中华人民共和国国籍，爱国守法，拥护中国共产党，拥护社会主义，无重大政治历史问题。父母、兄弟姐妹未在境外工作（不含公派出境）、生活、定居，未在境外驻华机构工作；

本人和家庭成员没有参与法轮功和其他邪教的行为；

考生身体条件除执行教育部等相关部门联合印发的《普通高等学校招生体检工作指导意见》外，还须符合无明显视功能损害眼病，双眼矫正视力均不低于4.8（小数视力0.6）的要求；

高考报考语种为英语；

该校优先录取第一志愿考生。

5. 上海海关学院

（1）学校概况

上海海关学院是**海关总署唯一直属**的全日制本科高等学校。

海关管理专业是世界海关组织PICARD标准（是一个包含国际化理念的海关人才专业标准）认证专业，是该校的王牌专业。未来想进入海关领域就业的考生可以考虑报考该校。

（2）毕业去向

上海海关学院的毕业生去向主要包括以下几个方面：

公务员岗位：由于学校的特色专业如海关管理专业，很多学生在毕业后选择考取公务员，尤其是**海关系统**的公务员岗位。2023届毕业生中，党政机关、高等教育单位吸纳了420人，占总就业人数的62.31%。

考研深造：部分学生选择继续深造，攻读研究生学位。根据2023届的数据，国内升学（含研究生、第二学士学位）的人数为27人，出国（境）深造的有25名。

其他就业形式：包括签订三方协议、劳动合同、义务兵役等直接就业形式，以及灵活就业，如自主创业和自由职业等。

（3）报考注意事项

招生对象为参加普通高等学校招生全国统一考试并且思想品德考核合格的考生。

外语语种：学校各专业教学培养外语教学语种为**英语**，非英语语种的考生谨慎报考。

根据相关规定和学校招生章程，该校**海关管理、海关检验检疫安全、海关稽查专业**录取的女生比例原则上不超过 30%。

报考海关管理、海关检验检疫安全、海关稽查专业的考生原则上应具备男性身高不低于 168 厘米，女性身高不低于 158 厘米，体型匀称；双眼矫正视力均不低于 4.8（小数视力 0.6），无明显视功能损害眼病；五官端正，面部无疤痕等明显特征和缺陷；无各种残疾等条件。

上海海关学院**不可以转专业**，唯一的途径是通过参加大学生征兵并在部队立三等功，两年后可以从非海关专业转到海关专业。考生如果未来想进入海关工作，最好学习海关检验检疫安全、海关管理、海关稽查专业，因为公务员考试只招这些专业的毕业生。

■ 官校适合哪些学生？

1. 有志于以公务员为职业：对于希望未来从事公务员工作，特别是希望在党政机关、海关、外交、消防救援等领域工作的学生，五大官校提供了专业的培训和较高的入编率。

2. 对特定专业有浓厚兴趣：如果学生对外交、国际关系、信息安全、海关管理等五大官校的特色专业有浓厚兴趣和职业规划，这些学校将是理想的选择。

3. 愿意接受严格的选拔和训练：五大官校通常有较为严格的招生标准和训练体系，适合那些愿意接受高标准要求和系统训练的学生。

4. 重视就业保障：对于那些看重毕业后就业保障，希望有稳定工作的学生，五大官校的高就业率和入编率具有很大吸引力。

5. 有较强的政治意识和责任感：由于五大官校毕业生多进入国家机关工作，需要有较强的政治意识和社会责任感，适合那些愿意为国家和社会服务的学生。

6. 适应特定的校园文化：五大官校的校园文化可能相对特殊，适合那些能够适应这种文化，愿意在较为封闭和集中的环境中学习生活的学生。

7. 有良好的身体素质：部分官校如中国消防救援学院对学生的身体素质有较高要求，适合体能好、能够通过相关体检标准的学生。

8. 家庭支持：报考五大官校可能需要家庭的支持和理解，特别是对于那些有特定职业规划和对学校特殊性有充分认识的学生。

总之，五大官校适合那些对未来职业有明确规划，愿意接受专业训练，有志于服务国家和社会，并且能够适应学校特定要求的学生。

■ 官校规划建议

报考官校的优势

高就业率和入编率

五大官校的毕业生通常有很高的就业率，特别是进入公务员序列的比例较高。例如，北京电子科技学院的**入编率高达 90%**，**中国消防救援学院的入编率甚至可达 100%**。

专业特色鲜明

这些学校都有自己独特的专业设置，如外交学院以培养外交官为宗旨，国际关系学院以外语和国际问题为教学和科研重点，上海海关学院以海关专业为特色。

政府背景

五大官校大多有政府背景，如外交学院是外交部唯一直属高校，北京电子科技学院隶属于中共中央办公厅，这为学校提供了稳定的支持和资源。

小规模、高层次教育

这些学校往往规模较小，注重精英教育，提供高质量的教学和培养环境。

特殊的招生政策

五大官校在招生时有**特殊的政策**，如北京电子科技学院要求所有毕业生参加统一的公务员考试，中国消防救援学院的学生入学后加入国家综合性消防救援队伍。

毕业生就业质量高

毕业生不仅就业率高，而且**就业质量**也非常好，很多毕业生能够进入国家重要部门和机构工作。

政策支持

作为国家重点支持的高校，五大官校在政策、资金等方面能得到优先保障，有利于学校的长远发展和学生的全面成长。

报考官校的局限性

专业选择相对单一

五大官校的专业设置通常与它们特定的培养目标紧密相关，这导致学生的专业选择范围可能不如其他综合性大学广泛。

招生条件较为严格

部分官校在招生时有额外的条件，如北京电子科技学院要求考生的**视力**、**政治面貌和外语语种**等，这限制了一部分考生的报考。

就业方向较为固定

虽然官校的毕业生就业率高，但就业方向往往集中在特定的国家机关或部门，可能不适合那些希望有更多职业选择的学生。

校园文化较为封闭

由于官校的特殊性，校园文化可能相对封闭，学生的校园生活和视野可能不如其他大学多元化。

学术自由可能受限

官校可能在学术研究和讨论方面存在一定的限制，特别是涉及政治敏感话题的研究。

应试文化可能较为突出

为满足公务员考试或其他职业资格考试的要求，官校学生可能面临较大的应试压力，这可能影响学生的全面发展。

社会关系和人脉比较有限

由于官校的特殊培养目标和相对封闭的校园文化，学生的社会联系和网络可能不如其他大学生广泛，这可能会影响他们的社会适应能力和职业发展。

需要注意的是，这些局限性并不是所有官校都存在的，**具体情况会因校而异**。同时，官校的优势在很多情况下可能远大于其局限性，特别是在就业保障和社会声誉方面，家长应该综合考虑。

官校常见问题

五大官校毕业可以分配工作吗？

五大官校的毕业生就业情况各不相同，有些学校的部分专业毕业生入编率较高，但**不能简单地说五大官校毕业包分配工作，因为进入体制内基本"逢进必考"，进入"官校"并不意味铁饭碗**。北京电子科技学院的毕业生需要参加统一的公务员考试，考试由学校统一组织，校内评等级，竞争仅限于学校内部的考生，通过率较高。通过考试的学生，可以由学校向用人单位推荐，基本不愁就业。2021年，该校本科毕业生的入编率在90%左右。

中国消防救援学院的毕业生原则上按照属地分配原则，录用为国家综合性消防救援队伍干部。学生毕业后需参加中央公务员主管部门会同应急管理部组织的统一考试，考试通过率较高，入编率基本能达到100%。

上海海关学院的海关管理专业应届毕业生，进入党政机关和基层党政机关的比例在80%左右，考录为海关工作人员的比例在70%左右，但是该学校只有提前批招生的专业进入海关系统可能性大，其他专业入编优势并不明显。

外交学院的毕业生就业方向较为多元化，2021年本科毕业生中，进入外交部的比例约为6%。

国际关系学院的毕业生就业情况会因专业而异，大部分毕业生需要自己找工作。

五大官校政审在什么时候？

五大官校中，北京电子科技学院和中国消防救援学院的政审时间如下：

北京电子科技学院：7月4日—6日。该校在提前批填报，6月30日填报志愿，7月3日进行面试，7月4日—6日进行政审。

中国消防救援学院：6月30日提前批填报志愿后，考生需要参加生源地"省级消防员招录工作办公室"组织的政治考核，时间安排在面试和体能测试工作之前。

其余三所官校中，上海海关学院2023年在本科提前批次招生，外交学院在本科提前批次招生录取，国际关系学院为提前批次录取院校，三所学校均未明确说明政审时间，建议关注学校官网或相关媒体平台，以获取最新消息。

五大官校对视力有要求吗？

五大官校对视力有一定要求，具体要求如下：

北京电子科技学院：双眼矫正视力不低于4.8，即近视度数不能超过150度。

中国消防救援学院：双眼裸眼视力不低于4.5。其中，报考消防指挥、消防工程、飞行器控制与信息工程、抢险救援指挥与技术、消防政治工作、火灾勘查、航空航天工程等专业的考生，任何一眼裸眼视力不低于4.9；报考飞行器控制与信息工程专业的考生，任何一眼矫正视力不低于4.9或矫正度数不超过600度。

上海海关学院：双眼矫正视力均不低于4.8（小数视力0.6）。

外交学院：无明确视力要求。

国际关系学院：左右眼矫正视力在4.8及以上，无色盲、色弱、斜视、对眼等眼疾。

此外，部分专业对视力的要求可能会更高，具体要求可能因年份、专业等因素而有所不同，建议关注学校官网或相关媒体平台，以获取最新消息。

报考五大官校必须是共青团员吗？

报考五大官校**不一定要是团员**，但部分专业可能会有相关要求。根据北京电子科技学院 2024 年本科招生章程，报考该校的考生应为中共党员（预备党员）或共青团员。而中国消防救援学院、上海海关学院、外交学院、国际关系学院的 2024 年招生章程中，均未明确要求考生必须是团员。具体招生情况还须参考当年的招生计划和招生简章。

国际关系学院毕业生进入国安部的概率大吗？

国际关系学院的毕业生并不是如网传那般毕业就去国安部，国际关系学院与国家安全部没有必然关系，只是学习的领域与国家安全部的工作范围比较接近。**想要进入国安部，必须参加公务员考试**，每年国际关系学院大概有 30 人进入国家安全部工作，还会有一小部分进入地方国家安全局工作。

五大官校实行军事化管理吗？

中国消防救援学院实行军事化管理，要求学生统一着装、统一就寝、统一学习和统一训练等，一切按照部队的生活制度处理各项事务。

北京电子科技学院实行半军事化管理，有早上跑操的要求。

上海海关学院实行军事化管理，根据海关总署要求，学校对学生实行规范化管理，要求学生做到"内务卫生有序化、队列动作整齐化、服装穿着标准化、一日生活规范化"。

外交学院与国际关系学院不实行军事化管理。

五大官校具备保研资格吗？

院校保研资格也就是推荐校内优秀应届本科毕业生免试攻读硕士研究生。北京电子科技学院、上海海关学院、中国消防救援学院没有保研资格，外交学院、国际关系学院具备保研资格。

三大招飞升学路径解读

■ 什么是三大招飞？

三大招飞是**空军招飞、海军招飞、民航招飞**这三种招飞类型的统称。空军招飞、海军招飞是军队院校招生工作的重要组成部分，民航招飞则是由航空公司委托高校培养飞行学员。

■ 三大招飞适合哪些学生？

三大招飞对考生的**身体素质、心理素质、政治条件以及文化课成绩**等都有比较严格的要求。适合身体素质好，心理强大，政治背景清白，对飞行行业有着浓厚的兴趣且文化课成绩不错的同学报考。

■ 三大招飞可以报考的学校有哪些？

1. 空军招飞院校

空军招飞院校为**中国人民解放军空军航空大学**，主校区坐落于"北国春城"吉林长春，是军队"2110工程"重点建设院校，是我军飞行人才培养的主阵地。**学校还与北京大学、清华大学、北京航空航天大学联合培养飞行人才**，符合条件者在北京大学、清华大学、北京航空航天大学进行"双学籍"联合培养。

2. 海军招飞院校

海军招飞院校为**中国人民解放军海军航空大学**，学校本部坐落于山东烟台市区，在青岛设校区和航空训练基地。高考成绩优异且符合相关条件者，会被**推荐至北京大学、清华大学和北京航空航天大学进行"双学籍"联合培养**。

3. 民航招飞院校

民航招飞由招飞院校负责实施。2024年，经教育部批准的开设飞行技术专业（本科），并已在民航招飞系统开通账号的招飞院校如下：

2024 年民航招飞院校及其招飞计划

学校名称	招生地区	招生人数	委托培养单位
北京航空航天大学	北京、天津、河北、辽宁、吉林、黑龙江、上海、浙江、湖北、广东、重庆、陕西、新疆	具体招生计划以各省（区、市）教育考试机构发布的2024年本科生招生计划为准	中国国际航空股份有限公司、南方航空集团有限公司、东方航空股份有限公司
北京理工大学珠海学院	2024 年未发布招飞简章		
郑州航空工业管理学院	河南	20 名	东方时尚通用航空有限公司
安阳工学院	河南	以省教育考试院公布的计划数为准	中原龙浩航空有限公司等民航运输企业
黑龙江八一农垦大学	黑龙江、山东、云南	以各省教育考试机构发布的2024年本科招生计划为准	华夏航空股份有限公司、吉林省福航航空学院有限公司
南京航空航天大学	北京、天津、河北、上海、江苏、浙江、河南、湖北、湖南、广东、广西、海南、重庆、贵州	360 名左右	中国国际航空股份有限公司、中国东方航空股份有限公司、中国南方航空集团有限公司和上海吉祥航空股份有限公司
南京航空航天大学金城学院	江苏、安徽	江苏13名 安徽9名 自费	详见中国留学网公示，50所海外学校合作
常州工学院	江苏、河南、天津	35 名	公费委培：中国邮政航空有限责任公司（计划投放省份：江苏）；自费委培：华夏航空股份有限公司（计划投放省份：河南）和吉林省福航航空学院有限公司（计划投放省份：江苏、天津）

续表

学校名称	招生地区	招生人数	委托培养单位
南昌理工学院	江西	5名自费学习的飞行技术专业养成生	北京翔宇通用航空有限公司
南昌航空大学	江西、湖南、贵州、云南（公费）	以各省级教育招生考试机构发布的2024年招生信息为准	多彩贵州航空有限公司
沈阳航空航天大学	辽宁、河北（公费）	辽宁20名 河北10名	辽宁锐翔飞行培训有限公司、吉林省福航空学院有限公司、云南能投通用航空有限公司
内蒙古工业大学	内蒙古	10名，将根据高考成绩排序，前5名为公费学员，后5名为自费学员	湖北蔚蓝通用航空科技股份有限公司
山东交通学院	山东、河北、河南、湖南	60名自费学习的飞行技术专业养成生	青岛九天国际飞行学院股份有限公司、海南航空学校有限责任公司、华夏航空股份有限公司
烟台南山学院	2024年未发布招飞简章		
山东航空学院（原滨州学院）	山东、福建	山东35名 福建10名	中国国际航空股份有限公司（限山东10）、中国邮政航空有限责任公司（限山东10）、山东航空股份有限公司（山东15+福建10）
太原理工大学	山西	10名	北京翔宇通用航空有限公司
西安航空学院	陕西、河南、河北	自费飞行（教）员养成生共30名	幸福航空有限责任公司、海南航空学校有限责任公司、青岛九天国际飞行学院股份有限公司
上海工程技术大学	2024年未发布招飞简章		

续表

学校名称	招生地区	招生人数	委托培养单位
中国民用航空飞行学院	北京、河北、山西、陕西、内蒙古、黑龙江、吉林、辽宁、上海、浙江、福建、安徽、江西、江苏、河南、湖北、湖南、四川、重庆、云南、广东、山东、海南、贵州、青海、甘肃、新疆	1125 名	中国国际航空股份有限公司、中国东方航空股份有限公司、中国南方航空集团有限公司、中国邮政航空有限责任公司、四川航空股份有限公司、浙江长龙航空有限公司、厦门航空有限公司、成都航空有限公司、上海吉祥航空股份有限公司、山东航空股份有限公司、华夏航空股份有限公司、多彩贵州航空有限公司等
中国民航大学	北京、天津、河北、黑龙江、吉林、安徽、河南、湖南、重庆、山东、广西、福建、新疆	250 名安徽、山东地区考生（自费培养）；其余省份公费生	中国国际航空股份有限公司、中国东方航空股份有限公司、中国南方航空集团有限公司、山东航空股份有限公司、厦门航空有限公司、成都航空有限公司、春秋航空股份有限公司
昆明理工大学	云南、湖南、湖北	以当地省招生考试主管部门公布为准	中国东方航空股份有限公司（云南）、春秋航空股份有限公司（湖南、湖北）、多彩贵州航空有限公司（云南）

■ 三大招飞的报考条件有哪些？

1. 空军招飞报考条件

空军招飞的对象有**两类**：一是**普通高中应届、往届毕业生**，二是**军校应届本科毕业生**。这里我们只关注高中毕业生的报考条件，空军招飞院校具体如下表：

2024 年高中生报考空军招飞基本条件	
自然条件	普通高中应届、往届毕业生，招生性别以当年公布的简章为准；年龄不小于 17 周岁、不超过 20 周岁。（超出几个月的同学，存在破格可能，可以尝试联系学校咨询）

续表

	2024 年高中生报考空军招飞基本条件
政治条件	热爱祖国,热爱人民,热爱中国共产党,热爱人民军队;符合招飞政治考核标准条件;本人自愿,家长(监护人)支持。
身体条件	(1)身高在 165—185 厘米(未满 18 周岁可放宽至 164 厘米),体重不低于标准体重的 80%、不高于标准体重的 130%,标准体重(公斤)=身高(厘米)-110; (2)双眼裸眼视力 C 字表均在 0.8(约为 E 字表 5.0)以上,未做过视力矫治手术,未佩戴过角膜塑形镜(OK 镜),无色盲、色弱、斜视等。
心理条件	对飞行有较强的兴趣和愿望,思维敏捷、反应灵活、动作协调、学习能力强,性格开朗、情绪稳定、有敢为精神。心理测试(形式:在平板电脑上答题)、面试提问(关于个人、家族状态、病史等内容)。
文化条件	品学兼优,高考成绩达到本省(自治区、直辖市)统招一本线(特殊类型控制线)。

2. 海军招飞报考条件

海军招飞对象只有**普通高中应、往届毕业生**,具体的报考条件如下表所示:

	2024 年高中生报考海军招飞基本条件
自然条件	(1)普通高中应、往届毕业生,男性,理科生,高考改革省份学生须选考物理; (2)具有参加 2024 年普通高等学校招生全国统一考试资格,及海军开招地区的学籍和户籍; (3)年龄不低于 17 周岁、不超过 20 周岁(2004 年 8 月 31 日至 2007 年 8 月 31 日出生)。(超出几个月的同学,存在破格可能,可以尝试联系学校咨询)
政治条件	热爱党、热爱祖国、热爱人民、热爱社会主义;本人自愿,家长支持;本人及家庭主要成员政治历史清白,现实表现良好,未受刑事处罚,无严重违纪违法问题。
身体条件	(1)身高 165—185 厘米,体型匀称; (2)体重 52 公斤以上(未满 18 周岁体重 50 公斤以上),身体质量指数符合标准; (3)C 字视力表检查,双眼裸眼远视力不低于 0.6(约为 E 字表 4.9),无色盲、色弱、斜视; (4)眼屈光矫正手术限制有条件放开。有相关手术史的招飞对象,接受角膜屈光手术时需年满 18 周岁,手术方式为非制瓣式,参加招飞体检前手术期满 6 个月以上,术前近视不超过 400 度、散光不超过 100

续表

2024 年高中生报考海军招飞基本条件	
身体条件	度，术后裸眼远视力不低于 1.0，有原始完整的医疗记录（包括术前检查和激光手术切削参数的角膜屈光手术病历）； （5）无口吃，无文身，听力、嗅觉正常。
心理条件	立志从军、向往飞行，具备正确的飞行动机； 善于学习、思维敏捷，具备良好的认知能力； 性格开朗、乐观向上，具备稳定的情绪特征； 肢体协调、动作灵活，具备灵敏的应变反应； 勇敢果断、适应性强，具备坚强的意志品质。
文化条件	高考成绩不低于本科一批录取线（特殊类型招生控制线），外语限英语； 少数民族地区学生须参加普通（汉授）高考。

表中身体条件中的**眼科相关标准条件**，是为进一步拓宽海军飞行学员招收选拔范围而优化调整后的，于 2023 年 12 月最新发布，**较之前的标准有所放宽**。

3. 民航招飞报考条件

各大民航招飞院校的报考条件不同，主要是包括自然条件、政治条件和身体条件等，**具体可查看院校发布的招生简章**。以下为中国民航大学 2024 年招飞的报考条件。

2024 年中国民航大学招飞报考条件	
招生对象	（1）在开展招飞的地区，凡具有中华人民共和国国籍，能够参加 2024 年全国普通高校统一考试（秋季）的高中毕业生（限男性）均可报考，限英语语种，应届往届不限； （2）根据委托培养单位需求，年龄限制为 16 至 20 岁（2004 年 9 月 1 日至 2008 年 8 月 31 日），未婚，要求具有较好的英语基础，各科成绩均在良好以上； （3）北京、天津和山东三省（市）招考模式为"3+3"，选考科目为物理和化学；河北、湖南、福建、重庆、吉林、黑龙江、安徽、广西八省（自治区）招考模式为"3+1+2"，首选科目为物理，再选科目为化学； （4）新疆地区仅招收理科生，河南地区文理兼招。

续表

2024 年中国民航大学招飞报考条件	
政治思想素质	（1）符合全国普通高等学校统一招生报考条件，热爱祖国，热爱人民，拥护党的路线、方针、政策，遵守国家宪法和法律，热爱民航事业，热爱飞行工作； （2）具有高度的责任心、良好的工作态度、服务社会的意识以及团结协作的精神； （3）具有良好的道德修养、品行端正、遵纪守法，无不良行为记录，符合民用航空背景调查要求。
身体自荐标准	（1）五官端正，身心健康，生理功能正常，无传染病史和精神病家族史，无久治不愈的皮肤病； （2）根据委托培养单位需求身高168 厘米（含）—185 厘米（含）[其中，河南地区身高要求168 厘米（含）—190 厘米（含）]，校企合作招飞满足送培单位身高要求的我校予以认可，体质指数BMI 18.5（含）—24（含），无O 形腿、X 形腿； （3）任何一眼裸眼远视力不低于C 字表0.1，如做过角膜屈光手术须满足局方规定，无色盲、色弱、斜视； （4）会普通话，口齿清楚，听力正常； （5）具有敏捷的反应能力和身体协调能力，符合招飞体检鉴定医学标准。
文化条件	（1）招生录取最低控制分数线按当地当年高考文化课总分的 60% 执行； （2）英语单科原始成绩须达到 95 分（含）以上； （3）按照高考分数优先的原则从高分到低分顺序录取，招生计划录满为止。

■ 三大招飞规划建议

空军、海军招飞的优势

培养体系全面

空军和海军招飞院校都拥有全面的培养体系，旨在培养具有高素质、高技能的飞行员。一旦入选，学员将接受严格的军事化管理和专业化的知识培训，这不仅包括**基础的飞行技能训练，还涵盖了军事理论、战术运用、心理素质、体能训练等多个方面**。

从培养模式来看，两所院校主要采用**传统的军事高等教育模式，高考成绩**

优异且符合相关条件的学员，可以被推荐至北京大学、清华大学和北京航空航天大学进行"双学籍"军地联合培养，通常是采取"3+1"的模式，前三年在地方高校培养，最后一年回到原本院校进行训练，这种培养模式能让学员接受到更高质量的本科基础教育，有利于学员成长为一名综合能力超强的飞行员。

广阔的职业前景

随着国防事业的不断发展，**对高素质飞行员的需求日益增长**。飞行员通常在空中执行巡逻、侦察、运输、救援等多种任务，是国家航空力量的重要组成部分，肩负着保卫国家领空、领海的神圣使命。同时，**空军和海军也为飞行员提供了广阔的晋升空间**，优秀飞行员可以通过不断学习和实践，逐步成长为飞行指挥官、飞行教员等关键岗位上的核心人才，实现个人价值与职业理想的双重飞跃。

优厚的福利待遇

空军招飞和海军招飞都为学员提供了优厚的福利待遇。学员在培训期间，将享受军队提供的免费教育、医疗、住宿等福利，无须担心生活费用的问题。在毕业后，**飞行员将获得军队的正式编制和相应的军衔，享受军队提供的丰厚的薪酬待遇和福利保障**。空军飞行学员若达到培训要求，获得大学本科学历和学士学位，会被授予**空军少尉军衔**。海军飞行员依法享受相应的工资待遇、津贴补贴、免费医疗、休假疗养、住房保障、家属随军、子女教育优待、父母赡养补助、配偶荣誉金、配偶及未成年子女免费医疗、父母优惠医疗、救济慰问等**军官福利待遇和保障措施**，同时还享受飞行专业津贴补贴，并有机会参加海外出访、远洋护航、联合军演等军事活动。

民航招飞的优势

门槛相对较低

相比空军和海军招飞，**民航招飞的门槛相对较低**，为更多热爱飞行事业的年轻人提供了实现梦想的机会。虽然**仍对考生的身体条件、政治背景、文化水平尤其是英语水平有一定的要求，但相比军事招飞，**民航招飞的选拔标准更为灵活和多元，更加注重考生的综合素质和飞行潜力**。如空军招飞的眼科标准为双眼裸眼视力 C 字表均在 0.8（约为 E 字表 5.0）以上，未做过视力矫治手术，未佩戴过角膜塑形镜（OK 镜），无色盲、色弱、斜视等；而民航招飞则放宽了要求，以中国民航大学为例，其招飞简章中的眼科标准为任何一眼裸眼远视力不低于 C 字表 0.1，如做过角膜屈光手术须满足局方规定，无色盲、色弱、斜视。

公费培养

成为一名合格的飞行员，除了理论知识的学习，实际的飞行训练也必不可少，而进行飞行训练的成本非常高。因此，**除了少量自费生，大部分都是公费培养，学员的培训费用由送培单位，即航空公司提供**，这对于家庭经济条件一般的考生来说无疑是一个巨大的福音。通过公费培养项目，考生不仅能够免除高昂的培训费用，还能在航空公司的帮助下接受高质量的飞行培训。

校企联合培养，就业前景较好

民航招飞院校通常采用校企联合培养的模式，即航空公司与飞行院校共同制订培养计划、共享教学资源、实施教学管理。这种合作模式**确保了教学内容与行业需求的高度契合，提高了培训质量和就业率**。同时，航空公司作为用人单位，在招聘时更倾向于选择经过校企联合培养的学员，因为他们已经具备了企业所需的专业技能和职业素养。因此，通过民航招飞进入飞行院校的学员在毕业后往往能够顺利进入航空公司工作，就业前景较为广阔。

空军、海军招飞的局限性

选拔标准严格

空军和海军招飞的选拔标准极其严格，这主要体现在**身体条件、心理素质、学业成绩及政治背景**等多个方面。选拔过程中包括复杂的体检和体能测试，确保候选人有足够的体力和耐力应对飞行任务；心理素质方面，候选人需要通过严格的心理测试，以证明他们能够在压力下保持冷静，具备良好的决策能力和应变能力；学习成绩方面，空军和海军招飞通常要求候选人高考成绩达到本省（自治区、直辖市）统招一本线（特殊类型控制线），以保证他们有足够的知识基础去学习复杂的飞行理论和技能；政治背景审查也同样严格。这种严格的选拔标准，虽然保证了飞行员的高素质，但也使得能够进入空军或海军飞行行列的人才数量极为有限。

军事化管理

海军和空军院校的学员将接受严格的军事化管理。这种管理模式**不仅要求学员严格遵守各项纪律和规定，还强调集体主义和服从命令的精神**。在军事化管理的环境下，**学员的日常生活、学习和训练都受到严格的监管和约束**。例如，学员需要按照规定的时间表进行学习和训练，不能随意离开校园，甚至在假期和周末也可能有训练任务。这些**对于一些追求自由和个性发展的年轻人来说可能是一个挑战**。

职业特殊性

空军和海军飞行员的职业具有特殊性，他们不仅需要具备高超的飞行技能，还需要**随时准备应对紧急情况**，如自然灾害救援、国家安全事件等。这种特殊性要求飞行员在职业生涯中始终保持高度的责任感和使命感，随时准备为国家和人民服务。同时，飞行员的职业也**具有一定的风险性**，他们需要在复杂的气象条件和潜在的敌对环境中执行任务，这要求他们具备良好的心理素质和应变能力。此外，飞行员的职业特殊性还意味着他们的**工作和生活可能受到一定程度的限制**，如长期离家、无法经常与家人团聚等。

民航招飞的局限性

竞争激烈

民航招飞门槛相对较低，因此面临着更为激烈的竞争。随着民航业的快速发展和航空技术的不断进步，对飞行员的需求虽然持续增长，但相应的选拔标准也在不断提高。许多有志于成为民航飞行员的学生**都需要经过严格的选拔和考核**才能脱颖而出。这种激烈的竞争不仅体现在选拔过程中，还延续到后续的职业发展中。**即使成为飞行员，他们也需要面对来自同行的竞争压力**，不断提升自己的能力和素质，以适应不断变化的工作环境和市场需求。

工作压力大

民航飞行员的工作压力相对较大。他们需要**负责乘客的生命安全和航班的正常运行，任何一点小小的失误都可能导致严重的后果**。此外，飞行员的**工作时间通常不固定**，可能需要经常熬夜和应对时差，这对他们的身体和心理都是一种考验。长期的工作压力可能导致飞行员出现疲劳、焦虑等问题，影响他们的工作和生活质量。

职业发展路径相对固定

民航飞行员的职业发展路径相对固定。在民航领域内部，飞行员往往**需要按照既定的职业发展路径逐步晋升到更高的职位和岗位**。一般情况下，飞行员从副驾驶开始，经过一定时间的飞行经验和技能积累，逐步晋升为机长。此外，民航飞行员的职业发展空间相对有限，他们**通常只能在航空行业内发展**，转行或晋升到其他领域的可能性较小。这种相对固定的职业发展路径虽然为飞行员提供了一定的稳定性和可预测性，但也限制了他们职业发展的多样性和灵活性。

三大招飞常见问题

可以同时报名多所学校的招飞吗？

通常情况下，**考生可以同时报名多所学校的招飞**，无论是空军招飞、海军招飞还是民航招飞的学校。这样做的好处是可以增加被录取的机会，但同时也要注意各招飞单位的**报名时间和流程**，确保能够按时参加所有的选拔过程。此外，考生应该根据自己的兴趣和条件，**合理选择报名的学校，避免盲目报名导致时间和精力上的浪费**。在报名时，考生需要仔细阅读各招飞单位的招生简章，了解各自的选拔标准和流程，确保自己符合报名条件。

民航招飞中的招飞申请组合是什么？

民航招飞中的招飞申请组合是指**考生在招飞系统中填报的多个招飞院校和送培单位的组合**。考生可选择填报的"招飞院校 + 送培单位"申请组合形式和数量，由在当地安排招飞计划的招飞院校，以及参与合作招飞的送培单位数量确定。

招飞申请组合在考生有效申请达到 2 个之前，或心理测试复测不合格之前均可增加。请注意，同样的申请组合能且仅能填报一次，如考生之前填报了某一申请组合，无论该申请组合在哪一阶段、是否合格、是否成为有效招飞申请，都不能再次添加同一申请组合。考生可以取消处于报名状态（未进行初检）的申请组合，但显示"合格""不合格""审核中"的申请组合不得取消。

民航招飞中的有效招飞申请是什么？

有效招飞申请是指考生在**填报申请组合后，经过初检、体检、心理测试以及背景调查**后，每一项都符合标准，则生成有效招飞申请，这也是考生填报招飞院校飞行技术专业高考志愿的依据。具体流程如下图：

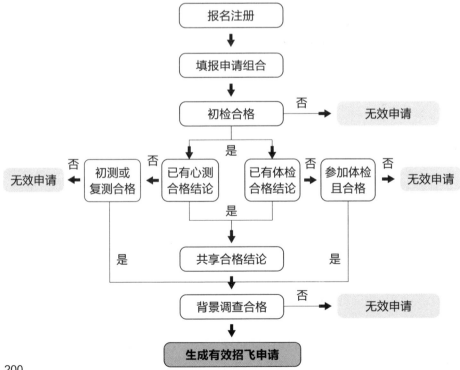

民航招飞中的自费生是什么意思？

飞行技术专业有别于其他专业，在学习期间，除了在学校完成理论学习，还要到民航局认定的飞行训练机构进行飞行实际训练，获得相应执照。因飞行训练实际成本费用高昂，我国民航飞行员培养一般采用由送培单位（航空公司等）支付学生飞行训练费用。**自费生指有关招飞院校和送培单位协商确定，招收学生的飞行训练相关费用，由学生自行承担**。具体自费方式可通过有关招飞院校的招飞简章和协议文本了解，也可向有关招飞院校咨询。例如，2024年中国民航大学计划在安徽地区为春秋航空股份有限公司招收自费生，实行"公司信用担保、学生个人贷款"的方式（学生在校期间训练费用预计58.6万元，飞行训练全程总费用预计最高为人民币76万元）。

高考志愿填报有哪些需要注意的地方？

三大招飞的志愿填报都属于提前批次，若是未被录取，也不影响其他批次志愿的填报和录取。以下为空军、海军和民航招飞在志愿填报时的细节要求。

经空军组织的招飞定选，医学选拔、心理选拔、政治考核全部合格且高考成绩达到统招一本线（合并录取批次省份特殊类型招生控制线）的考生方可填报空军招飞志愿，即**空军航空大学飞行技术（航空飞行与指挥）专业，其他志愿可正常填报**。

海军按照合格学生高考成绩和飞行潜质检测成绩综合评定，择优录取。符合录取条件的学生，**须将海军航空大学飞行技术（航空飞行与指挥）专业填报为高考提前批第一志愿，不得兼报其他军队飞行院校**。

有效招飞申请是考生填报招飞院校飞行技术专业高考志愿的依据。如果考生所填报飞行技术专业高考志愿中的招飞院校不在有效招飞申请范围内，招飞院校不予录取。招飞系统中的两个有效招飞申请没有先后、主次之分，具有同等效力。这意味着，如果考生有两个有效招飞申请，包含两所不同的招飞院校，那么能否被录取、被这两所院校中的哪所录取，**取决于考生在高考飞行技术专业志愿中填报的是这两所院校中的哪所、填报的顺序以及高考成绩**。

> **军校联合培养"双学籍"飞行学员如何选拔？**

联合培养"双学籍"飞行学员的**二次选拔工作在高考录取后进行**。以空军招飞为例，空军每年从招收的理科（物理类）考生中，依据当年北大、清华在各省（自治区、直辖市）录取分数线下浮一定分数后，遴选高考成绩优异的考生为预选对象，需要预选对象在航空大学完成体验飞行且合格后，**综合高考成绩、体验飞行成绩和招飞心理选拔成绩择优录取**。

> **停飞安置是什么？**

学生在籍期间，由于**各种原因（如身体原因、学习成绩不达标、违反纪律等）导致学员无法继续进行飞行训练，不同院校对停飞之后的安置措施各不相同，通常是转换专业继续学习**，具体可以查看院校的招飞简章。以北京航空航天大学为例，学生在籍期间被停飞，可申请转入飞行学院交通运输（民航机务工程）专业学习，毕业后自主择业。

■ 三大招飞的报考流程是怎样的？

1. 空军招飞流程

空军招收高中生飞行学员一般要经过**报名、初选、复选、定选三级选拔，综合择优录取**。以2024年空军招飞流程为例。

（1）**报名**：通过华北招飞微信公众号（HBZF-2014）完成线上报名（9月1日开始）并下载《空军招飞（青航校招生）报名表》。学校填写推荐意见，逐级上报招生考试部门备案。（注：确因特殊原因未能通过学校或线上报名的考生，也可于检测当日直接前往检测地点参加检测。）

（2）**初选**：在各地市设立初选检测站，进行**眼科、外科、耳鼻喉科**等项目的检查。

（3）**复选**：由招飞中心根据文化、身体条件遴选部分考生，进行**医学选拔、心理选拔和政治考核**。

（4）**定选**：由空军招飞局组织对符合推荐条件的考生进行医学选拔和心理选拔检测。

（5）**投档录取**：经**招飞定选，政治考核、医学选拔、心理选拔全部合格且高考成绩达到统招一本线的考生方可投档**，根据各省（自治区、直辖市）年度招飞计划，综合择优录取。

2024 年空军招飞重要时间节点

时间	流程
9月—11月	报名、初选
12月—次年1月	复选
次年3月—次年6月	定选
次年6月	高考
次年7月	投档录取

2. 海军招飞流程

海军招飞选拔流程包括**报名、初检预选、全检定选、审批录取**这四步，以 2024 年海军招飞流程为例。

（1）**推荐报名**：符合报名条件的学生，从当地教育招生部门和学校领取的或通过海军招飞网下载的《海军招收飞行学员报名表》和《海军招收飞行学员初检预选体格检查表》，按要求填写相关信息并由所在学校逐级推荐报名。

（2）**初检预选**：**设站地区学生**携带报名表、体检表、本人身份证、本人及父母（监护人）户口簿，按规定时间到海军招飞初检站，进行身体基本条件筛查（无须空腹）和文化摸底，时间约半天。**网上报名地区学生**持体检表，自行到**二级甲等以上**医院体检，在规定截止日期前将报名表、体检表及检测报告等上传海军招飞网并邮寄至海军招收飞行学员工作办公室审核；初检合格学生参加下一轮检测时，携带相关票据报销初检体检费用。

（3）**全检定选**：初检预选合格学生通过海军招飞网**如实填报政治考核信**息，下载打印《海军招收飞行学员初检预选合格对象登记表》，携带相关证件材料按指定时间地点前往海军招飞检测站参加体格检查、心理选拔和政治考核，时间约 3 天。海军招飞办将**会同当地公安机关对检测合格学生进行政治考核走访调查**。参检学生和带队教师往返交通费按有关规定报销，在站食宿由海军招飞办保障。

（4）**审批录取**：高考结束后，海军**按照合格学生高考成绩和飞行潜质检测成绩综合评定，择优录取**。符合录取条件的学生，**须将海军航空大学飞行技术（航空飞行与指挥）专业填报为高考提前批第一志愿，不得兼报其他军队飞行院校，未被录取的学生不影响报考其他批次院校**。录取通知书于 7 月中旬发放，录取院校为海军航空大学。

2024 年海军招飞重要时间节点

时间	流程
10 月至 11 月	推荐报名
10 月至 11 月	初检预选
次年 1 月至 4 月	全检定选
次年 6 月	高考
次年 7 月	审批录取

3.民航招飞流程

民航一般招飞流程为**报名→预选初检→体检鉴定→心理学检测→确认有效招飞申请→背景调查→高考→录取**，不同院校、不同地区的招飞流程不一样，**具体以院校发布的通知为准**。以西安航空学院 2024 年在陕西的招飞流程为例。

（1）**报名**：通过教育部阳光高考信息平台登录民航招飞或中国民用航空信息系统，进行考生注册，填写个人信息，并填报西安航空学院飞行技术专业招飞志愿。

（2）**初检面试**：考生持身份证、近期一寸证件照，眼睛屈光度验光单和《西安航空学院飞行技术专业招生报名表》，参加西安航空学院集中组织的初检面试（具体时间，请随时关注学校官网通知）。

（3）**上站体检**：初检合格考生按学校上站体检安排，在指定民航体检机构参加体检（具体时间，请随时关注学校官网通知）。考生需要携带的材料如下：

考生须携带本人身份证原件及复印件 1 张、近期免冠彩色同底版一寸照片 3 张（照片背面须写本人姓名）、黑色签字笔、透明文件袋一个（大小满足能装 A4 纸）；

心理测试须使用手机作答，请携带有流量且电量充足的智能手机；

近视的学生需提前配好合适的框架眼镜，并携带半个月内视力验光单。曾有手术史或住院病史的学生请携带病历记录（病历复印件并加盖医院公章）。

（4）**背景调查**：上站体检（含心理测试）合格的考生，在中国民用航空招飞信息系统中确认西安航空学院招飞志愿，申请学校背景调查后，学校按《民用航空背景调查规定》（民航发〔2014〕3号），开展民用航空背景调查。

（5）**录取**：飞行技术专业为本科提前批，学校对进档考生，按公布计划数从高分到低分录取。总分相同时按照单科成绩英语、数学、语文的顺序从高分到低分录取。

航海类升学路径解读 12

■ 什么是航海类？

航海类升学是指学生通过选择特定的教育路径，旨在获得与航海相关的知识和技能，以便未来在航海、船舶管理、海事工程等领域从事相关工作。这种升学路径通常包括接受与航海相关的专业课程学习、实习实训以及考取相应的职业证书等。

航海类升学涵盖多个学科领域，包括但不限于：

航海技术专业：主要研究海洋船舶驾驶、船舶运输管理等方面的基本知识和技能，接受船舶操纵、船舶避碰、航图运用、仪表识别、GMDSS[1]消防和急救等方面的基本训练，进行一系列海上作业。例如：海上船舶货物运输、出海航线规划设计、海洋科学考察、海上搜救、海上国防等。通俗的理解是通过学习航海学、船舶驾驶、船舶管理、海上交通安全等方面的知识和技能，为成为合格的船长或驾驶员打下基础。

轮机工程专业：主要研究机械原理、轮机系统等方面的基本知识和技能、在海洋运输各企事业单位进行轮机操纵、维修、船舶监造等，本专业专注于船舶动力装置的设计、制造、安装、调试、运行、维修和管理等方面的知识和技能，培养船舶轮机工程师。

船舶电子电气工程专业：主要研究学习船舶电子电气设备与系统的工作原理、构造、设计、安装、调试、运行和维护等方面的知识和技能，涉及电气技术、电子技术、控制技术、计算机控制及其网络技术等领域，常用于船舶运输业进行海上作业。为船舶的电气和自动化系统提供支持。

船舶与海洋工程专业：主要研究船舶的构造、航行原理、安全性设计和国内外重要船级社的规范等基本知识和技能，同时研究船舶和海洋结构物的设计、建造、维修和管理等方面的知识和技能，包括船舶结构、船舶流体力学、船舶稳性等。

---

[1] GMDSS：全球海上遇险与安全系统。

航海类升学的途径可以通过高中阶段的选课和考试，选择进入开设航海类专业的大学或高等职业技术学院；也可以通过成人教育、职业培训等方式，获取与航海相关的职业证书和技能。

航海类升学对于有志于从事航海事业的学生来说，是一个挑战性和机遇并存的选择。随着全球贸易的不断发展，航海类人才的需求持续增长，为航海类升学提供了广阔的就业前景和发展空间。同时，航海类升学也需要学生具备扎实的专业知识、良好的实践能力和高度的安全意识。

■ 航海类适合哪些学生？

1. 对航海有浓厚兴趣的学生

航海类专业需要学生对**航海、船舶、海洋**等相关领域有浓厚的兴趣。这样的兴趣可以帮助学生保持学习的动力，并在未来的职业生涯中持续发展和进步。因为航海类专业的就业指向性很高，如果不能确定对行业具有强烈兴趣，在今后的职业生活中是否能够以良好的心态适应职场环境，会成为一个未知数。

2. 具备良好身体素质的学生

航海类专业对身体素质有一定的要求，特别是**视力、听力和平衡感**等方面。目前大多数学校要求身体素质参照中华人民共和国国家标准《船员健康检查要求》（GB 30035-2021）。同时，学生需要能够适应航海的特殊工作环境，如海上颠簸、长时间在船上生活等。在部分航海类专业入学之前，会安排体检，以确保学生具备今后海上工作的能力。

3. 有冒险和探索精神的学生

航海是一项充满挑战和未知的工作，需要学生具备冒险和探索精神。这样的学生**更容易适应航海工作的不确定性和变化性**，同时也能够从中获得更多的成就感和满足感。

4. 具备团队合作精神的学生

航海工作往往**需要团队成员之间的紧密合作和协调**。因此，具备团队合作精神的学生更容易在航海类专业中取得成功。他们需要能够与同事、领导和其他部门有效沟通，共同完成任务。

5. 具备分析和解决问题的能力

航海过程中可能会遇到各种复杂的问题和挑战，学生需要具备分析和解决问题的能力，**能够迅速、准确地判断情况并采取相应的措施**。

6. 愿意持续学习和自我提升的学生

航海技术和标准不断发展变化，学生需要具备持续学习和自我提升的意识，不断更新知识和技能，以适应行业的发展需求。

7. 能够承受较强压力的学生

航海工作可能面临较大的工作压力，如**航行安全、时间限制、天气变化等**。学生需要具备承受高强度工作压力以及长期海上作业带来的精神压力的能力，能够时刻保持冷静、快速应对各种挑战。

■ 可以报考哪些院校的航海类专业？

对于立志成为一名优秀船长或期待成为航海设备驾驶员的学生，建议报考的专业为**航海技术专业**。目前，在国内有 21 所院校开设这个专业。2024 年全国开设航海技术专业的大学如下。部分院校因其特殊性暂无排名。

序号	专业名称	院校名称	软科排名	所在省（区、市）
1	航海技术	大连海事大学	1	辽宁
2	航海技术	武汉理工大学	2	湖北
3	航海技术	上海海事大学	3	上海
4	航海技术	集美大学	4	福建
5	航海技术	宁波大学	5	浙江
6	航海技术	重庆交通大学	6	重庆
7	航海技术	浙江海洋大学	7	浙江
8	航海技术	广东海洋大学	8	广东
9	航海技术	广州航海学院	9	广东

续表

序号	专业名称	院校名称	软科排名	所在省（区、市）
10	航海技术	烟台大学	9	山东
11	航海技术	北部湾大学	11	广西
12	航海技术	山东交通学院	12	山东
13	航海技术	海军潜艇学院	—	山东
14	航海技术	武警海警学院	—	浙江
15	航海技术	集美大学诚毅学院	—	福建
16	航海技术	泉州师范学院	—	福建
17	航海技术	渤海大学	—	辽宁
18	航海技术	大连海洋大学	—	辽宁
19	航海技术	天津理工大学	—	天津
20	航海技术	海南科技职业大学	—	海南
21	航海技术	海南热带海洋学院	—	海南

轮机工程也是一个与航海息息相关的专业，**属于交通运输类**。轮机工程以后的**就业方向主要包括**：在航运、船舶工业从事船舶动力系统设计、维护和修理工作，例如船舶发动机、螺旋桨等；在能源动力行业，进行能源设备的设计、制造以及维护等工作。

全国有多所大学开设了轮机工程专业。以下是一些开设了轮机工程专业的学校，但请注意，由于信息可能随时间变化，以下列表仅供参考，具体请以各学校最新公布的招生信息为准。

学校	所在省（区、市）	学校	所在省（区、市）
天津理工大学	天津	哈尔滨工程大学	黑龙江
大连海事大学	辽宁	上海海事大学	上海
大连海洋大学	辽宁	江苏科技大学	江苏
渤海大学	辽宁	浙江海洋大学	浙江

续表

学校	所在省（区、市）	学校	所在省（区、市）
宁波大学	浙江	华中科技大学	湖北
集美大学	福建	武汉理工大学	湖北
泉州师范学院	福建	广东海洋大学	广东
集美大学诚毅学院	福建	广州航海学院	广东
中国海洋大学	山东	北部湾大学	广西
烟台大学	山东	重庆交通大学	重庆
山东交通学院	山东		

船舶电子电气工程是一门交叉学科，涉及电子、电气、计算机，以及自动化控制相关的知识内容，属于交通运输类专业。毕业生主要面向远洋船舶及海洋工程行业，包括船舶相关设计与生产部门、船级社、海事局、科研院所、高等学校等单位，同时也可从事电子、电气或计算机的相关工作。

可以报考船舶电子电气工程专业的学校有多所，这些学校分布在全国各地，涵盖了不同的教育层次和办学水平。以下是部分院校，以供参考。

学校	所在省（区、市）	学校	所在省（区、市）
天津理工大学	天津	广东海洋大学	广东
大连海事大学	辽宁	广州航海学院	广东
上海海事大学	上海	桂林电子科技大学	广西
南通理工学院	江苏	北部湾大学	广西
集美大学	福建	海南热带海洋学院	海南
山东交通学院	山东	重庆交通大学	重庆

全国开设**船舶与海洋工程专业**的大学超过 30 所，包括天津大学、上海交通大学等"985"院校和哈尔滨工程大学、南京航空航天大学、河海大学等"211"院校，以及上海海事大学、江苏科技大学等传统航海类专业的热门学校。具体招生情况请参照各省的官方志愿填报手册（建议从各省考试院官方渠道下载或查询）。

■ 航海类的报考条件是什么？

1. 基本报考条件

（1）具有中华人民共和国国籍。

（2）年龄限制因学校和专业而异，但通常本科生不超过26周岁。

（3）热爱祖国，拥护中国共产党的领导，拥护社会主义制度。

（4）政历清白，无反党反社会主义言行，没有参加反动邪教组织。

（5）具有良好的品行，具有较强的公德意识、职业道德意识，热爱航运和引航事业。

2. 身体素质

（1）考生的身体条件必须符合教育部、原卫生部、中国残疾人联合会印发的《普通高等学校招生体检工作指导意见》的相关规定。

（2）身体健康，符合登离外轮的身体状态，参照《船员健康检查要求》，报考航海类专业的考生身体条件须符合以下特殊录取要求：

航海技术专业：要求辨色力正常（无色盲、色弱），无复视；身高1.65米及以上；双眼裸视力均能达到4.7（0.5）及以上。

轮机工程、船舶电子电气工程专业：要求无红绿色盲，无复视；身高1.60米及以上；双眼裸视力均能达到4.6（0.4）及以上。

3. 其他要求

（1）性别限制：由于航海类专业工作性质的特殊性，通常不建议女生报考，部分院校和专业可能直接注明不适宜女生报考。

（2）体能测试：部分院校可能要求考生参加体能测试，如跑步、俯卧撑、立定跳远、仰卧起坐等。

请注意，以上条件为一般性的报考条件，具体要求和标准可能因不同学校、不同年份的招生政策而有所变化。考生在报考前，应仔细查阅相关学校的招生简章和官方网站，以获取最准确的信息。同时也建议意愿报考航海类专业的考生与目标学校招生办电话沟通，询问是否有其他特殊要求，以确保顺利录取。

■ 航海类的报考流程是怎样的？

1. 了解招生信息

查阅招生简章：关注航海类院校的官方网站或招生网站，仔细阅读招生简章，了解招生对象、报考条件、招生计划、录取规则等关键信息。

关注报名时间：航海类专业通常在提前批进行招生。

2. 准备报考材料

（1）身份证明：准备身份证、户口簿等有效身份证明材料。

（2）学历证明：提供高中毕业证书或同等学力证明。

（3）体检报告：按照《船员健康检查要求》进行体检，确保身体条件符合航海类专业的要求，并提交合格的体检报告。

（4）其他材料：根据招生简章要求，准备其他相关材料，如外语成绩证明（部分院校可能要求）等。

3. 参加录取考试

（1）高考：参加普通高等学校招生全国统一考试（高考），确保文化课成绩达到相关要求。

（2）体检和体能测试：根据招生简章要求，参加体检和体能测试，确保身体条件符合航海类专业的要求。

4. 填报志愿

（1）登录招生网站：在规定时间内，登录招生网站进行志愿填报。

（2）选择院校和专业：根据考生的兴趣和条件，选择合适的航海类院校和专业进行填报。

（3）确认志愿：核对填报信息，确保无误后确认志愿。

5. 等待录取结果

（1）查询录取结果：关注招生网站或相关通知，查询考生的录取结果。

（2）确认录取：如被录取，按照招生院校的要求，完成相关手续，确认录取。

6.注意事项

(1)仔细阅读招生简章:确保考生符合报考条件,了解录取规则。

(2)准备充分:提前准备好报考材料,确保材料齐全、准确。

(3)关注时间节点:注意报名时间、填报志愿时间、录取结果查询时间等关键时间节点,确保按时完成相关操作。

(4)谨慎选择院校和专业:根据考生的兴趣和条件,选择合适的航海类院校和专业进行报考。

■ 航海规划建议

航海类的优势

就业前景广阔

随着全球贸易的不断发展,航运业持续繁荣,对航海人才的需求持续增加。航海类专业毕业生可以在**航运企业**、**海事管理机构**、**港口**、**船舶代理等领域**找到就业机会。

专业技能性强

航海类专业涉及**船舶驾驶**、**船舶管理**、**船舶工程**、**海事法规**等多个方面的知识和技能,这些技能在航海领域具有高度的专业性和实用性。

国际化程度高

航海业是一个国际化的行业,航海类专业毕业生需要具备国际视野和跨文化交流能力。在学习过程中,学生将接触到来自不同国家和地区的同学和教师,有助于培养国际化人才。

薪资待遇较好

航海类专业毕业生的**薪资待遇相对较高**，尤其是具有丰富工作经验和专业技能的人才，薪资水平更加可观。

职业发展空间大

航海类专业毕业生可以从**基层船员**做起，逐步晋升到船长、轮机长等高级职位。同时，他们也可以选择在**航运企业**、**海事管理机构**等领域从事管理、教学、科研等工作，职业发展空间广阔。

实践经验丰富

航海类专业**注重实践教学**，学生将有机会在船舶上进行实习实训，积累丰富的实践经验。这些实践经验将有助于他们更好地适应未来的工作。

增强个人能力和素质

航海类专业要求学生具备较强的**独立思考能力**、**解决问题的能力**、**团队协作能力**以及**抗压能力**等。通过学习航海类专业，学生将能够全面提升自己的能力和素质，为未来的职业生涯奠定坚实的基础。

政策支持

国家和地方政府对航海业的发展给予了高度重视，出台了一系列政策措施来支持航海类专业的发展。这些政策为航海类专业毕业生提供了更多的就业机会和发展空间。

航海类的局限性

工作环境特殊

航海类专业毕业生主要在海上工作，**远离陆地和家人**，长时间的海上生活可能导致孤独感和与家人分离的问题。

海上工作环境复杂，可能会遇到**恶劣天气**、**海盗**等安全风险，对从业者的身体和心理素质有较高要求。

工作时间不固定

航海工作通常没有固定的作息时间，**需要适应不规律的工作和生活节奏**，这可能给从业者带来一定的压力。

职业晋升路径相对固定

航海类专业的职业晋升路径相对固定，**通常是从基层船员逐步晋升到船长、轮机长等高级职位**，这需要长时间的积累和实践经验。

对身体健康有一定要求

航海类专业对身体条件有一定要求，如**身高**、**视力**等，不符合要求的考生可能无法报考相关专业。

海上工作环境对身体健康有一定影响，如长期在海上工作可能导致晕船、疲劳等问题。

国际化程度高带来的挑战

虽然航海类专业国际化程度高，但这也带来了**语言和文化交流**方面的挑战。从业者需要具备良好的英语沟通能力，以适应国际化的工作环境。

职业发展受到市场波动的影响

航运业受全球经济形势、贸易政策、油价等多种因素影响，**市场波动较大**。这可能导致航海类专业毕业生的就业前景和薪资待遇受到一定影响。

   专业门槛相对较高

航海类专业学习要求较高，需要具备一定的数理化基础和英语水平。同时，**该专业实行军事化或半军事化管理**，对学生的纪律性和服从性有较高要求。

航海类常见问题

   女生有机会进入航海类学习吗？

可以。但是**需要注意各校的招生计划**。航海类对性别有一定的要求，主要有以下几类：

一是不限制考生性别。如广东海洋大学、重庆交通大学、山东交通学院、宁波大学、海南科技职业大学等。

二是提示不适宜女生报考。如大连海事大学、大连海洋大学、渤海大学、上海海事大学、浙江海洋大学、集美大学、广州航海学院、北部湾大学等。

三是明确只招男生。如天津理工大学、武汉理工大学等。

四是按性别分开招生。如烟台大学。

虽然大多数学校不限制女生报考，但是会在要求里提示该专业不适宜女生就读，烟台大学专门设置了限招女生的报考类别，招生数量也非常少。因此女生在报考前一定要清楚这一点，理性判断是否要报考。

想从事海运事业是不是只能通过航海类的专业？

不是。但是最好通过航海类专业进入相关职场。**如果想要当船员，还是必须通过航海类专业上船的**，如果只是想要从事相关行业，可以选择对应的工科专业，以工程师的身份参与海运事业。

航海类专业的职业发展前景是什么样子？

航海类专业毕业生就业的主要单位有：

1. 航运企业（中远海运、招商局、东方海外、长荣海运等）；

2. 引航中心（天津港、长江等）；

3. 船厂（大连、上海、新扬子、黄埔文昌等）；

4. 船检机关（船级社、船检处等）；

5. 海事院校（大连海事大学、上海海事大学、集美大学、武汉理工大学、天津理工大学、渤海大学、烟台大学等）；

6. 研究所（各海事院校所属研究所、中船重工 7 字头研究所、上海船舶运输研究所等）；

7. 政府机关（交通运输部、交通运输部海事局、地方海事局、地方政府等）；

8. 事业单位（打捞救助局、海洋局、航道局、港务局等）；

9. 军警部队（中国海军、中国海警、航道公安局等）。

专业外亦可从事导航定位、软件开发、机械设计、交通运输、电气设计等岗位的工作。

航海类专业的学习内容有哪些？

航海类专业的学习内容较为丰富。航海技术主要学习**航海学、航海气象学、电路与电机、船舶无线电技术基础、海洋船舶驾驶、海洋货物运输等课程，并接受航线设计、船舶操纵与碰撞**等基本训练。轮机工程则学习热工基础、电路与电子技术、轮机工程基础等课程，并注重动手能力的培养。船舶电子电气工程则学习电路原理、模拟电子技术、数字电子技术等课程，并涉及船舶电气设备的维护与管理。

航海类专业在录取时有哪些特殊要求？

航海类专业在录取时除了要求考生符合普通高等学校招生体检工作指导意见的相关规定外，还要参照中华人民共和国国家标准《船员健康检查要求》。考生需具备较好的身体素质，如**身高**、**视力**等需达到一定标准。此外，航海类专业一般不建议女生报考，因为工作环境不太适合女性。

航海类专业有哪些升学途径？

航海类专业的升学途径多样。学生可以在本科阶段努力学习，争取**保研或考研**的机会，进入更高层次的学习。同时，航海类专业的学生也可以选择**出国留学**，接受国际化的教育和培训。此外，学生还可以**通过参加各种职业技能培训和考试**，获得相关的职业资格证书，提升自己的就业竞争力。补充部分证书如下：航海专业考取的证书包括适任证书、海员证、船员服务簿、健康证明书、国际预防接种证书、四小证等。

适任证书是海船船员必备的证书之一，根据《中华人民共和国海船船员适任考试、评估和发证规则》，适任证书分为不同的等级，包括按航区划分（如无限航区、近洋航区、沿海航区、近岸航区）和按船舶等级划分（如一等适任证书、二等适任证书、三等适任证书）。此外，适任证书还按船员职务和部门划分，如甲板部、轮机部以及无线电人员等。

海员证是另一项重要的航海专业证书，自 2019 年 12 月 20 日起，交通运输部正式签发启用新版《中华人民共和国海员证》。海员证是海员的国际身份证件，用于证明持有人的身份和资格。

船员服务簿、健康证明书、国际预防接种证书等也是航海专业人员需要考取的证书。这些证书证明了船员的身体状况、预防接种情况以及适合从事海上工作的能力。

四小证是航海专业中常见的一组基本证书，包括基本安全培训 Z01、保安意识培训 Z07 和负有指定保安职责船员的培训 Z08 等。这些证书是海员在申请职务前必须获得的。

此外，还有针对特定船舶类型或特殊任务的进阶培训合格证，如油船货物操作高级培训合格证、化学品船货物操作高级培训合格证、液化气船货物操作基本培训合格证和高级培训合格证、客船船员特殊培训合格证等。这些证书证明了船员在特定领域内的专业知识和技能，适用于在油船、化学品船、液化气船等特定类型的船舶上工作。

航海类 名校生访谈录

学生名片

姓名：魏同学
生源地：黑龙江哈尔滨
就读高中：哈尔滨市阿城区第一中学
就读大学：大连海事大学
升学方式：航海类

访谈实录

Part 01 报考准备

Q：你是以怎样的成绩进入航海技术专业的？

A：2014年高考黑龙江省理科606分（省排名6600左右）。

Q：你为什么会选择航海技术专业呢？

A：主要有两方面原因，一是我当时了解到航海收入相对较高，二是我比较喜欢到处走一走，不想工作以后局限在办公室里。

Q：体检和体能检测都考了哪些内容？你觉得哪个方面对你来说挑战更大？

A：虽然是提前批次录取，对视力和身高有一定要求，但是当时航海类专业并没有设置专门的体检，视力、身高等都是参考高考报名体检报告，并且视力和身高要求并不高，绝大多数考生都能符合要求。

Q：针对航海技术提前批准备时间和内容，可以给一点建议吗？

A：报考航海技术和报考普通一表院校没有太大区别，不需要做什么特别的准备，我 2014 年报考时，视力没有达到提档要求，但仍然录取了，当时学校允许大一做近视眼手术，我就是在大一时做的手术。我毕业时仍有部分同学没有做近视眼手术，所以视力没有达到要求，无法通过毕业前的海事局体检，学校最后给这部分同学颁发的是海事管理专业的毕业证，对这部分同学造成的影响就是会影响到上船工作，但由于航海类专业毕业后真正上船工作的人比较少，没有做手术的都是不打算毕业后上船的，所以基本上也就没有人受到实质性的影响。

对于想报考航海类专业的同学，我认为更多的是要做好心理上的准备，主要要了解以下几个问题：1. 因为专业性比较强，毕业后就业选择比较窄，想回陆地工作有一定难度。2. 航海工作给人的心理压力比较大，很多人不适合跑船。3. 所有航海类专业都实行半军事化管理，你是否喜欢这种管理模式。

Q：你周围有女孩子一起学习这个专业吗？

A：大连海事大学是从 2015 年开始航海类专业招收女生，而我是 2014 年入学，所以身边没有女同学。大连海事大学 2015 年航海技术只招收了一名女生，2015 年以后女生比例逐年有小幅度增加。

Part 02 学习规划

Q：航海技术专业主要学习哪些内容？

A：航海技术主要学习气象、通信、天文、航海仪器、英语、航海学、船舶原理等课程，涉及范围比较广，但深度较浅，主要偏实用。

Q：你们专业有什么实践类型的课程吗？比如操作真实的海运船？

A：大一会有半个学期备考航海四小证，其间会有划船、跳水、释放救生艇、消防、急救等实操课程。

大二有一个月的认识实习，是在校船上进行的，会出海，学生会有分工，轮流跟班，初步熟悉各个岗位。目前大连海事大学有 3 艘实习船。上海海事大学和集美大学也各有一艘实习船。

Q：你们在学习过程中有什么必须拿下的证件吗？这些证件的考取是在培养过程中被安排的，还是你们需要自己去搞定的？

A：大一考取航海四小证，大四需要考取三副证，是学校统一组织，海事局监考，考试内容就是大学课程内容，并且考前学校会有集中培训，正常跟着学校安排的话，拿到证问题不大。

Q：如果学习到一半身体情况不满足专业需求了该怎么办？

A：有机会转到海事管理专业，海事管理和航海技术课程设置相差不多，但不用考三副证，并且属于普通专业，不实行半军事化管理。

Q：这个专业有可能转专业吗？

A：可以转专业，大二上学期根据大一综合绩点排名，填报志愿。成绩好可以优先挑选。

Q：这个专业的就业情况如何？

A：如果想要跑船的话很好就业。不想跑船的话，行业内可以考海事局、引航站、航道局、救助打捞局、航运公司的陆上岗位。我的同学里一半以上毕业时都没有进入航运业，选择跑船的更是不到四分之一，即使去跑船，一部分人在工作3—5年后也转做陆上工作。

Q：如果有学弟学妹想要报考这个专业，你会给出什么样的建议？

A：大连海事大学航海技术专业保研比例比较高，约10%，大学期间要保持学习状态，争取拿到优异成绩，这样在转专业和读研时手里才会有更多的选择机会。

Q：航海技术读研的方向有哪些？

A：本专业的研究生主要有以下两个方向：交通运输控制和海事安全管理。相近的专业研究生方向是船舶与海洋工程。

公费师范生升学路径解读 13

■ 什么是公费师范生？

2007 年，教育部等 4 部门联合发布《教育部直属师范大学师范生免费教育实施办法（试行）》，决定自当年 6 月起，在 6 所部属师范院校试点师范生免费教育政策，录取学生将享受免学费、领补助等优惠政策。学生毕业后需回生源所在地任教服务 10 年以上。

2018 年 3 月，教育部等 5 部门印发的《教师教育振兴行动计划》提出，改进完善教育部直属师范大学师范生免费教育政策，将"免费师范生"改称为"公费师范生"，**履约任教服务期由 10 年调整为 6 年。**

■ 公费师范生的种类和可以报考的院校有哪些？

1. 国家（部属）公费师范生

国家（部属）公费师范生，全称为教育部直属师范大学师范生。教育部直属的师范大学有 6 所：北京师范大学、华东师范大学、东北师范大学、华中师范大学、陕西师范大学和西南大学。**考取以上大学的师范生，则为部属公费师范生**，毕业之后多回到**生源地所在省份的城市重点中小学**任教。

2. 地方（省属）公费师范生

地方（省属）公费师范生，通常是为定向县（市）培养紧缺薄弱学科、学有专长并胜任县域教学的各类教师，为城乡基础教育提供智力支持的项目。培养省属师范生的高校一般是地方省政府按照教育部指示的高校承担，**具体院校需要以各个省份教育考试院公布的名单为主**。以山东省为例，招收地方公费师范生的院校有 17 所，包括山东师范大学、青岛大学、济南大学、山东理工大学、曲阜师范大学、聊城大学、齐鲁师范学院、鲁东大学、临沂大学、山东女子学院、潍坊学院、泰山学院、滨州学院、枣庄学院、菏泽学院、济宁学院、德州学院。省属公费师范生，毕业后多会回到**生源地所在省份的市、县、乡、镇中小学**任教。

■ 公费师范生通常可以报考哪些专业？

公费师范生，报考的专业主要包括数学、英语等理学和文学类专业，以及学前教育、特殊教育等教育学类专业。具体包括：**数学与应用数学、汉语言文学、英语、物理学、化学、生物科学、地理科学、思想政治教育、历史学、计算机科学与技术、小学教育、学前教育、特殊教育、教育技术学**等。需要注意的是，不同的院校招收的专业通常不尽相同，具体专业请参考院校的招生简章。

■ 公费师范生适合哪些学生？

1. 对教育充满热忱，愿意投身教育事业

一般来说参加公费师范生的报考，需要固定到某个中小学去服务 6 年。尤其是**地方公费师范生，可能会去一些欠发达地区任教**，这就需要考生对教育行业足够热爱，并拥有较强的责任感，愿意为学生的成长和教育事业做出贡献。

2. 不求大富大贵，但求有编制稳定

目前来讲，教师的薪资在所有行业中并没有排行前列。虽然可能薪资一般，但作为公费师范生来说，**毕业后就可以获得稳定的编制**，这对于某些人来说，诱惑力还是非常大的。国家政策规定，不管是部属公费师范生，还是地方公费师范生，在入学时就会签订就业协议，毕业后会组织用人学校与公费师范生双向选择，以保证每一个公费师范生毕业后都可以落实任教学校并确保有编有岗。

3. 家庭经济不够好

公费师范生项目通常**由中央财政以及地方政府共同承担学生在校期间的学费、住宿费，并会定期发放生活补贴**。这对于家庭经济条件不够好，承担学费生活费有困难，但渴望接受高等教育的学生来说，比较利好。

4. 想要长期从事教育行业

不管是国家公费师范生，还是地方公费师范生，根据相关政策规定，毕业后都需要去生源地范围内的中小学服务 6 年。**6 年服务期满之后，可以继续留在原学校当老师，保留编制**。这对想长期从事教育行业的考生来讲无疑是一个非常好的选择，因为目前教师编制考试是非常激烈的，例如 2024 年合肥教招笔试，51336 人报名，48887 人通过审核，最高的岗位竞争比竟然高达

392.5∶1，也就是说有约 393 人在竞争一个教师岗位，这个数据还是相当可怕的。

■ 公费师范生的报考条件是什么？

条件	部属（国家）公费师范生	省属（地方）公费师范生
分数要求	录取分数较高，通常在特殊控制线或一本线上 100 分以上	高考成绩不低于所在省份普通类一段线或本科线（二本线）
户籍	不限户籍	部分省份要求农村户籍可报考，具体要求参考本省招考政策
选科	高考选考科目需要符合招生学校的选科要求	
体检	需要符合高考体检标准	

■ 公费师范生规划建议

·· 公费师范生的优势 ··

享受"两免一补"

公费师范生享受上大学期间**免交学费、住宿费，并且学校每月还会发放生活补贴**。对于经济条件不好的学生，可以减免生活负担，这让学生投入更多的时间在学习上。

保证本科毕业入编入岗

公费师范生在入学之初就会签订就业协议，毕业后回到生源地各市县乡镇的中小学任教。**毕业后会组织学校和毕业生进行双向选择，保证每一位公费师范生都可以到相应的学校任教，且带有编制。**

免试攻读非全日制研究生

部属（国家）公费师范生，也就是毕业于教育部直属 6 所师范院校的学生，毕业后履行《师范生公费教育协议书》约定，在中小学任教满一学期，并经任教学校考核合格、同意报考的情况下，**在 6 年的服务期内，可以向所就读的大学提出申请，免试攻读非全日制的硕士研究生**，毕业后获得硕士学位的学历。

就业稳定

目前来说，不管是部属公费师范生，还是省属公费师范生，只要不是自己毁约，不在已留任的教师岗位继续任教，或者服务期满，选择自动离岗，基本都可以在教师岗位上继续留任。**目前还没有听说公费师范生被辞退的情况。**

本科毕业入省内名校

众所周知，目前教师编制非常难考，很多岗位都要求研究生甚至博士生。但部属，也就是国家师范生，**是有本科毕业后就去生源地省份省会城市一些重点中小学任教的机会的。**

公费师范生的局限性

有服务年限要求

公费师范生须保证毕业后在定向就业单位，也就是**在特定的学校或地区工作不少于 6 年**。在这期间，任职老师不能申请调动、无法参加公务员考试，也无法转行，一切的调动都必须等到 6 年之后。

就业地域受限，工作地区欠发达

一般来说，省属公费师范的工作范围，都是**本省教育资源欠发达的地区**，通常是所在省份的三四线城市或者一些县、乡、镇的学校。相比于发达地区，这些地区的学校设施、生活条件都非常有限，工作环境一般。而且部分省份还会规定：到城镇学校工作的公费师范生，应到农村义务教育学校任教至少1年。

违约成本高

公费师范生在校期间，享受减免学费、生活费，并有生活补助。但如果学生违约，则会面临违约处罚。一般情况下，**需要退还大学期间所享受到的"两免一补"的所有费用，还需要缴纳不同程度的违约金**。部分地区还会将这种违约行为记录到诚信档案，可能会影响学生考公务员。不同的地区对于违约的赔偿要求可能会有微小差别。

例如2023年莆田市发布了一则公费师范生违约公告，按照规定被处理人何某青违反了《莆田市公费师范生培养就业协议书》（2019年签订）第十条的约定，根据《莆田市公费师范生培养就业协议书》（2019年签订）第二十一条第二款之规定，决定给予被处理人处理决定如下：毕业后在丙方（莆田市教育局）从事中小学教师工作未满6年的，在离开教师岗位之日，按不足服务年限（包括离开当年）的每年六分之一比例一次性向丙方退还所享受的公费教育费用，并向丙方缴纳该费用30%的违约金，超过时限须按每天1%的比例支付滞纳金。

公费师范生常见问题

公费师范生和优师计划有什么区别？

1. 培养目标不同

（1）优师计划：全称为"中西部欠发达地区优秀教师定向培养"，主要是为**脱贫县和中西部陆地边境县中小学校**定向培养一批优秀教师。

（2）公费师范生：为了吸引优秀人才从教，加强基础教育质量。

2. 就业地域不同

（1）优师计划：国家和地方优师计划毕业生**都是去规定的定向县的中小学任教**。

（2）公费师范生：国家公费师范生，一般是**回生源地省份任教**，任教地区由各市县学校和学生双向选择决定。地方公费师范生一般会到**所报考院校规定的定向地区的中小学任教**。

3. 录取分数不同

一般来说，国家公费师范生的收分比较高，一般在一本线/特招线上100分以上；地方公费师范生的分数也会**比普通专业的分数高出 5—20 分**。

以安徽省为例，2023年安徽省理工类一本线为482分，二本线为427分。下面为2023年华东师范大学（国家公费师范生）和安徽师范大学（地方公费师范生）的录取分数统计。

华东师范大学

专业	最高分	平均分	最低分
地理科学（公费师范）	648	647.5	647
化学（公费师范）	650	649.5	649
生物科学（公费师范）	655	653	651
数学与应用数学（公费师范）	659	657.3	655
物理学（公费师范）	664	660.5	657

安徽师范大学

专业	最高分	平均分	最低分
生物科学（师范）	571	545	554.32
物理学（师范）	589	541	554.8
心理学（师范）	561	538	543.38
地理科学（师范）	572	539	546.4
数学与应用数学（师范）	599	548	564.63
化学（师范）	577	544	556.42
小学教育（师范）	573	482	515.67

可以报考其他省份院校的公费师范生吗？

考生可以**自由报考设置国家公费师范生的院校**，包括北京师范大学、华东师范大学、东北师范大学、华中师范大学、陕西师范大学和西南大学。但**如果是地方公费师范生**，考生只能报考户籍所在省拥有师范生项目的院校和专业。

公费师范生在哪个批次录取？

公费师范生通常在各省的**提前批次**录取。

公费师范生可以转专业吗？

根据《国务院办公厅关于转发教育部等部门教育部直属师范大学师范生公费教育实施办法的通知》，公费师范生可按照所在学校规定的办法和程序，**在师范专业范围内进行二次专业选择**。

入校之后，可以退出公费师范生项目吗？

根据国家相关政策规定，录取后经考查不适合从教的公费师范生，**在入学1年内，可以退出公费师范生项目**。学生需要按照规定退还已享受的学费、住宿费和生活费补助，并由所在学校根据当年高考成绩将其调整到符合录取条件的非师范专业。具体情况，参考考生所在省公费师范生招生章程。

起初不是师范生，入学后还能成为公费师范生吗？

国家公费师范生可以。根据《国务院办公厅关于转发教育部等部门教育部直属师范大学师范生公费教育实施办法的通知》可知，部属师范大学根据国家相关政策，制订在校期间公费师范生进入、退出的具体办法。有志从教并符合条件的非师范专业优秀学生，在入学2年内，可在教育部和学校核定的公费师范生招生计划内转入师范专业，签订协议并由所在学校按相关标准返还学费、住宿费，补发生活费补助。具体情况，参考考生所在省省公费师范生招生章程。

公费师范生的本研衔接培养模式是什么意思？

2024年5月28日，国务院办公厅转发教育部等部门《教育部直属师范大学本研衔接师范生公费教育实施办法》（以下简称《实施办法》）。其中提出，从2024年起，国家在6所教育部直属师范大学实施本研衔接师范生公费教育（本科4年，教育硕士研究生2年），**支持符合条件的公费师范生免试攻读本校全日制教育硕士研究生再履约任教**。本研衔接师范生公费教育是指国家在北京师范大学、华东师范大学、东北师范大学、华中师范大学、陕西师范大学和西南大学6所教育部直属师范大学（以下简称部属师范大学）面向师范专业学生实行的，本科和研究生阶段一体设计、分段考核、有机衔接，由中央财政承担学生在校期间学费、住宿费并给予生活费补助的培养管理制度。启动公费师范生6年一贯制培养。

公费师范生和本研衔接的公费师范生有哪些区别？

本研衔接的公费师范生一是提升培养层次。在原有政策支持符合条件的毕业生免试攻读非全日制教育硕士的基础上，支持公费师范生免试攻读全日制教育硕士后再履约任教。二是优化师资配置。在原有政策重点为中西部培养输送教师的基础上，进一步推动毕业生到中西部省会城市之外的地（市、州、盟）及以下任教，推进省域内优质师资均衡。三是强化履约要求。除重大疾病等特殊情况外，本研衔接公费师范生毕业后须履约任教不少于6年，履约任教情况与信用记录挂钩。四是创新激励机制。符合条件的公费师范生才能实现本研转段。研究生一年级课程学习结束后，根据本科以来的综合考核结果排序，按序选定履约任教地（市、州、盟）。通过综合表现优秀者优先选择的机制，激发学生学习动力。

此外，本研衔接师范生公费教育面向全国，**重点为中西部地区省会城市之外的地（市、州、盟）及以下行政区域培养研究生层次中小学教师，不得定向到直辖市、计划单列市或省会城市主城区任教（五个自治区、陆地边境省份、海南省、贵州省、青海省除外）**。

公费师范生还需要自己考教师资格证吗？

根据国家相关规定，公费师范生毕业时通过培养高校职业能力测试的，**可免试认定国家中小学教师资格**。

公费师范生可以考研吗？

按照旧的规则，如果是**国家公费师范生**，毕业后需要在中小学任教满一学期，才可以申报就读院校的非全日制硕士研究生。而**地方公费师范生**，在培养期可报考全日制硕士研究生但报名前须经定向县（市）教育行政部门同意，并签订补充协议（承诺硕士研究生或本科毕业后按期回到定向县、市任教不少于6年，其间不得办理解约）后，可保留公费师范生身份至硕士研究生或本科毕业。就读硕士研究生期间，不享受公费教育经费补助。

目前随着师范生本研培养模式的公布，有望改变之前的考研申请模式。具体还请参照报考院校的培养计划。

公费师范生可以跨省任教吗？

不一定。公费师范生符合以下条件之一，可申请跨省任教：

1. 志愿到中西部边远贫困和少数民族地区中小学任教的；

2. 在校就读期间父母一方或双方户籍迁移至省外随迁任教的；

3. 毕业前已办理结婚登记，需要迁移到配偶所在地中小学任教的。

公费师范生毕业后的"双向选择"指的是什么？

"双向选择"通常指的就是**国家公费师范生**毕业后，可在自己的生源地，根据政府公布的缺额院校，挑选心仪的学校和岗位，然后进行面试；学校也可以通过面试选择自己喜欢的毕业生。以华东师范大学为例：公费师范生毕业后只需要回到自己的生源省份任教，不需要精确到市、区、县。而且和国家公费师范进行双向选择的学校，几乎涵盖了全省所有优秀的小初高中的名单，选择的机会较多，大部分同学可以留在省会或者省内其他经济发达的城市。

需要注意的是，**地方公费师范生，一般都是定向培养**，也就是说在填报志愿的时候通常就已经知道自己未来会在哪个地区的中小学任教了。

> **公费师范生什么情况会被视作违约？**

不同省份的规定会有略微不同，下面以**北京市公费师范生**违约规定为例，其他省份，可参考当地具体政策。公费师范生有下列情形之一的，属于违约，教育行政部门和所在学校与其解除协议，自解除协议之日起，一个月内一次性缴纳在校期间的专业奖学金和培养费：

1. 在校学习期间，自动放弃学籍的；

2. 未按规定时间取得相应学历学位证书和教师资格证书的；

3. 因触犯刑律或违反校纪被开除学籍或被学校给予退学处理的；

4. 毕业后未按规定从事中小学校、幼儿园教育工作的；

5. 服务期限未满五年的（服务年限自报到之日起开始计算），收缴在校期间的专业奖学金和培养费，按已服务年限以每年递减 20% 的比例计算。

公费师范生 名校生访谈录

学生名片

姓名：李同学
生源地：福建厦门
就读高中：厦门第一中学
就读大学：华东师范大学　　**大学专业**：汉语言文学（公费师范）
升学方式：国家公费师范生　**高考分数**：历史类 647（2023 年高考）

访谈实录

Part 01　学习规划

Q：师范生所学的专业和对应的普通专业在培养上有什么不同？

A：我们学校师范专业和非师范专业的同学培养方案大致是一致的，比如我所在的汉语言文学专业，在大一和大二时，非师范专业的同学和师范专业同学上的课基本是一致的，但大二下学期开始，非师范专业的同学会学习更多专业的课程，拓展专业学习的深度，但师范专业的同学会学习更多教师教育方面的课程。

Q：你们可以退出师范生项目吗？有什么条件？

A：国家公费师范生可以选择在工作之后退出项目，合约要求国家公费师范生在岗位上任教满六年，如果履职未满六年，就要按照履约的年份计算赔偿，如果不缴纳相应的赔偿，就会被计入个人诚信档案。

Q：你们学校不是师范专业的同学，可以转到公费师范生项目吗？

A：我们学校非师范专业的同学可以转到公费师范生项目，需要通过学校内的转专业考试和学生所在地区教育厅的同意。

Q：你们专业的学习难点是什么？

A：我们专业学习的难点是既要掌握深度的专业知识，又要学会教师技能、教师素养等知识，在学习大学知识的过程中，也要兼顾对中小学知识的掌握，方可为以后的任教生涯做准备。

Q：你觉得作为教师你最需要在学校中掌握的技能是什么？

A：我认为我最需要掌握的技能是学会与学生沟通，建立良好的师生关系，学会尊重学生，关心学生心理状态，建立良好互信的沟通，这是每个教师的必修课。

Q：你们会在某个时期有考核不合格就要退出师范生项目的要求吗？

A：我们这一届的公费师范生没有这样的考核制度，但从2024年开始实行的本研衔接师范生就有这样的考核政策，这也是政策改变对公费师范生的影响之一。

Q：那么你能介绍一下新政策还有哪些对公费师范生的影响吗？

A：从 2024 年起，公费师范生的政策开始改变，公费师范生改名为本研衔接师范生，具体改变在以下几个方面：

第一，本研衔接师范生的学历提升了，改为"4+2"，也就是四年本科（本科第四年开始硕士课程先修学习），两年研究生，从原本的非全日制研究生学历改为全日制研究生学历；

第二，本研衔接师范生的考核标准提高了，在从本科过渡到研究生的时候，加入了考核，如果没有通过考核，就无法攻读研究生，相当于违约；

第三，本研衔接师范生的违约成本提高了，原本的公费师范生只要缴纳完相应的赔偿其违约就不会被计入个人诚信档案，但本研衔接师范生若违约，不仅要缴纳相应赔偿，违约也会被计入个人诚信档案；

第四，公费师范生和任教学校是双向选择，但本研衔接师范生只能被学校选择，在本研衔接师范生研究生毕业时，当地的学校会按照考核的排名来选择师范生；

第五，本研衔接师范生的任教地受限了。政策规定，本研衔接师范生不可以在省会及五个计划单列市的主城区任教（边疆省份除外），比如厦门属于五个计划单列市之一，本研衔接师范生不可以在厦门的思明区、湖里区任教。

另外，2021、2022、2023 级的公费师范生可以选择实行新政策或旧政策，但 2024 级及以后的公费师范生只能选择新政策。

Q：公费师范生可以转专业吗？有什么条件吗？

A：公费师范生可以在师范专业内转专业，比如可以从数学师范转到物理师范，但不可以从师范专业转到非师范专业，条件是通过学校的转专业考核和得到省教育厅的同意。

Q：学校会安排相应的实习吗？还是需要自己找？

A：学校会安排相应的实习，大三下学期，学校会安排我们在上海的中小学进行为期一周到两周的教育见习；大四，学校会派我们到各省的教育实习基地进行教育实习。

Q：你们毕业后可以直接考研吗？是必须本校，还是其他都可以呢？

A：公费师范生是不可以考研的，考研相当于违约，公费师范生在工作一年后可以选择免试攻读本校的非全日制研究生，比如我所在的汉语言文学公费师范专业，在毕业生工作一年后，可以选择回华东师范大学攻读非全日制学科语文的研究生学位。

Part 02 就业方向

Q：毕业后你们可以选择在哪些地区、什么层次的学校任教？

A：毕业后，我们可以选择在生源地省份内的各个区域进行任教，比如我是福建生源，我就可以选择在福州、厦门、泉州等地的中小学进行任教。

Q：国家公费师范生本科毕业进地方重点中小学的机会多吗？

A：本科毕业后进入地方重点中小学的机会还是挺多的，但也要看当地对公费师范生的重视程度。比如福建就是一个对公费师范生较为友好的地区，大部分6所部属院校的公费师范生都可以进入省重点学校。但上海对公费师范生就不是那么友好，上海的大部分重点学校都要求教师有研究生学历及以上，但公费师范生无法满足这一条件，因此大部分上海的公费师范生只能去非重点的中小学任教。

学生名片

姓名：周同学
生源地：福建厦门
就读高中：厦门双十中学
就读大学：北京师范大学　　**大学专业**：思想政治教育
升学方式：国家公费师范生　　**高考分数**：630

访谈实录

Part 01 学习规划

Q：国家公费师范生所学的专业和对应的普通专业在培养上有什么不同？

A：以我们学校为例，公费师范生与普通生的专业基础和必修课一致，但有专门的教学设计和实践等卓越教师课程，普通生则可以自由选择科研或师范方向。

Q：你们可以退出公费师范生项目吗？有什么条件？

A：可以退出公费师范生项目。需要归还所有公费教育费用并缴纳费用50%的违约金。

有些地区会计入诚信记录。

Q：你们学校不是师范专业的同学，可以转到公费师范生项目吗？

A：通过学校考核，并经过生源地的省教育厅同意，即可转入公费师范生项目。

Q：你们专业的学习难点是什么？

A：通过应试考试不难，但想要真正学好不能仅局限于课堂的知识，要多读相关专业书籍的原作和关注时事热点，拓宽视野，形成自己的思考。

Q：你觉得作为教师你最需要在学校中掌握的技能是什么？

A：课堂和课下与学生互动沟通的能力。

Q：你们会在某个时期有考核不合格就要退出师范生项目的要求吗？

A：我们学校目前没有明确的考核退出机制。但是2024年后的新政策需要分段考核。

Q：公费师范生可以转专业吗？有什么条件吗？

A：可以转专业，先通过校内转专业的考核，再由学校向生源地省教育厅申请，获得许可便可以转专业。

Q：学校会安排相应的实习吗？还是需要自己找？

A：学校会安排相应的实习，学生可以在已有范围内进行选择。

Q：你们毕业后可以直接考研吗？是必须本校，还是其他学校都可以呢？

A：目前的政策是服务期内只能读本校非全日制教育硕士。"4+2"新政策在大三有免试研究生考核，学生通过即可本校保研，提前学习研究生课程。未通过考核的学生则解除协议，退还费用，转为普通生。

Part 02　就业方向

Q：毕业后你们可以选择在哪些地区、什么层次的学校任教？

A：公费师范生毕业可以自主选择与生源地省内公办学校面试签约，也可以等教育局分配岗位。福建公费师范生偏向于去厦门、福州、漳州这些地方的重点高中任教。

Q：国家公费师范生本科毕业进地方重点中小学的机会多吗？

A：部属公费师范生在福建的认可度还是很高的，每年有地方重点学校来学校校招。只要你提升自身能力，进重点学校的机会还是很大的。

Q：对目前的工作还满意吗？如果你的学弟学妹也想报考国家公费师范生，你会推荐吗？

A：2024年公费师范生改为本研衔接师范生公费教育，即实行"4+2"政策，相较旧政策，在考核、读研和就业选择上都有了很大的变动，可以保研但不能去省会和计划单列市的主城区任教，对退出机制有了更严格的规范，仍然享受国家补贴和有编的福利，既是机遇也是挑战。如果想报考国家公费师范生，就密切关注新政策的消息，再权衡利弊是否要报考。

专项计划升学路径解读

14

■ 什么是专项计划？

为了增大农村和贫困地区学生上重点大学的机会，国家实施了"重点高校招收农村和贫困地区学生"的三大专项计划，分别是国家专项计划、地方专项计划、高校专项计划。

国家专项计划是"农村贫困地区定向招生专项计划"的简称；**地方专项计划**是"地方重点高校招收农村学生专项计划"的简称；**高校专项计划**是"普通高校农村专项自主选拔录取"的简称，也称"农村学生单独招生"，不同学校有不同的名称，比如北京大学的"筑梦计划"，清华大学的"自强计划"，中国人民大学的"新路引航专项计划"。

往年被专项计划录取后放弃入学资格或退学的考生，不再具有专项计划报考资格。

■ 三大专项计划的区别

对比维度	国家专项计划	地方专项计划	高校专项计划
招生院校	中央部门高校和各省（区、市）所属重点高校	各省（区、市）所属重点高校	教育部直属高校和其他经教育部同意开展高校专项计划招生的高校
实施区域	每个省份的实施区域不一样，请查阅各省教育考试院官网，以四川省为例，实施区域为四川省原集中连片特殊困难县和原国家级扶贫开发重点县（共68个县）	每个省份的实施区域不一样，请查阅各省教育考试院官网，以四川省为例，实施区域为民族地区、原集中连片特殊困难地区和革命老区、艰苦边远地区（共119个县、市、区）	每个省份的实施区域不一样，请查阅各省教育考试院官网，以四川省为例，实施区域为民族地区、原集中连片特殊困难地区和革命老区、艰苦边远地区（共119个县、市、区）

续表

对比维度	国家专项计划	地方专项计划	高校专项计划
报考条件	申请考生具有所在省实施区域当地连续3年以上户籍和当地高中连续3年学籍并实际就读、其父亲或母亲或法定监护人具有当地户籍、符合所在省份今年普通高考报名条件	申请考生及其父亲或母亲或法定监护人户籍地须在实施区域的农村,本人须具有当地连续3年以上户籍和当地高中连续3年学籍并实际就读、符合所在省份今年普通高考报名条件	申请考生及其父亲或母亲或法定监护人户籍地须在实施区域的农村,本人须具有当地连续3年以上户籍和当地高中连续3年学籍并实际就读、符合所在省份今年普通高考报名条件

■ 有高校专项计划招生资格的院校

有高校专项计划招生资格的院校**共计95所**,包括清华大学、北京大学、复旦大学、上海交通大学等高水平"985""211"院校以及省属重点院校。

地区	教育部直属高校	其他高校
北京	北京大学、清华大学、中国人民大学、北京交通大学、北京科技大学、北京化工大学、北京邮电大学、中国农业大学、中国政法大学、华北电力大学、北京林业大学、北京中医药大学、北京师范大学、北京外国语大学、北京语言大学、中国传媒大学、中央财经大学、对外经贸大学、中国矿业大学(北京)、中国石油大学(北京)、中国地质大学(北京)	北京航空航天大学 北京理工大学 北京工业大学
天津	南开大学、天津大学	—
上海	复旦大学、同济大学、上海交通大学、华东理工大学、东华大学、华东师范大学、上海外国语大学、上海财经大学	上海大学
江苏	南京大学、东南大学、中国矿业大学、河海大学、江南大学、南京农业大学、中国医科大学	南京航空航天大学 南京理工大学 苏州大学 南京师范大学
浙江	浙江大学	—
安徽	合肥工业大学	中国科学技术大学
福建	厦门大学	福州大学
河南	—	郑州大学

续表

地区	教育部直属高校	其他高校
山东	山东大学、中国海洋大学、中国石油大学（华东）	—
辽宁	大连理工大学、东北大学	大连海事大学
吉林	吉林大学、东北师范大学	—
黑龙江	东北林业大学	哈尔滨工业大学 哈尔滨工程大学 黑龙江大学
湖北	武汉大学、华中科技大学、中国地质大学（武汉）、武汉理工大学、华中农业大学、华中师范大学、中南财经政法大学	—
湖南	湖南大学、中南大学	湖南师范大学
广东	中山大学、华南理工大学	—
广西	—	广西大学
重庆	重庆大学、西南大学	西南政法大学
四川	四川大学、西南交通大学、电子科技大学、西南财经大学	四川农业大学
陕西	西安交通大学、西安科技大学、长安大学、西北农林科技大学、陕西师范大学	西北大学 西北工业大学
甘肃	兰州大学	—
贵州	—	贵州大学
云南	—	云南大学

■ 专项计划的报考流程

国家专项计划

时间	流程
申报时间由各地招生办自行确定	考生需要在规定的时间内完成**资格审查**
6月7日	考生参加统一高考，考生确认
6月25日前	各省（区、市）公布高考成绩
6月底到7月初	志愿填报
7月	**单独录取**：国家专项计划单独划线，单独录取

地方专项计划

请注意，具体的报名时间和流程可能会根据各省（区、市）教育考试院的具体安排有所变动，考生应及时关注当地教育部门发布的最新信息。

时间	流程
4月左右	**报名申请**：考生需要通过教育部指定的阳光高考信息平台或各省（区、市）考试院官网进行报名。例如，广东省要求考生在4月25日前完成教育部阳光高考信息平台的报名申请，并在4月19日至25日在广东省普通高考报名系统中完成报名申请。
5月左右	**资格审核**：审核工作通常在5月进行，审核结果需要公示。例如，广东省要求各有关地市招生办在5月12日前完成考生户籍的核查工作并将结果报省招办。
5月底前	高校完成考生其他条件审核并公示通过审核名单。
6月7日	考生参加统一高考，考生确认。
6月25日前	各省（区、市）公布高考成绩。
出分后	考生单独填报志愿。地方专项计划的志愿填报，通常与其他本科批次同时进行，但可能会有单独的志愿代码。
录取	地方专项计划的录取工作通常在本科批次录取中进行，有的地区会单独划线、平行志愿投档。

高校专项计划

时间	流程
4月25日之前	有关高校公布招生简章，考生登录阳光高考信息平台高校专项计划报名系统完成报名申请。
5月20日前	省（区、市）完成考生基本条件审核并公示通过审核名单。
5月底前	高校完成考生其他条件审核并公示通过审核名单。
6月7日	考生参加统一高考，考生确认。
高考后至出分前	部分试点高校组织考核。
出分前	高校确定并公示资格名单。
6月25日前	各省（区、市）公布高考成绩。
出分后	考生**单独填报志愿**，高校完成录取并公示。

■ 专项计划规划建议

专项计划的优势

增加教育公平

专项计划旨在促进教育公平，特别是对于**农村和偏远地区**的学生。这些地区由于学校环境和教学资源相对较差，学生的学习成绩往往不如城市的学生。专项计划不仅为农村学生提供了更多的入学机会，而且允许他们以较低的分数考入高校。

多一次录取机会

专项计划为考生提供了多一次被名校录取的机会。这一计划在多数普通高考省（区、市）的投档录取时间为本科一批之前，确保了其与本科其他批次互不冲突。

冲击高层次院校

专项计划的录取分数，**一般也是会比本科批次录取分数要低 10—30 分左右**，处于"985""211"院校边缘的同学，可以尝试通过专项计划冲刺院校层次更高的学校。

专项计划的局限性

专业选择限制

一些专项计划可能提供的专业选择相对有限，**可能是一些国家重点扶持但相对冷门的专业**。如果之后想要转专业的话，需要符合相应学院的转专业政策要求，而有的学院尤其是高校的重点强势专业，转专业比较困难，竞争激烈，不会轻易转专业成功。

竞争压力大

专项计划的**招生名额有限**，导致竞争较大，建议报考的时候也要实现冲稳保策略，否则很有可能无法被录取。

专项计划常见问题

"三大专项计划"如何录取？

国家专项计划录取分数原则上不低于招生学校所在批次科类录取控制分数线。对于合并本科录取批次的有关省（区、市），录取分数不低于本科批次录取控制分数线。

地方专项计划的投档办法和录取要求，由各省（区、市）综合有关高校招生实际、实施区域农村招生情况等因素确定。

高校专项计划录取办法由有关高校确定并在招生简章中明确，录取分数原则上**不低于有关高校普通类招生所在批次录取控制分数线**。

通过专项计划录取的学生可以转专业吗？

一般来说是可以的，还要看院校的具体要求。

报了专项计划的学生和统考的学生培养方式有区别吗？毕业证上是否会单独标注？

专项计划的学生和统考生在学生培养方式上并**没有区别**，只是录取方式不同，其他一切相同。而且有的学校通过专项计划录取的学生还会受到特殊培养，比如清华大学的"自强计划"就指出：获得认定的学生可被邀请参与以下部分后续特殊培养环节：

1. 为学生安排勤工助学岗位，在工作中锻炼动手能力和提高综合素质，减轻求学压力和家庭负担；

2.为学生安排专门的学习与发展指导,帮助其顺利地适应大学学习、生活;

3.为学生配备优秀校友担任个人导师,指导其个人发展。

另外通过专项计划录取的考生最后的毕业证上也不会单独备注,就业也不会受到歧视。

专项计划可以报几个院校?几个专业?是否涉及调剂?

专项计划可以报几个院校和专业,以及是否涉及调剂,具体要求因专项计划的类型和地区而异。以下是一般情况下的相关信息:

1.国家专项计划:**一般可以报考 6—12 所院校**,每个高校可以填报 **1—5 个专业和是否同意调剂**。

2.地方专项计划:报考条件和招生院校由各省(区、市)确定。具体报名要求、录取办法、填报志愿方式考生可详细阅读各省(区、市)招生考试单位下发的地方专项计划相关规定。

3.高校专项计划:有的只能报 1 所学校,有的可以报 3—5 所学校,具体要根据考生所在的省(区、市)是如何规定的。建议感兴趣的考生可以上教育部阳光高考信息平台或相关的官方网站进行查询。

需要注意的是,往年被专项计划录取后**放弃入学资格或退学**的考生,**不再具有专项计划报考资格**。同时,不同专项计划的实施区域和招生对象也有所不同,考生需要仔细阅读相关政策和招生简章,确保自己符合报考条件。

报考高校专项计划需要提交哪些材料?

报考高校专项计划通常需要提交以下材料(具体要求可能因高校不同而有所差异):

高校专项报名申请表:一般在网上报名时,按系统提示填写个人信息后自动生成，需下载打印并由学生本人手写签名确认，同时中学需确认情况并加盖公章；

户籍证明：户口簿首页、户主页、父母或法定监护人的户籍页及考生本人户籍页的扫描件或复印件；

身份证明：考生本人身份证复印件；

学籍证明：由户籍所在地高中开具的连续3年学籍及实际就读证明，部分高校可能要求有高中三年各学期的注册盖章；

中学成绩单：高中阶段各学期的成绩单，学业水平考试成绩单；

综合素质评价表；

个人陈述：内容通常包括考生申请理由、价值观和人生理想等；

获奖证书及其他相关证明材料：例如，高中时期获得的奖项、荣誉证书等，以证明考生在某些方面的优秀表现或特长；

中学推荐表：部分高校要求提供，须在网上下载后由学校填写评语和推荐意见。

如果是老高考省份，无法提供学业水平考试成绩单和综合素质评价表，可能需要提交学校校长签字并加盖学校公章的相关说明。

建议考生在准备材料时，仔细阅读所报考高校的招生简章，以确保准确无误地提供所需材料。同时，注意材料的真实性和完整性，并按照高校要求的格式和时间进行提交。

各高校的高校专项计划招生简章通常可以在教育部阳光高考信息平台或各高校的本科招生网站上查看。

高校专项计划中有笔试、面试的学校考什么？

高校专项计划中设有笔试和面试的学校，其考查内容通常会因学校和专业的不同而有所差异，但一般会包括以下几个方面：

1. 笔试方面

学科基础知识：主要涵盖高中阶段的语文、数学、英语、物理、化学、生物、历史、地理、政治等学科的基础知识。

逻辑思维能力：通过数学推理、逻辑判断等题目，考查考生的分析、推理和解决问题的能力。

综合知识：可能包括时事热点、科技发展、文化常识等，以考查考生的知识面和对社会的关注程度。

2. 面试方面

个人背景和经历：询问考生的成长环境、学习经历、兴趣爱好等，了解考生的综合素质和个性特点。

专业认知和兴趣：考查考生对所报专业的了解程度、兴趣来源以及未来的规划。

问题解决和应变能力：给出一些实际问题或情境，要求考生提出解决方案，观察其思维敏捷性和应对能力。

社会责任感和价值观：通过相关问题，了解考生的社会责任感、道德观念和价值取向。

例如，清华大学在高校专项计划的考核中，笔试注重考查学生的学科基础和综合素养，面试则更侧重于考查学生的创新思维、沟通能力和社会责任感。

需要注意的是，具体的考试内容和形式每年都可能有所调整和变化，考生应密切关注所报考学校发布的最新通知和要求。

> **报考专项计划后大学毕业需要回生源地工作吗？**

一般来说，通过专项计划录取的考生毕业之后**不强制**回生源地、贫困地区工作。报考专项计划后大学毕业是否需要回生源地工作，取决于具体的专项计划类型以及所报考学校的要求。

> **如果高校专项计划落榜了，会影响正常的高考报名吗？**

如果高校专项计划审核没通过，**不影响**正常的高考报名；如果通过考核，也可以选择放弃，通过其他方式报名高考。专项计划实行**单设志愿**、**单独录取**。国家专项计划和地方专项计划都在提前批录取结束后、本科一批录取之前录取，高校专项计划则在自主招生前录取。所以，专项计划志愿和其他批次志愿**不冲突**，填报专项计划志愿的考生仍然可以填报其他批次的志愿。如考生未被专项计划院校录取，依然有机会被其他录取批次的院校录取。

> **高校专项计划的录取方式有哪几种？**

对于高校专项计划来说，不同的高校有不同的录取方式，总的来说，大体有两种**方式**：择优录取、复审后降分录取。

择优录取是大多数高校采取的方式，高校根据划定的名额（一般是分省），在报考的学生里**从高分到低分录取**。**注意**有些学校为了保证生源质量，会有另外的分数要求，比如复旦大学的"腾飞计划"中要求：通过审核的考生填报我校高校专项计划相应批次高考志愿，对于其中高考成绩达到所在省份第一批本科录取控制分数线上 70 分的考生，依据高考成绩从高到低按分省计划投档录取。对于合并本科批次的省份及高考综合改革省份，上述分数线按各省级招办文件规定的相应控制分数线执行。对于高考总分不为 750 分的省份，优惠分值另行通知。如生源不足，本计划不再征求志愿或降分录取。

复审后降分录取是少数高校采取的方式，比如北京大学的"筑梦计划"，清华大学的"自强计划"，中国人民大学的"新路引航专项计划"，这些学校在初审通过后，还会安排**笔试面试**，根据学生的初评情况、初试情况和复试情况择优给予学生降分录取优惠认定,具体降分幅度由校招生工作领导小组确定。

专项计划 名校生访谈录

学生名片

姓名：张同学
生源地：河北沧州
就读高中：献县第一中学（河北省示范性高中）
就读大学：北京科技大学
升学方式：高校专项计划

访谈实录

Part 01 报考准备

Q：高校专项计划是谁都可以报考吗？有什么必要条件吗？

A：首先考生考籍需要满足贫困地区的条件，其次报考高校有高校专项计划。几乎没有其他要求了，包括成绩要求。不同学校对于贫困证明的要求不同，所以可能需要自己再关注一下。

Q：你的户籍所在地是哪里？你高考成绩是多少？

A：河北沧州献县，一个小县城。高考考了 599 分。

Q：你的高考成绩比通过统招进入这所高校这个专业的学生低了多少，位次如何？

A：看生源地省份的分数线和专业，同样是河北考生的话，我的这个专业应该是低了十几分，位次倒是不清楚。毕竟在河北，一分之差就是好多名次的差距。

Q：高校专项计划是只考虑高考成绩吗？后续有没有笔试或者面试？

A：对的。后续没有笔试或面试。

Q：你当时为什么选择报考高校专项计划？

A：当时高三班主任比较了解报考大学的各种政策，他在班级里推荐大家参与这个计划。因为可以用低于分数线的分数上"985"或者"211"的学校。他也单独找我谈过话，说我的成绩确实是卡在一个比较尴尬的地方，如果发挥不好的话，可能有危险；发挥太好，又有点亏。和爸妈谈过后，就选择报名。

Q：身边有同学也是通过高校专项计划进入高校的吗？

A：我是蛮幸运的，其他人说实话，没太好意思问，但是看班级群里提前批的还是挺多的，六七个。比较熟的另一个同学是没有被录取的，他应该是报的学校分数太高了。

Q：报考专项计划的主要流程是什么？

A：主要流程就是根据自己的平时模拟考的分数，往上提个 20 分挑三所合适的学校，然后在规定时间内报名。报名的时候要提交所有模拟考的分数、校排名、学业水平考试的等级和学校的一些证明，我报名的那一年新加了个八省联考的成绩和省排名。前面说的都是各个学校都会需要的，但是报名的时候要关注个别学校还需要什么额外的材料，比如我现在就读的北京科技大学当时是需要一份手写的 800 字的自我陈述，大概就是说明为什么报考北京科技大学，对北京科技大学有什么了解之类。

Q：你为报考高校专项计划做了哪些努力？

A：我自己的努力应该就是那份 800 字的手写证明和高考尽量考高一点。我父母的努力倒是蛮多的，他们很支持，而且因为不太了解这些，所以就在报考机构报了名，花了 3000 块钱，全权让老师们帮忙给报的名。机构的老师带着我查学校的一些通告，通知我准备一些材料，帮我分析专业之类。对于考大学这件事情，父母很看重。所以当时基本是他们的努力，对此我也很感谢。

Q：当时申请高校专项计划的时候，志愿上服从调剂了吗？为什么？

A：服从调剂了，因为班主任建议服从调剂，可以增加被录取的可能性。报名时勾选一些专业，就算是调剂，也不会被调剂到一些自己实在是特别不合适的专业。当然，因为高校专项计划是不允许转专业的，所以也是很慎重地在班主任的指导下勾了几个北科大的热门专业。

Part 02 学习规划

Q：你觉得通过高校专项计划进入这所高校与其他同学在学习的过程中以及学校培养上有什么不同吗？

A：平时学习不会有什么不同，如果自己不说明的话，其他同学是看不出来的，而且你其实挺容易找到和自己一样通过各种计划进来的同学。进校流程、学号、宿舍分配和一些分级考试之类的，大家都是一样的。只是大二的时候不能转专业。

Q：通过高校专项计划录取的学生在你们学校可以转专业吗？转专业难度大吗？

A：我倒是不知道其他学校，反正我当时报考的三个学校（北京科技大学、重庆大学、山东大学），都有明确规定不允许转专业。当然考研跨考是可以的。

Q：你未来有转专业的想法吗？为什么？

A：倒是没有，未来转专业也只能考研了，但是难度太大，结合自身情况还是放弃了。而且我目前的管理信息与信息系统专业虽然是个交叉学科，但是也没有那么难，不管是保研、考研还是就业。

Q：平时在学校学习方面会有压力吗？

A：平常不太会有压力，除了期末考试周，尤其是微积分等数学类课程会比较难。还有现在这个大三下学期的阶段，因为要想一想自己以后的路了。

Q：你觉得你们专业，需要具备哪些专业技能？

A：数据分析能力，计算机能力（学校会鼓励考计算机二级），还有文字撰写能力，比如我们有关于撰写文献综述的专业课。根据自己的兴趣和天赋可能还要具备原型设计或者是代码编写的能力。还有综合的课程，比如英语听说读写能力。学院也会让我们了解一些商业伦理、基础会计或是宏微观经济学方面的专业知识。毕竟是交叉学科。

Q：你们专业需要考什么证吗？

A：英语四六级是一定要的，其他的没有特别要求，但是鼓励报考计算机二级。然后非常鼓励参加一些竞赛，例如中国国际"互联网+"大学生创新创业大赛。

Q：你们是大类招生吗？如果是，分流方式是什么呢？

A：是大类招生，大一新生都是管理科学类，大二开学前会让学生自己选择是进入管理信息与信息系统、工程管理还是大数据专业。分流不需要再考试，在选专业的小程序上，输入自己的学号，会显示你在三个小专业的排名。根据自己的想法选择就好。工程管理招录的人很少，所以基本上成绩好一点，选了这个小专业就更有可能获得奖学金或是保研的机会。

Q：如果想转到你们专业，需要满足什么条件或通过什么方式？

A：一般是大二开始有转专业机会。我没有太关注转专业的条件，不过转专业的蛮多的，尤其是转到我们学院，当然大部分是转到商科，不是我们管科。转专业是有成绩要求的，主要根据学院每年发布的专业综合排名，择优录取。然后还会有面试，问题包括你为什么想转到这个专业，会不会担心跟不上专业学习进度，还有中英文的自我介绍。其他问题主要会和要转到的专业有关，比如转金融的话，就问你最近的金融热点。当然，前提是想转专业同学要有转专业的机会，不是高校专项计划或是其他项目进来的学生。

Part 03　未来发展

Q：你们在考研或保研方面有特殊政策吗？

A：这个是没有的，只要进入了学校，就是和其他同学一样了。甚至贫困生资助也要自己去重新提交证明。

Q：你们专业的保研率是多少？

A：常规保研大约在20%，除此之外，还有5%其他的各类保研、工作保研之类。

Q：你们专业考研的方向是什么？学长学姐一般会保研或考研到哪些院校？

A：一般是考本专业，如果要转专业，我知道的就有计算机类的、数学，还有法学等。保研就得看成绩了，成绩好的有保研到清北的；成绩稍稍差一点的，保底的可能就是本校的马克思主义学院或者法学院。还有身边认识的学长学姐有保研到中科院的。

Q：你们专业毕业一般会去哪些企业？从事什么岗位的工作呢？

A：一般是大厂，就是大型互联网公司。毕竟学院在大三的时候会在一些大厂内安排集中实习，我们也算是有工作经历。还有一些同学会在企业校招的时候再仔细选择，所以这个问题，我也不太清楚。岗位的话，有些是技术岗，比如系统前后端的开发，也有些是运营岗，比如产品运营之类的，还有供应链管理，也可能有管培生。

Q：未来需要强制回到生源地或者贫困地区工作吗？

A：不会的，只要进入学校就是和其他同学一样了，工作都是自己的问题。

Q：对想通过高校专项计划进入高校的学弟学妹们有什么建议吗？

A：一定要仔细斟酌自己的平时成绩，不要把高校专项计划的报考学校选高了，一般是可以选三个，可以选一两个高的，但是一定要留一个保底的，因为一旦没有被录取，前面报名时候的努力就白费了，可能是钱，也有可能是时间成本。报完名，安心准备高考就行了。这时候需要注意的是更要静下心来。最后一旦进入学校，就没有什么可以担心的了，因为和其他同学并没有什么不同。当然大二可能不能转专业，这也是正常的，要放平心态！

学生名片

姓名：陈同学
生源地：福建漳州
就读高中：漳浦第一中学
就读大学：复旦大学
大学专业：原为历史类学科，后转专业至汉语言文学
升学方式：高校专项计划（复旦"腾飞计划"）

访谈实录

Part 01 报考准备

Q：你当时的高考成绩是多少？

A：653 分，省排名 125 名。

Q：你的高考成绩比通过统招进入这所高校这个专业的学生低了多少，位次呢？

A：8分—10分，位次是55名及以上。

Q：你当时为什么选择报考高校专项计划？

A：首先，户籍地位于革命老区，拥有填报资格；其次，有学长学姐通过高校专项计划进入了心仪的大学让我意识到高校专项计划是一个很好的项目；再者，学校老师重视高校专项计划的填报，为我们的材料收集和申请提供了很多的帮助；最后我所填报的复旦大学"腾飞计划"所需填写的材料较为精简且免除笔试、面试，对乡镇学生来说相当友好。

Q：身边有其他同学通过高校专项计划升学的吗？他们进入了什么学校，降了多少分录取的？

A：有。有进入复旦大学的，分数线降低了7分，还有进入浙江大学的，分数线降低了10分左右；还有进入南京大学的，没有降分数。

Q：你当时是通过什么途径知道高校专项计划的？

A：学长学姐传授经验，还有高中学校和老师的宣传。

Q：报考高校专项计划的主要流程是什么？

A：首先在报名系统填报，各高校招生组据此进行审核确认该生是否有资格报考高校专项计划；高考前公示有资格的考生名单。

Q：你为报考高校专项计划做了哪些努力？花费了多长时间准备材料报名申请？

A：评估自身实力，比对合适的高校的专项计划信息；上网收集信息，向学长学姐询问；当时还报考了北师大珠海校区的公费师范，在老师的帮助下录制了一段5分钟左右的讲课视频；收集个人资料，完善报考简历。花费时间是20个小时及以上。

Q：你所在的学校高校专项计划的录取方式是什么？

A：具有"腾飞计划"资格的学生依据高考成绩从高到低按分省计划投档录取。

Part 02 学习规划

Q：你觉得通过高校专项计划进入这所高校在学习的过程中以及学校培养上与其他同学有什么不同吗？

A：没有什么不同。此外学校会增设面向"腾飞计划"录取的学生的学术讲座、生涯讲座、社会实践指导班等等。通过"腾飞计划"录取的优秀学生除可以按相关规定申请新生奖学金外，在校期间还有几十种奖学金可供申请。学校还建立了完善的勤工助学、助学贷款、助学金、困难补助、学费减免、绿色通道、医疗帮困、冬季送温暖、爱心公益站等综合资助平台。除经济上的帮扶举措外，学校设计实施"助力成长计划"，搭建学业促进、心理支持、社会实践、视野拓展、创新创业五大平台，为学生的成长成才提供全方位、个性化的帮扶和支持。

Q：通过高校专项计划录取的学生在你们学校可以转专业吗？转专业难度大吗？

A：可以转专业，转专业难度和正常学生一样。具体难度因转出专业和转入专业的不同而不同。

Q：你有转专业的想法吗？为什么？

A：有的。因为报考专项计划的时候分数不够高，不能录取到我想去的院系——中文系。

Q：未来需要强制回到生源地或者贫困地区工作吗？

A：没有强制。

Q：对想通过高校专项计划进入高校的学弟学妹们有什么建议吗？

A：不要有自己能力不如其他同学的想法，要自信，好好利用高校提供的资源和平台，努力拓展自己，提高自己的能力！

民族班/民族预科班升学路径解读 15

■ 什么是民族班/民族预科班？

1. 民族班

民族班是在各级各类学校中，**专门为少数民族学生单独设立的教学班**。主要目的是为少数民族学生提供特殊的教育机会和照顾，确保他们能够接受良好的教育。

分类包括在普通中学、中等专业学校为少数民族学生设立的中等学校民族班，在普通高等学校为少数民族学生设立的高等学校民族班，在党校、团校为少数民族学生设立的党校、团校民族班。

民族班的学生**在高考录取时可能会享受到一些优惠政策**，例如降分录取，这使得他们能够更容易地进入大学学习。学生在学习和生活上通常会享受到一定的照顾，如特殊的教学安排和生活支持。

2. 民族预科班

民族预科班是指对当年参加普通高等学校招生全国统一考试、适当降分、择优录取的**少数民族学生**，实施高等学校本、专科（高职）预备性教育的一种办学形式。其目的在于帮助少数民族学生更好地融入大学生活。民族预科生是进入普通本专科学习之前的预备期学生，主要面向少数民族地区招生。民族预科生必须是少数民族学生，分为**"民考民"（用少数民族文字参加高考）和"民考汉"（用汉语参加高考）**两种。预科的学制通常为一年或者两年。具体学制根据"民考民"和"民考汉"的不同有所区别，"民考民"学制通常为2年，而"民考汉"学制为1年。**预科的学习分为两种形式**。一种是预科阶段和正常的学习阶段都在同一学校学习；另一种是预科阶段在另外一所学校学习，预科结束、考试合格后转入录取该考生的院校学习。

■ 民族班 / 民族预科班适合哪些学生？

1. 民族班适合的学生类型可以归纳如下：

（1）少数民族学生

民族班主要是为少数民族学生设立的教学班，因此，**首要条件是必须为少数民族学生（非汉族即可）**。

（2）希望冲刺更高层次院校的学生

民族班在招生时，对于分数有一定的优惠政策，**允许在本科或专科录取分数线以下一定分数范围内（如本科模拟投档线下 40 分以内）录取学生**。这为少数民族学生提供了提升自我、达到更高学术水平的机会。

（3）希望享受特殊照顾和支持的学生

民族班的学生在学习和生活上通常会享受到适当的照顾，如**特殊的教学安排**、**生活支持**等。这种特殊照顾有助于他们更好地适应学校生活，专注于学习。

（4）对民族文化有浓厚兴趣的学生

民族班通常会开设与民族文化相关的课程，为**学生提供深入了解本民族文化的机会**。对于对民族文化有浓厚兴趣的学生来说，这是一个极好的学习平台。

2. 民族预科班适合的学生类型可以归纳如下：

（1）文化基础相对薄弱的学生

民族预科班学生通常**需要在预科阶段加强基础知识的学习**，因此，适合那些文化基础相对薄弱，但希望通过一段时间的努力达到本科或专科入学标准的少数民族学生。

（2）希望有个过渡，提前适应大学学习和生活的学生

预科阶段不仅提供基础知识的教育，**还帮助学生初步了解和适应大学的教学方法和学习方法**，因此，适合那些希望提前适应大学学习和生活的学生。

（3）具有强烈学习意愿和进取心的学生

民族预科班政策**要求学生在大学学习一年左右的预科课程**，这需要学生具有较强的学习意愿和进取心，能够积极面对学习挑战。

综上所述，民族预科班适合那些来自少数民族、文化基础相对薄弱、希望提前适应大学学习和生活、具有强烈学习意愿和进取心，并符合预科生录取标准的学生。

■ 哪些院校开设了民族班/民族预科班？

1. 开设民族班的院校

开设民族班的院校一般是**综合性大学、民族特色大学或者是地处少数民族地区的大学**。以下为部分开设民族班的院校，以供参考。

院校	班级性质	院校标签
北京交通大学	民族班	"211"/"双一流"
北京航空航天大学	民族班	"985"/"双一流"
中国地质大学（北京）	民族班	"211"/"双一流"
北京理工大学	民族班	"985"/"双一流"
北京语言大学	民族班	教育部直属
南开大学	民族班	"985"/"双一流"
哈尔滨工业大学	民族班	"985"/"双一流"
华东理工大学	民族班	"211"/"双一流"
浙江大学	民族班	"985"/"双一流"
中国石油大学（华东）	民族班	"211"/"双一流"
华中科技大学	民族班	"985"/"双一流"
武汉大学	民族班	"985"/"双一流"
中山大学	民族班	"985"/"双一流"
华南理工大学	民族班	"985"/"双一流"
重庆大学	民族班	"985"/"双一流"
兰州大学	民族班	"985"/"双一流"
西南民族大学	少数民族计划	—
昆明理工大学	民族团结进步示范班	—
昆明医科大学	民族团结进步示范班	—
云南中医药大学	民族团结进步示范班	—

续表

院校	班级性质	院校标签
云南民族大学	民族团结进步示范班	—
广西民族大学	民族班	—
云南农业大学	民族团结进步示范班	—
西南林业大学	民族团结进步示范班	—
滇西应用技术大学	民语民族班	—
西北师范大学	民族班	—

2. 开设民族预科班的院校

可以报考民族预科的学校有很多，这些学校通常包括**民族类院校以及一些在少数民族较多地区的普通院校**。以下是一些设有民族预科班的学校示例：

（1）**民族类院校**，包括中央民族大学、中南民族大学、西南民族大学、西北民族大学、北方民族大学、贵州民族大学、青海民族大学、广西民族大学等，这些民族类大学普遍设有民族预科班，旨在帮助少数民族学生更好地适应大学生活。

（2）**普通院校中的民族预科班**，包括北京大学、中国政法大学、中国传媒大学、中央戏剧学院、北京外国语大学、中山大学、中南财经政法大学、东南大学、苏州大学、东北大学、天津大学、吉林大学、华东师范大学、中央财经大学、东北师范大学、江南大学、北京化工大学、上海外国语大学等。这些高校同样为少数民族学生提供了民族预科班的选择。

■ 民族班／民族预科班的报考条件是什么？

1. 民族班的报考条件可以归纳如下：

（1）民族身份

考生必须是少数民族。汉族考生不具备报考资格，即使生活在少数民族聚居地区的汉族考生也不能报考。

（2）高考分数

报考考生需参加高考，**并且分数不得低于报考学校当年在其所在省（区、市）本科/专科最低录取线下40分（不含民族照顾分）**。

（3）其他要求

考生需具备良好的道德素质和学习能力。

符合高校相关专业报考条件，如语言能力、文化课成绩要求等。

（4）特别说明

报考民族班的考生应关注当地省级招办公布的分学校招生计划，以了解民族班的招生情况。

报考条件可能因地区、年份和政策的不同而有所变化，建议考生在报考前仔细查阅最新的招生简章或咨询相关部门。

2. 民族预科班的报考条件可以归纳如下：

（1）民族身份

考生必须是少数民族。汉族考生没有报考资格，即使考生是少数民族聚居地区的汉族考生也不具备报考资格。

（2）户籍与学籍

① 户籍和学籍应在同一个省（区、市）。

② 中央部委属和外省属高校少数民族预科班计划报考资格条件：**户籍在考生所在省少数民族自治地方（含少数民族自治州、自治县等）**。

③ 省属高校少数民族预科班预分到州、县（市、区）计划的优先投档录取资格条件：**户籍在该省的少数民族聚居区**。

④ 省属高校少数民族预科班计划报考资格条件：**考生拥有该省户籍**。

⑤ 对于户口迁入本省少数民族自治地方（或少数民族聚居区）的考生，还必须同时满足以下条件：

a. 随父母迁入或投靠父母，并且户籍在民族自治地方（或少数民族聚居区）连续满 3 年；

b.2005 年 1 月 1 日以后，由非民族自治地方（或少数民族聚居区）迁入民族自治地方（或少数民族聚居区）的考生，高中阶段在户口所在地民族自治地方（或少数民族聚居区）就学并满 3 学年学籍；

c. 考生父母在民族自治地方（或少数民族聚居区）工作或生活；

d. 对户口由非民族自治地方（或少数民族聚居区）迁入民族自治地方（或少数民族聚居区）的考生实行户籍、学籍双认定。

（3）高考分数

考生需参加普通高等学校招生全国统一考试（即高考）。

录取标准通常不得低于有关高校在录取省同批次统招本科最低分数线下 80 分（不含民族照顾分）或专科录取线下 60 分。

（4）民族身份

① 考生需符合报考普通高等学校的招生条件。

② 考生父母在民族自治地方或少数民族聚居区工作或生活（部分预科班可能有此要求）。

③ 部分预科班可能对考生的户籍和所在地区有特定要求，如贫困县、少数民族自治县的农村户口考生等。

（5）招生计划

民族预科班是**有计划指标**的，考生在报考前应详细了解相关学校的招生计划，并确认自己是否符合报考资格。

请注意，以上条件可能因地区、年份和政策的不同而有所变化，考生在报考前应仔细查阅相关学校的招生简章或咨询相关部门，以确保自己符合报考条件。

民族班／民族预科班的报考流程是怎样的？

民族班／民族预科班的报考流程**和同批次院校中正常录取流程一致**，一般包括以下几个步骤：

1. 了解招生政策和报名条件

查阅相关文件和政策，了解民族班的招生政策、对象、优惠政策等。核实自己的民族身份和户籍条件，确保符合民族班的报考条件。

通过学校官网、招生网站、教育局官方发布的招生信息等途径，获取有关民族班的招生计划、名额等具体信息。

2. 准备报名材料并申请报名资格

（1）根据学校要求，准备好相关的报名材料，如身份证复印件、户口簿、报名表、成绩单等。

（2）确保材料的真实性和完整性，按照招生公告要求的时间和方式提交到指定的学校或教育局。

3. 填报志愿

（1）在高中阶段填报志愿时，根据个人意愿和成绩等条件，将民族班作为志愿之一填报在志愿表上。

（2）填写志愿时要注意填写正确的学校代码和专业代码，确保信息的准确性。

4. 网上填报报名信息

（1）登录省考试局网站，凭报考卡上的卡号、密码和验证码进入高考报名系统。

（2）按照《XX年XX省普通高考网上报名信息填写说明》要求，完整、准确、客观、真实地填报本人的报名信息。

（3）逾期不完成网上报名程序的视为自动放弃报名资格，网上报名时间截止后，考生的报名信息不得更改。

（4）根据系统提示完成考试费用的缴纳。

（5）在网上报名时，认真阅读《考生诚信报名考试承诺书》的有关内容并确认同意后，方可进行网上报名。

5. 关注招生录取信息

等待学校或教育局的招生录取通知，一般来说，民族班的录取结果会在高考同批次录取结果院校中正常录取结果公布时进行公示。

少数民族预科班的报考流程一般独立设置，不与民族班同一批次一起录取，一般包括以下几个步骤：

（1）了解招生政策和要求

查阅当地教育部门或招生考试机构的网站，了解民族预科班的招生政策、招生计划、报名条件、录取标准等信息。

（2）提前申请并确认报考资格

考生需具备少数民族身份，汉族考生通常没有报考资格。考生需符合当地教育部门或招生考试机构规定的其他条件，如户籍、学籍、高考分数等。

（3）填报志愿

在高考志愿填报时，考生需要在规定的时间内填报预科班志愿。预科班志愿通常会单独设置，需要按照规定的格式和要求进行填报。

（4）等待录取通知

考核通过后，高校会根据考生的成绩和综合素质择优录取，并发送录取通知书。考生需要关注自己的录取状态，并及时查收录取通知书。

（5）报到入学

被预科班录取后，考生需要在规定的时间内到高校报到入学。报到时需要携带高考准考证、录取通知书等材料，并按高校要求缴纳学费、住宿费等费用。

■ 民族班／民族预科班规划建议

民族班／民族预科班的优势

教育机会与优惠政策

提供更多的教育机会：对于来自教育资源相对匮乏地区的少数民族考生，民族班／民族预科班提供了进入高等教育的途径以及接受更好教育的机会。

录取分数较低：相较于普通考生，民族班／民族预科班的录取分数线通常较低，但不得低于本科相应批次各有关高校提档分数线以下几十分。这为那些高考分数相对较低的少数民族考生提供了更多的选择机会。

优惠政策：为了鼓励少数民族学生接受高等教育，国家对预科班的学生提供了一定的优惠政策，如学费减免等。

文化融合与适应过渡

促进文化融合：民族班／民族预科班通常会有来自不同民族的学生，这有助于促进文化交流和融合，增进各民族之间的了解和尊重。

适应过渡：预科班为少数民族学生提供了一个适应大学学习的缓冲期。由于少数民族地区的教育资源有限，很多学生在高中毕业后直接进入大学可能会感到不适应。预科班帮助他们填补知识空白，更好地准备大学的学习。

学术提升与全面发展

民族预科班和民族班通常**会在前期提供针对大学课程的预备教育**，帮助学生提高学术水平，为大学学习做好准备。

民族班/民族预科班的局限性

预科学制与时间成本

学制较长：相较于普通班,民族预科班通常需要多读一年或两年的时间,这对于希望尽快进入职场或继续深造的学生来说,可能会增加时间成本。

学习进度延迟：由于预科阶段的存在,学生在大学学习的进度会相对滞后,这可能会影响他们的学术规划和职业规划。

教育资源分配不均

由于历史、地理或经济原因,**不同地区的民族班可能获得的教育资源存在差异,导致教育质量参差不齐。**

文化冲突与适应压力

文化冲突：虽然民族班有助于促进文化融合,但也可能导致文化冲突。不同民族的学生可能有着不同的文化背景和价值观,这可能会在某些情况下导致误解或冲突。

预科班为少数民族学生提供了一个适应大学学习的缓冲期,但部分学生可能仍然会感到适应压力,尤其是在语言和学术要求方面。

学术压力与专业选择受限

学术压力：预科班的学生通常需要面对更高的学术要求,这可能会给他们带来较大的学术压力。对于一些基础薄弱的学生来说,这种压力可能会更加明显。

专业选择受限：民族预科班的专业选择可能受到限制。一些预科班在入学时不分专业,而是根据学生的成绩和表现进行分配。这可能会限制学生的专业选择权。

民族班 / 民族预科班常见问题

民族班和民族预科班的学制有何区别?

民族班学制与普通本科 / 专科相同,属于定向招生的普通批次,不需要多读一年。**民族预科班**的教育安排在正式的本科 / 专科教育之前,学生需要多读一年的预科课程,然后再进入正式的大学课程学习。预科课程的安排一般在受录取院校委托的其他院校中进行。

民族班的降分幅度有多大?

一般来说,民族班在本科批次的降分幅度是院校最低录取分数线往下 40 分,在专科批次的降分幅度是院校最低录取分数线往下 60 分。民族预科班的录取降分幅度在对应录取院校的最低录取分数线往下 80 分。但是多数学校并不会真的那么慷慨,2023 年在云南招生的理科民族班降分较多的学校是华中科技大学(民族班),比正常的一本批次降了 39 分。但像南开大学,录取分数和一本批次一模一样,一分也没降。**其他大部分院校降分幅度都是在 3—10 分。**

民族班和民族预科班的专业安排如何进行?

民族班和招生院校的一般招生计划一起招生,学生在填报志愿的时候就会看到已经写明的招生专业,可以自主选择想要的专业。

民族预科班的专业安排情况并不统一,主要分为以下两种。

1. 在填报志愿之前,招生院校已经公布预科结束阶段可选择的专业和计划数额。

2. 不确定专业,在预科结束时,升学进入大学学习之前,招生院校结合当年的实际计划和政策,在尊重学生意愿的情况下,确定专业和计划数额。

> **民族预科班结束之后就能进入对应院校进行大学阶段的学习吗？**

不，预科阶段结束之后会安排结业考核，**考核成绩通过的学生才会收到由对应招生院校发出的录取通知书**。在预科阶段的学习主要是语文、数学、外语等高考的基础学科，学生进入预科学校学习的时候还是要认真对待。

> **民族班、民族预科班的学生和普通学生待遇上有什么区别？**

民族班学生和普通学生在生活上的待遇也许有不同，但是需要根据不同学校进行区分，如部分院校会对部分少数民族学生的禁食日提供额外的食堂开放时间。

教育资源上，民族班学生和其他学生享受同等待遇。

民族预科班学生在预科学习阶段不一定在本校学习，可能会在受委托的预科培养学校进行学习。

民族预科班学生结束预科阶段学习，顺利进入大学阶段之后，与大一新生混合编班，待遇一致。

> **除了少数民族身份，还有别的降分优惠身份，可以降两次吗？**

不可以，少数民族身份的加减分优惠政策不与其他加减分优惠政策同时触发，只能享受其中分值最高的一项。

> **报考民族班和民族预科班的时候，
> "民考汉"和"民考民"是什么意思？**

"民考汉"和"民考民"是针对少数民族学生在全国普通高等学校统一招生考试中的两种不同考试形式，它们分别代表了使用汉语答卷和使用本民族语言答卷的情况。

"民考汉"，即少数民族学生在参加全国普通高等学校统一招生考试时，使用汉语答卷。这一政策允许少数民族考生与汉族考生一样，使用汉语作为考试语言，以检验他们的汉语水平和相关学科知识。主要适用于报考运用汉语言文字授课的普通高等学校或专业的少数民族学生。

"**民考民**"，即少数民族学生在参加全国普通高等学校统一招生考试时，使用本民族文字答卷。这一政策允许少数民族考生使用自己的母语作为考试语言，以检验他们的母语水平和相关学科知识。主要适用于报考运用本民族语言文字授课的普通高等学校或专业的少数民族学生。涉及的民族语言包括但不限于蒙文、藏文等。

民族班 名校生访谈录

学生名片

姓名：杨同学
生源地：云南大理
民族：彝族
就读高中：大理州下关镇第一中学
就读大学：北京航空航天大学

访谈实录

Part 01　报考准备

Q：你最初是如何了解到民族班这一教育政策的？是什么促使你决定报考民族班？

A：高考结束开始准备填志愿的时候才知道的，因为民族班分数相对低，没有专业限制，后续选专业容易，有特殊奖学金——少数民族学生励志奋进奖学金，好像是一年3000元。

Q：你的高考成绩是多少？民族班项目为你加/减了多少分数？

A：668分，降了大概12到20分，不是直接加分。不是直接加分的意思就是这是一个单独的志愿项目，和正常录取差了12到20分。

Q：在报考民族班之前，你做了哪些特别的准备工作？

A：主要是了解招生政策，包括后续专业上是否有限制，入学之后和别的同学有什么区别等，除此之外没有特别做准备。

Q：在报考民族班时是如何选定专业的，与普通统招生比起来是否有局限性？

A：北航在高考报志愿时为民族班提供了航空航天大类和理科大类两个大类专业，后续进入学校选小专业时按照民族班内的同学排名进行专业分流，相比普通相同大类的学生来说选择想要的专业更为容易。唯一的局限性在于热门专业，如信息大类的专业和高等工程学院的专业不能在高考时选择，需要进入学校之后转专业，这方面也同录取为航空航天大类和理科大类的普通统招生一样。高等工程学院的统招收分线最高，进入学院的同学可以本硕连读，而且所有工科专业自选，对口专业的导师也可以全校自选。

Part 02 学习生活

Q：民族班的学习环境与其他班级有何不同？

A：没有区别，后续不作为分班依据，和普通统招生混合进行行政分班和授课。

Q：有没有遇到过文化差异的情况？民族班的身份会让你在学校中更占优势还是会给你带来一些困扰？

A：语言和社交需要适应一下，但是这个不来源于民族班的身份。民族班的身份一般不被提及，因此没有影响。

Q：作为汉语考生，你为什么要适应语言呢？

A：民族地区和北航所在城市的语言、社交习惯还是有些差异。这里的语言主要指的是地方方言和口音方面。

Q：在民族班的学习生活中，你觉得自己最大的成长是什么？有哪些方面的能力或观念得到了提升？

A：自学能力、未来规划能力。比如大一的数学分析课，我找了四五套网课，学起来就更轻松了一些。未来规划指的是我更清楚自己的目标是什么。

Q：你对未来的学习和职业规划有哪些想法？民族班的经历将如何影响你的这些规划？

A：目前的规划是在获得硕士学位之后应用专业知识实现就业。民族班的经历让我更珍惜北航的平台，更努力地实现规划目标。

定向免费医学生升学路径解读

16

■ 什么是定向免费医学生？

2018 年，国务院发布了《国务院办公厅关于改革完善全科医生培养与使用激励机制的意见》。意见中明确提出在未来，城乡每万名居民要拥有 2—3 名合格的全科医生。为了贯彻落实这项意见，定向免费医学生培养项目应运而生，旨在**为中西部乡镇卫生院培养合格的全科医生**，以改善当地的医疗水平，缓解医师资源紧张的情况。

值得注意的是，定向免费医学生在**本科和专科批次都有招生**，本章节内容我们主要针对的是本科批次的定向免费医学生。

定向免费本科医学生录取后、获得入学通知书前，须与培养高校和定向就业所在地的县级卫生健康、人力资源社会保障行政部门**签署定向培养和就业协议**。毕业后，需要按照协议规定到定向地区从事一定年限的医疗服务，一般的服务期限是 6 年，具体可以参照当地教育考试院的相关政策。

■ 定向免费医学生的报考条件是什么？

首先需要明确的一点是，定向免费医学生只招收农村学生，报考学生须同时具备下列条件：

1. 符合当年统一高考报名条件；

2. 考生**本人及其父亲或母亲或法定监护人户籍地须在农村，考生本人具有当地连续 3 年以上户籍**；

3. 所在省（区、市）规定的其他条件。

注意：采取以县为单位定向招生的地方，报考学生除同时具备上述条件外，考生本人及父亲或母亲或法定监护人户籍地须在定岗单位所在县农村。

定向免费医学生可报考的专业有哪些？

以 2024 年为例，中央财政支持高等医学院校为中西部乡镇卫生院培养订单定向免费五年制本科医学生共计 8002 人，专业包括**临床医学**、**中医学**、**中西医临床医学**、**蒙医学**、**维医学和哈医学**。

2024 年各省（区、市）定向免费医学生人才需求计划人数统计

招生地区	临床医学	中医学	中西医临床医学
河北省	360	90	—
山西省	330	70	—
内蒙古自治区	127	68	—
吉林省	150	47	—
黑龙江省	240	70	—
安徽省	259	147	—
江西省	80	60	—
河南省	330	120	—
湖北省	376	144	—
湖南省	455	100	45
广西壮族自治区	446	130	—
海南省	147	105	—
重庆市	150	50	—
四川省	325	72	3
贵州省	192	121	—
云南省	120	32	—
陕西省	293	83	—
甘肃省	800	300	—
青海省	50	—	—
宁夏回族自治区	30	30	—

续表

招生地区	临床医学	中医学	中西医临床医学
新疆维吾尔自治区	420	100	120
新疆生产建设兵团	130	—	—

蒙医学、维医学和哈医学这三种民族特色很强的医学只在个别自治区拥有招生计划。**蒙医学**，2024年只在内蒙古自治区招生，拥有25个招生计划；**维医学和哈医学**，2024年只在新疆维吾尔自治区招生，各拥有30个招生计划。

■ 定向免费医学生可以报考的院校有哪些？

不同省份，负责培养定向免费医学生的院校不尽相同，主要集中在一些**医科大学、中医药大学和医学院，以及少数综合性大学**。具体需要参考各地健康卫生委员会提供的定向免费医学生培养院校名单。以湖北省2024年定向免费医学生招生计划为例，主要招生院校及计划如下：

院校	专业	招生计划	招收考生所在区域
湖北医药学院	临床医学	203人	襄阳市、宜昌市、十堰市、孝感市、荆门市、随州市、恩施州、神农架林区
湖北科技学院	临床医学	173人	武汉市、黄石市、荆州市、黄冈市、咸宁市、鄂州市、仙桃市、天门市、潜江市
湖北中医药大学	中医学	144人	全省范围

■ 定向免费医学生的报考流程是怎样的？

时间	流程
5月中下旬	提交资格申报表及诚信申报承诺书
	省卫生健康委审核、公示考生信息
6月7—9日	参加普通高考

续表

时间	流程
7月初	提前批填报"定向免费医学生"
7月中	县(市、区)卫生健康行政部门核对考生户籍等信息、汇总盖章后反馈至省卫生健康委员会
7月中	对定向免费医学生免费培养志愿的考生分县(市、区)进行择优录取
入学前	县(市、区)卫生健康行政部门与定向考生签订"定向就业协议书"
入学前	考生凭"定向就业协议书"与高校签订"定向培养协议书"

■ 定向免费医学规划建议

定向免费医学生的优势

 录取分数低

医学专业包括临床医学、中医学等,可以说是各个院校收分最高的专业,没有之一。而对于定向免费医学生来说,**他们考取同一专业的分数一般来说会低 30—80 分**,甚至更多。例如内蒙古医科大学 2023 年本科一批招收临床医学专业的最高录取分为 581,而提前批的定向免费医学生的最低录取分仅为 496,两者攻读同一专业,却相差 85 分之多。

享受"两免一补"

定向免费医学生享受上大学期间**免交学费、住宿费,并且每月还会发放一定金额的生活补贴。**

本科毕业即就业,稳定有编制

定向免费医学生入学前须与培养高校和定向就业所在地的县级卫生健康、人力资源社会保障行政部门签署定向培养和就业协议。一般学制为 5 年,**本科毕业后就可以分配到对应地区的医疗卫生机构就业,并带有编制**。这对于一部分家庭条件一般,追求稳定的同学来说,是一个很有性价比的选择。

政策保障

对按协议到农村基层医疗卫生机构工作的免费医学生，**当地的医疗卫生机构有责任落实相关的工资福利，并提供必要的住房保障**。同时，当6年服务期满之后，如果提出转岗，根据相关政策，有优先被录取的机会。

定向免费医学生的局限性

就业地区不够发达

根据定向免费医学生的培养目标可知，此项目主要是为中西部乡镇医疗机构培养医疗人才，所以毕业生的就业通常是在生源所在地的乡镇或农村，可能**面临交通不便，基础设施不够完善的生活环境**。

有服务期限

与公费师范生一样，定向免费医学生的服务期限通常也是6年。而且，在服务期间，**定向免费医学生不能转岗、调岗、私自辞职，否则会被视为毁约**，不仅要返还上学期间的学费、住宿费和生活补贴，还会被记录到诚信档案，影响后续的发展，且违约之后不可以再考研。所以，在选择报考时要非常谨慎，思考清楚。

不利于自身专业的提高

医学专业很看重专业实践能力，能否接触大量的病例对于提高自己的专业能力会有非常大的影响。由于定向免费医学生所工作的地区一般是医疗条件比较落后的地区，所以当地的人民看病反而会选择去更大更发达的地区，而选择在本地看病的病人，大部分都是基础疾病，对于医生本身专业技能的提升没有太多的帮助。

定向免费医学生常见问题

三大公费生（公费医学生、公费师范生、公费农科生）是否可以同时报考？

各地区志愿填报规则有差异，请查阅本地教育考试院政策。例如，**山东省明确提出三大公费生不可兼报**：符合招录条件的考生可在普通类提前批第 1 次志愿填报中填报"公费师范生"或"公费本科医学生"或"公费农科生"院校和专业志愿，以上类型不可兼报。

河北省的本科提前批 B 段的平行志愿模式则可以同时填报：本科提前批 B 段。包括除本科提前批 A 段以外的其他国家专项计划、公费师范生和免费医学定向生等本科专业。实行以"专业（类）＋学校"为单位的平行志愿模式，1 个"专业（类）＋学校"为 1 个志愿。设 1 次集中填报志愿和 1 次征集志愿，每次最多可填报 96 个志愿。

定向医学生毕业后如何分配工作？

各地方政策有差异，请查阅当地卫健委政策，**以常州定向医学生就业政策为例**：正常毕业的农村订单定向医学生毕业后可参加户籍所在县（市、区）当年组织的基层机构公开招聘或"定向招聘"进编定岗，并按照考试成绩等依次选择工作岗位。

未能通过公开招聘或"定向招聘"进编的农村订单定向医学生，由当地卫生健康部门根据考试成绩等情况，按照公开公平的原则安排到村医岗位就业，在服务期内只可参加本县（市、区）乡镇卫生院的公开招聘。

农村订单定向医学生就业岗位落实工作原则上应在农村订单定向医学生毕业后三个月内完成，毕业生须在明确岗位后一个月内到岗工作。

大部分农村订单定向医学生会被分配到**户籍所在地的卫生院、医疗卫生机构、卫生健康局等医疗机构单位**。以下是部分省（区、市）具体的招聘岗位，以供参考：

省份	招聘单位	招聘岗位	所需专业	学历要求
湖北	随县唐县镇中心卫生院	中医全科医师	中医学类	本科
	随县小林镇卫生院	全科医师	临床医学类	本科
	随县第二人民医院	全科医师	临床医学	本科
四川	泸州市纳溪区卫生健康局上马中心卫生院	医生	中医学	本科及以上学历
	泸州市纳溪区卫生健康局天仙镇卫生院	医生	中医学	本科及以上学历
江苏	镇江市丹徒区辛丰中心卫生院	临床医生	临床医学	大专及以上学历
	镇江市丹徒区上党中心卫生院	临床医生	临床医学	大专及以上学历
	镇江市丹徒区荣炳卫生院	临床医生	临床医学	大专及以上学历
	镇江市丹徒区辛丰中心卫生院	临床医生	预防医学	大专及以上学历
	无锡市锡山区基层卫生医疗单位	医生	临床医学、中医学、预防医学、麻醉学	本科及以上学历

本科定向医学生和专科定向医学生有哪些区别？

1. 学制与培养层次不同

本科：一般为 5 年制，服务期限为 6 年（包含 3 年规培时间），培养层次较高，注重医学基础理论、专业知识和临床技能的全面培养。

专科：通常为 3 年制，服务期限为 6 年（包含 2 年规培时间），培养层次相对较低，但更侧重于基层医疗卫生工作的实际需求，注重实用技能和基本诊疗能力的培养。

2. 就业方向不同

本科：毕业后主要面向乡镇卫生院等基层医疗卫生机构，学生需要在基层医疗卫生机构从事医疗工作，并有机会在一年之内逐步落实编制，被纳入编制内管理。

专科：毕业后一般被分配到村卫生室或欠发达地区乡镇卫生院等基层医疗卫生岗位，但专科生在到岗后享受的是村医待遇，并得不到承诺会被纳入编制内管理，即专科生可能无编制。

（详情还请查阅生源所在地定向医学生政策。）

> **定向医学生毕业后规定时间内不能完成住院医师规范化培训怎么办？**

聘用单位可**单方面解除或终止聘用合同**。

> **定向医学生是否可以转专业？**

一般来说，公费医学生在入学后不能转专业。但是个别省份，也会规定在一定条件下，可以进行二次专业选择。 例如山东省《山东省医学生公费教育实施办法》的通知中显示：公费医学生可按照所在学校规定的办法和程序，经定向就业市卫生健康部门同意后，在医学专业范围内进行二次专业选择。由于各省政策不同，报考之前，请查阅当地政策。

> **定向医学生违约会如何处理？**

定向医学生毕业后未按协议到基层医疗卫生机构工作的，**要按规定退还已享受的减免教育费用并缴纳违约金**，同时违约事实将被记入个人诚信档案。

有部分地区也在不断加大违约处罚力度或提高违约成本，如甘肃规定定向医学生在校期间违约的，视为自动放弃学籍，按退学处理，退还已享受的培养费用，并按培养费用总额的两倍计算，一次性支付违约金。已毕业的定向医学生违约，须退还培养费用总额的两倍。河南要求定向单位要将违约情况记入定向医学生人事档案并封存保管。全省卫生健康系统不得录用违约人员，已经录用的要予以清退。江苏要求违约的农村订单定向医学生，应退还培养院校发放的生活费并补交学费和住宿费，并按约定一次性支付违约金。一律不得参加全国研究生招生考试报名和二级及以上公立医院公开招聘考试。

定向医学生可以考研吗？

在 6 年服务期内，一般不可以。不过个别省份在满足一定条件下，也是可以报考研究生的。例如山东省《山东省医学生公费教育实施办法》的通知中显示：公费医学生可报考医学类全日制硕士研究生或相同本科医学专业，报考前须按照有关程序经定向就业市卫生健康部门同意，并签订承诺继续履行基层医疗卫生服务责任补充协议。就读硕士研究生或本科学习期间，不享受公费教育费用补助。公费医学生在培养期和服务期可报考非全日制研究生或相同本科医学专业。由于各省政策不同，报考之前，请查阅当地政策。

艺术生升学路径解读 17

■ 什么是高考艺考？

高考艺考，顾名思义就是艺术类高考，是指学生在高中阶段学习艺术类专业并且参加普通高等学校招生全国统一考试。艺术类高考区别于普通高考，它要求考生不仅要学习文化课还需要学习艺术专业课，因此艺术类高考要求的文化课分数相对非艺考分数线较低。录取的院校多以艺术类院校为主，也包括部分"211"院校、普通本科院校和专科院校。

2021年9月，教育部印发《关于进一步加强和改进普通高等学校艺术类专业考试招生工作的指导意见》，明确提出，从2021年开始推进相关改革工作，到2024年，基本建立**以统一高考为基础、省级专业考试为主体，依据高考文化成绩、专业考试成绩，参考学生综合素质评价、分类考试、综合评价、多元录取的高校艺术类专业考试招生制度**，基本形成促进公平、科学选才、监督有力的艺术人才选拔评价体系。

■ 艺考适合哪些学生

1. 具有艺术素养且对其感兴趣

艺术类考试允许学生根据自己的兴趣选择和追求艺术领域中的特定专业，如声乐、舞蹈、美术、表演等。这意味着学生可以专注于他们真正热爱和对未来职业生涯感兴趣的领域，从而更有动力和耐心投入学习。

2. 愿意投入相对较高的教育资金

艺术类专业通常需要专业的培训和设备支持，例如绘画、雕塑、音乐演奏、舞蹈等。学生**需要购买或租借专业的工具、乐器、绘画材料或其他艺术用品**，以及支付相关的**工作室使用费用**。此外，学习艺术类专业通常需要**指导老师的辅导和指导**，他们可能会提供个别指导或小组课程。这些额外的教育费用可能会增加整体的学习成本。

比如，学习钢琴专业在大学阶段涉及的费用主要包括学费、乐器购买，以及聘请老师的费用。钢琴作为一种高级乐器，其起步价格就在几万元，而且还需要不断投入配件和保养费用（国产中等质量的钢琴价格在 1.5 万到 3 万元，进口中等质量的钢琴价格则在 2 万到 5 万元）。此外，找一位优秀的音乐老师进行专业培训也是一笔不小的开销（每小时学费 200—400 元）。中央音乐学院的一项调查显示，如果孩子从 5 岁开始学琴，学习 6 年，按照中等培训费用计算，**总共所需的费用将超过 30 万元**。

3. 想考取一个好学校，但因文化课成绩受限

艺术类学校或专业可能会根据其特定的招生政策和录取标准，要求学生提交艺术作品、进行面试或表演，更加重视艺术潜力和创意能力。文化课成绩不是唯一或主要的决定因素，因此即使某些方面的成绩可能不理想，学生仍有机会通过其他优势被录取。

4. 职业选择中倾向于设计、舞蹈等行业

对许多学生来说，选择艺术类考试追求喜欢的艺术专业是实现个人抱负和目标的一种途径。这些学生可能梦想成为艺术家、设计师、表演者或者从事与艺术相关的教育和研究工作，艺术类考试为他们提供了迈向这些目标的起点和支持。

■ 可以报考哪些艺术类专业？

专业	细分专业	是否需要专业能力测试
音乐类	音乐表演、流行音乐、音乐学、作曲与作曲技术理论、音乐治疗、音乐教育、录音艺术等	是
舞蹈类	舞蹈表演、舞蹈学、舞蹈编导、舞蹈教育、航空服务艺术与管理、流行舞蹈等	
表（导）演类	表演（戏剧影视表演）、戏剧教育、曲艺、音乐剧、表演（服装表演）、戏剧影视导演等	
播音与主持类	播音与主持艺术等	

续表

专业	细分专业	是否需要专业能力测试
美术与设计类	美术学、绘画、雕塑、摄影、中国画、实验艺术、跨媒体艺术、文物保护与修复、漫画、行为艺术、科技艺术、美术教育、艺术设计学、视觉传达设计、环境设计、产品设计、服装与服饰设计、公共艺术、工艺美术、数字传媒艺术、艺术与科技、陶瓷艺术设计、新媒体艺术、包装艺术、珠宝首饰设计与工艺、戏剧影视美术设计、动画、影视摄影与制作等	是
书法类	书法学等	
戏曲类	音乐表演（戏曲音乐）、作曲与作曲技术理论（戏曲音乐）、表演（戏曲音乐）、戏曲影视导演（戏曲音乐）等	
其他类	艺术史论、戏剧影视文学、艺术管理、非物质文化遗产保护、戏剧学、电影学、广播电视编导、影视技术等	否

■ 可以报考哪些院校？

学校名称	省份	城市	层次	备注
北京服装学院	北京	北京	本科	公办
中国传媒大学	北京	北京	本科	公办
中央音乐学院	北京	北京	本科	公办
中国音乐学院	北京	北京	本科	公办
中央美术学院	北京	北京	本科	公办
中央戏剧学院	北京	北京	本科	公办
中国戏曲学院	北京	北京	本科	公办
北京电影学院	北京	北京	本科	公办
北京舞蹈学院	北京	北京	本科	公办
天津音乐学院	天津	天津	本科	公办
天津美术学院	天津	天津	本科	公办
山西传媒学院	山西	太原	本科	公办

续表

学校名称	省份	城市	层次	备注
内蒙古艺术学院	内蒙古	呼和浩特	本科	公办
沈阳音乐学院	辽宁	沈阳	本科	公办
鲁迅美术学院	辽宁	沈阳	本科	公办
吉林艺术学院	吉林	长春	本科	公办
哈尔滨音乐学院	黑龙江	哈尔滨	本科	公办
上海音乐学院	上海	上海	本科	公办
上海戏剧学院	上海	上海	本科	公办
南京艺术学院	江苏	南京	本科	公办
中国美术学院	浙江	杭州	本科	公办
浙江传媒学院	浙江	杭州	本科	公办
浙江音乐学院	浙江	杭州	本科	公办
景德镇陶瓷大学	江西	景德镇	本科	公办
山东工艺美术学院	山东	济南	本科	公办
湖北美术学院	湖北	武汉	本科	公办
武汉音乐学院	湖北	武汉	本科	公办
广州美术学院	广东	广州	本科	公办
星海音乐学院	广东	广州	本科	公办
广西艺术学院	广西	南宁	本科	公办
四川美术学院	重庆	重庆	本科	公办
四川音乐学院	四川	成都	本科	公办
云南艺术学院	云南	昆明	本科	公办
西安音乐学院	陕西	西安	本科	公办
西安美术学院	陕西	西安	本科	公办

因篇幅有限，此处仅罗列部分艺术类院校，欲了解更多院校信息请登录阳光高考信息平台查询。

■ 艺术类院校报考的条件是什么？

1. 2024 年部分地方艺考政策变化

教育部发布《关于做好 2024 年普通高等学校部分特殊类型招生工作的通知》，要求进一步加强艺术类专业省级统考能力建设：**扩大省级统考范围**，考试科类基本实现全覆盖；提升省级统考的水平和质量，优化考试组织和流程，完善省级统考科目和内容，科学划定省级统考合格线；稳步提高文化课成绩要求。

地区	政策变动
北京	2023 年： 除以下**美术类统考**外并无其他专业说明： 美术统考的相关考务要求按《北京市 2023 年美术类专业统一考试实施办法》执行，相关评卷要求按美术类专业统一考试评卷工作规定执行。
北京	2024 年新加： 1. 2024 年艺术类专业全市统一考试包括音乐类、舞蹈类、表（导）演类、播音与主持类、美术与设计类、书法类 6 个科类，戏曲类实行省际联考。 2. 2024 年起，艺术史论、戏剧影视文学等高校艺术类专业，直接依据考生高考文化课成绩、参考考生综合素质评价，择优录取。 3. 逐步提高艺术类各专业高考文化课成绩录取最低控制分数线（舞蹈学类、表演专业可适当降低要求），高考文化课成绩所占比例原则上不低于 50%。
上海	2023 年： 本市艺术类市统考包括美术与设计学类、编导类、表演类、播音与主持艺术类、音乐学类（音乐学）、音乐学类（音乐表演－声乐）和音乐学类（音乐表演－器乐）7 个类别的考试。
上海	2024 年： 1. 2024 年，增加舞蹈类、书法类专业市级统考（于 2023 年 12 月组织施行）。 2. 自 2024 年高考起将不再组织对应戏剧影视文学、广播电视编导等相关专业的编导类专业统考（即 2023 年底的本市艺术类专业统考中不再开设编导类统考）。 3. 自 2024 年起，艺术类专业统考类别为以下 6 类：音乐类（包括音乐教育、音乐表演－声乐、音乐表演－器乐 3 个方向）、舞蹈类、表（导）演类（包括戏剧影视表演、服装表演、戏剧影视导演 3 个方向）、播音与主持类、美术与设计类、书法类。

续表

地区	政策变动
广东	2023年： 1. 省统考分为美术类、书法类、音乐类、舞蹈类、广播电视编导类和播音与主持类六种统考类别，艺术类考生只能选择其中一种，不得兼报。其中，音乐类考生在音乐类（音乐学）专业统考、音乐类（音乐表演－声乐）专业统考、音乐类（音乐表演－器乐）专业统考三个统考类别选择填报并允许兼报，音乐类考生的考试科目根据其选择的音乐类统考类别确定；播音与主持类考生在播音与主持类（普通话）专业统考、播音与主持类（粤语）专业统考两个统考类别选择填报并允许兼报。 2. 音乐类、书法类、美术类和舞蹈类统考院校（专业）投档总分750分，以普通高考文化课总分和术科统考分数合成的总分排序情况投档，总分合成计算公式为：考生总分＝文化课成绩×40%＋术科统考成绩×2.5×60%。 3. 广播电视编导类和播音与主持类统考院校（专业）投档总分750分，以普通高考文化课总分和术科统考分数合成的总分排序情况进行投档。总分合成计算公式为：考生总分＝文化课成绩×60%＋术科统考成绩×2.5×40%。
	2024年： 1. 2024年省统考分为音乐类、舞蹈类、表（导）演类、播音与主持类、美术与设计类和书法类6个科类，其中，报考音乐类的考生可以兼报音乐表演（声乐）方向、音乐表演（器乐）方向和音乐教育方向；报考表（导）演类的考生，可以兼报戏剧影视表演方向、服装表演方向和戏剧影视导演方向；报考播音与主持类的考生，可以兼报普通话方向和粤语方向。 2. 音乐类、舞蹈类、表（导）演类、美术与设计类、书法类统考院校（专业）投档总分750分，以普通高考文化课总分和省统考分数合成的总分排序情况投档，总分合成计算公式为：考生总分＝文化课成绩×50%＋省统考成绩×2.5×50%。 3. 播音与主持类统考院校（专业）投档总分750分，以普通高考文化课总分和省统考分数合成的总分排序情况进行投档。总分合成计算公式为：考生总分＝文化课成绩×60%＋省统考成绩×2.5×40%。
重庆	2023年： 1. 该市专业统考设5个类别：美术学与设计学类（简称美术类）、音乐类［音乐学、音乐表演（声乐）、音乐表演（钢琴）、音乐表演（器乐）］、编导类、影视类（表演、播音与主持艺术）、舞蹈类，考生可兼报。除该市专业统考未涵盖的艺术专业外，凡报考艺术类的考生均须参加该市专业统考。 2. 按艺术类各类别分本科、专科分别划定文化分数线及专业分数线。除经教育部批准的部分独立设置本科艺术院校（含部分艺术类本科专业参照执行的少数高校）外，其他单独组织专业校考的院校在录取时，凡该市统考涉及的专业须执行相应类别文化分数线。

续表

地区	政策变动
重庆	2024年： 1. 艺术史论、艺术管理、非物质文化遗产保护、戏剧学、电影学、戏剧影视文学、广播电视编导、影视技术等不组织专业考试的艺术类专业，纳入普通类批次并执行相应录取规则，由高校直接依据考生高考文化成绩、参考考生综合素质评价，择优录取。 2. 2024年起，本科文化录取控制线原则上不低于普通类本科录取控制线的75%（舞蹈学类、表演专业可适当降低要求），组织专业校考的艺术类专业录取时对考生文化成绩的要求不得低于本市普通类本科批次录取最低控制分数线。
湖南	2023年： 音乐类、美术类、书法艺术和书法教育类的分数线为普通类本科录取控制分数线的75%；舞蹈类、表演类（戏剧表演）和表演类（服装表演）的分数线为普通类本科录取控制分数线的70%；编导类、播音与主持艺术类、摄影摄像类为普通类本科录取控制分数线。 2024年： 音乐类、美术与设计类、书法类的分数线为普通类本科最低录取控制分数线的75%；舞蹈类、表（导）演类的分数线为普通类本科最低录取控制分数线的70%；播音与主持类的分数线与普通类本科最低录取控制分数线相同。2025年起，有关科类录取控制分数线分别由普通类本科最低控制分数线的75%、70%提高至80%、75%。
山东	2023年： 艺术类本科高校及专业中，文学编导类、播音主持类、摄影类文化课录取控制分数线为普通类一段线；美术类、音乐类、书法类、航空服务艺术类文化课录取控制分数线为普通类一段线的75%；舞蹈类、戏剧影视表演类、服装表演类文化课录取控制分数线为普通类一段线的65%。 2024年： 2024年起，艺术类各专业类别本科专业高考文化课录取控制分数线以普通类一段线为基数划定，其中，播音与主持类文化课录取控制分数线为普通类一段线，美术与设计类、书法类、音乐类文化课录取控制分数线为普通类一段线的75%，舞蹈类、表（导）演类、戏曲类文化课录取控制分数线为普通类一段线的65%。高职（专科）专业高考文化课录取控制分数线与普通类二段线相同。
四川	2023年： 1. 除普通类本科提前批外，艺术、体育类考生兼报普通类专业的，当同时符合两类志愿投档条件时，其档案按照所报志愿投档时间先后顺序进行检索投档。 2. 省招考委本着既重视专业成绩又重视文化素质的原则，根据高校在川招生计划、考生的专业统考成绩和文化考试成绩按类别，分本科、专科层次分别划定专业录取控制分数线和文化录取控制分数线。

续表

地区	政策变动
四川	2024年： 1. 2024年，报考艺术类专业的考生类别须选择艺术（文）或艺术（理），两者不可兼报。对口招生类别考生须选择文化艺术类。 2. 2024年起艺术类专业招生实行"文化素质＋专业能力"的考试评价方式，文化素质和专业能力各占50%。

2. 查看意向院校的招生简章需要注意哪些细节？

（1）查看该学校可报考专业是否与考生符合。

比如：某校音乐表演专业分为声乐、钢琴、器乐、通俗演唱演奏4个方向招生，考生须按照各方向相应要求报考：音乐表演（声乐方向）专业仅限美声、民族唱法考生报考；音乐表演（钢琴方向）专业仅限钢琴考生报考；音乐表演（器乐方向）专业对不同省份有不同乐种要求；音乐表演（通俗演唱演奏方向）专业仅限通俗唱法、电吉他、电贝斯、电子键盘、架子鼓考生报考。

（2）查看招生人数及有没有地域要求。

比如：某校舞蹈学（师范）专业只在北京招生，只招收具有北京市常住户口的考生（不含因升学原因将户口迁入北京市集体户口的考生）。

（3）查看是否为中外合办专业，可能会涉及外语、资金和转专业等问题。

比如：报考某校影视摄影与制作专业（中外合作办学）的考生入校后不得转读其他专业。学校不限制考生应试外语语种，但考生进校后均以英语为第一外语安排教学，非英语语种的考生须慎重填报志愿。

（4）查看该学校认可什么类型的专业省级统考，以及基础成绩要求。

比如：报考舞蹈学专业的考生，须参加生源省组织的舞蹈类专业省级统考，且成绩达到省级统考本科合格分数线；高考文化成绩不低于当地省级招办公布的艺术类本科批次线。

（5）查看是否需要校考及考试内容、时间地点等。

比如：武汉音乐学院2024年艺术类校考考试方式初试线上、复试线下。武汉音乐学院2024年艺术类校考线上初试时间是1月20日9：00至1月24日17：00，线下复试是2024年2月21日开始进行。

（6）查看投档原则和录取原则。

以河北省为例，在考生文化成绩和艺术专业成绩均达到河北省相应批次、科类最低录取控制分数线，并符合河北省相关招生要求的情况下，执行河北省艺术类相应专业平行志愿投档规则，在已投档范围内，依据综合成绩从高到低的顺序录取。若考生综合成绩相同，依次比对高考文化总成绩（含政策性加分）、语文数学两门成绩之和、语文数学两门中的单科最高成绩、外语单科成绩、首选科目的单科成绩、再选科目单科最高成绩、再选科目单科次高成绩择优录取。综合成绩计算公式为：综合成绩＝高考文化总成绩（含政策性加分）×0.7+（专业成绩÷专业满分）×750×0.3，结果四舍五入保留小数点后 3 位数字。

（7）查看毕业证明类型，可能会有一些括号说明。

比如：各专业均为四年制本科。合格毕业生授予艺术学学士学位。

一般新生报到后，学校要进行新生入学资格和身体复查，对于不符合录取条件者将取消入学资格。

新生入学三个月内，学校将按照有关规定进行专业复查，凡不符合录取条件或发现有舞弊行为者，取消其入学资格。凡属弄虚作假、徇私舞弊取得学籍者，一经查实，无论何时，学校立即取消其学籍。

注：根据教育部有关规定，使用专业考试成绩录取的艺术类专业学生，入校后不得转入不使用专业考试成绩招生的艺术类专业。

3. 高校招生简章（2024 年）

2024 年，350 所左右院校公布的招生简章中提及艺术类考生录取规则和条件，下面将选择北方部分院校（主要是北京）和南方部分院校（主要是重庆、四川）的招生简章进行分析。

部分高校艺术类专业 2024 年报考条件

办学地	学校名称	招生要求
北京	中国人民大学	1. 绘画专业要求考生高考文化课成绩（含政策性加分）须达到省份艺术类录取控制线，艺术类专业省级统考成绩达到省级统考合格线且总分不低于满分的85%。 2. 设计学类［环境设计（景观建筑方向）、视觉传达设计、数字媒体艺术］专业要求考生高考文化课成绩（含政策性加分）须达到生源所在省份第一批本科录取控制分数线（合并本科批次的省份为不低于特殊类型招生录取控制分数线），艺术类专业省级统考成绩达到省级统考合格线且总分不低于满分的80%。
	北京师范大学	1. 戏剧影视文学专业考生高考成绩不低于一本线。 2. 书法学专业考生高考成绩不低于一本线的90%，语文不低于105分（满分150分），外语不低于80分（满分150分）。 3. 数字媒体艺术专业考生高考成绩不低于一本线，语文、外语不低于100分（满分150分），统考专业成绩不低于满分的70%。 4. 美术学、艺术设计学专业考生高考成绩不低于一本线的90%。 5. 音乐学专业考生语文、外语不低于70分（满分150分）。 6. 舞蹈学专业考生语文不低于70分（满分150分），外语不低于50分（满分150分）。
	首都师范大学	1. 报考各艺术类专业考生高考文化课成绩（含政策性加分）不低于招生省份艺术类本科录取控制线。 2. 报考美术学（师范）、美术学类、设计学类、美术学（初等教育，师范）的考生，外语成绩不低于60分（150分满分）。 3. 美术学（师范）、美术学类、设计学类专业，在北京要求专业统考成绩不低于225分，在北京以外招生省份要求专业统考成绩不低于240分（300分满分）。 4. 美术学（初等教育，师范）专业，要求专业统考成绩不低于210分。 5. 音乐学（声乐主项，师范）、音乐学（钢琴主项，师范）、音乐表演（声乐）、音乐表演（钢琴）、音乐表演（西洋器乐）、音乐表演（民族器乐）专业，要求专业统考成绩不低于240分（300分满分）。 6. 音乐学（初等教育，师范，声乐主项）、音乐学（初等教育，师范，钢琴主项），要求专业统考成绩不低于225分（300分满分）。 7. 舞蹈学要求专业统考成绩不低于255分（300分满分），舞蹈学(师范)要求专业统考成绩不低于240分（300分满分）。 8. 书法学（初等教育，师范）专业，要求专业统考成绩不低于225分（300分满分）。 9. 舞蹈学和舞蹈学（师范）专业要求女生身高160厘米以上（含）、男生身高170厘米以上（含）。

续表

办学地	学校名称	招生要求
北京	首都体育学院	舞蹈表演专业 1. 考生须参加全国统一高考及生源所在地省级招生考试机构组织的舞蹈学类统考。文化成绩和舞蹈学类统考成绩均达到生源所在地省级招生考试机构划定的艺术类本科录取控制分数线。 2. 无生理缺陷、面部畸形、斜视、严重口吃及耳鼻喉科疾病之一而妨碍发音、面部有较大面积(3厘米×3厘米以上)疤痕、血管瘤、白癜风、黑色素痣等情形之一者，及肢体残疾者。 3. 男生不得低于170厘米，女生不得低于160厘米。
重庆	重庆大学	1. 符合2024年教育部及生源所在省（区、市，下同）艺术类专业招生规定，品行端正、身心健康。 2. 符合教育部等部委印发的《普通高等学校招生体检工作指导意见》及有关补充规定。患有色觉异常工度（俗称色盲）者，设计学类、绘画专业不予录取。 3. 报考表演、播音与主持艺术、音乐表演、舞蹈表演专业的考生，须具有良好文化素质与艺术素养，且五官端正、口齿清晰、听力正常、形象气质佳，无生理缺陷。 4. 报考表演、播音与主持艺术专业的考生，男性身高须达到170厘米，女性身高须达到160厘米。 5. 报考音乐表演、舞蹈表演专业的考生，男性身高须达到175厘米，女性身高须达到165厘米。音乐表演专业原则上只招收美声、民族、流行唱法考生；舞蹈表演专业原则上只招收民族舞、古典舞考生，不招收芭蕾舞、街舞、体育舞蹈考生。 6. 报考表演、播音与主持艺术、音乐表演、舞蹈表演、设计学类、绘画专业的考生，须参加高考所在省级招生考试机构统一组织的相应类别专业省级统考，且须达到统考本科合格线。 7. 报考表演、音乐表演、舞蹈表演专业的考生，高考文化成绩须达到生源所在省艺术类相应专业本科控制分数线。 8. 报考设计学类、绘画专业的考生，高考文化成绩须达到生源所在省第一批本科录取控制分数线的80%（四舍五入后取整作为评判标准）且不低于艺术类相应专业本科控制分数线。 报考播音与主持艺术专业的考生，高考文化成绩须达到生源所在省第一批本科录取控制分数线；报考戏剧与影视学类专业的考生，高考文化成绩原则上应达到生源所在省第一批本科录取控制分数线。

续表

办学地	学校名称	招生要求
重庆	西南大学	1. 报考播音与主持艺术专业的考生，须参加生源省组织的播音与主持类专业省级统考，且成绩达到省级统考本科合格分数线；高考文化成绩不低于当地省级招办公布的艺术类本科批次线。 2. 报考美术学、视觉传达设计、绘画、雕塑、服装与服饰设计专业的考生，须参加生源省组织的美术与设计类专业省级统考，且成绩达到省级统考本科合格分数线；高考文化成绩不低于该省（市、自治区）普通本科文理一本批次线的80%。 3. 报考音乐学专业的考生，须参加生源省组织的音乐类相应类别省级统考，且成绩达到省级统考本科合格分数线；高考文化成绩不低于当地省级招办公布的艺术类本科批次线。 4. 报考音乐表演专业的考生，须参加生源省组织的音乐类相应类别省级统考，且成绩达到省级统考本科合格分数线；高考文化成绩不低于当地省级招办公布的艺术类本科批次线。 5. 报考舞蹈学专业的考生，须参加生源省组织的舞蹈类专业省级统考，且成绩达到省级统考本科合格分数线；高考文化成绩不低于当地省级招办公布的艺术类本科批次线。舞蹈学专业仅限中国舞、现代舞考生报考。
四川	四川大学	1. 符合2024年教育部及生源省份艺术类专业招生条件，体检要求符合教育部等部委印发的《普通高等学校招生体检工作指导意见》及有关补充规定。 2. 本校2024年艺术类各专业不组织校考，报考本校艺术类各专业的考生，须参加生源省份组织的相应专业类别省级统考，并达到省级统考本科合格线。 3. 考生须参加全国普通高等学校招生统一考试。 4. 报考设计学类、广播电视编导、美术学（理论研究）专业的考生，高考文化成绩须达到生源省份普通类本科同科类第一批次录取控制分数线（高考改革省份及合并本科批次省份，参照该省份确定的部分特殊类型相应最低录取控制分数线执行）。 5. 报考美术学类、书法学专业的考生，高考文化成绩须达到生源省份普通类本科同科类第二批次录取控制分数线（高考改革省份及合并本科批次省份，该录取控制分数线以当地省级招生考试机构政策为准）。 6. 报考舞蹈表演、音乐表演（声乐）专业的考生，高考文化成绩须达到生源省份艺术类相应专业文化考试本科录取控制分数线。 7. 报考舞蹈表演专业的考生，男生身高不低于1.75米，女生身高不低于1.65米。本校舞蹈表演专业不招收拉丁舞、街舞、体育舞蹈考生。
	四川传媒学院	1. 该校招生录取对象为参加全国普通高等学校统一招生考试的学生，招生工作根据教育部有关文件精神执行。 2. 报考其校播音与主持艺术（英汉双语播音）专业的考生外语成绩须达到100分（满分150分）以上。

其他未提及的艺术专业和院校，如有需要，可查看各招生院校招生官网。

■ 艺考的报考流程是怎样的？

时间	流程	备注
7月—省统考	提升专业成绩	艺术集训前应及早定位考学方向，选择艺考培训机构，力争把握先机。
10月—11月	报名高考	—
10月—12月	报名省统考	—
11月—12月	关注艺考信息	各省陆续出台当年艺考政策，可以知道文化课成绩和专业成绩哪个更重要，然后可以有侧重地准备考试，以及考生目前有意向的专业是否需要准备校考。
11月—次年1月	参加省统考	达到省级统考本科合格分数线的统考成绩对于考生报考大部分专业和院校都很重要，比如播音与主持类等。
11月—次年5月	分析招生简章	需要注意招生简章中的录取方式、报名条件、能否转专业、毕业证书类型、中外合作办学情况和学费等。
12月—次年1月	报名校考	通过前面的地方艺考政策和招生简章可以知道考生是否需要校考。有些专业和院校是要求校考的，比如东华大学美术设计类专业。如果需要准备校考，考生需要注意考试形式（提交材料、线上或线下……）、时间地点、成绩查询时间和方式（网站、通知……）。
次年1月—次年2月	关注省统考成绩	达到省级统考本科合格分数线的统考成绩对于考生报考大部分专业和院校都很重要。根据省统考成绩和招生简章可以比较快地判断出考生是否可以填报该志愿。
次年1月—次年2月	参加校考	记得准备好考生相关证明材料或设计作业。
次年3月—次年6月	关注校考成绩	如果参加了校考，记得及时查询成绩，然后可以对一些专业和院校进行取舍。
省统考（校考）—高考	复习文化课	查漏补缺，分析自己的强科、弱科，让强科发挥优势。艺术生主要还是以基础为主，果断放弃高难度的内容，保证会的知识不丢分，把更多的时间放在提升成绩空间较大的内容上。
次年6月	参加高考	—

续表

时间	流程	备注
次年6月—次年7月	填报志愿	根据地方政策和学校招生简章中的录取条件（招生省份、身体要求……），结合自身情况慎重填报志愿。
填报—录取	等待录取	准备相关材料（大部分院校没有要求）。

■ 艺考规划建议

艺考的优势

文化成绩要求相对较低

与一般考生相比，艺术生通常可以享有稍低的文化成绩门槛，这使得一些在艺术方面有专长但文化成绩不突出的学生也能有机会进入他们理想的院校。例如，普通本科院校可能要求文化成绩达到 500 分以上，而艺术生可能只需 300 多分就有机会。

发挥个人特长

通过专业考试，有艺术天赋和兴趣的学生可以展示自己独特的才能，从而有更多机会凭借艺术专长脱颖而出。例如，擅长绘画的学生可以在美术考试中展现他们的实力。

拓宽升学途径

除了综合类大学，艺术生现在有更多选择进入各类专业的艺术院校，如中央美术学院、中央音乐学院等。

培养一技之长

艺术类专业通常鼓励个性化和创造性的表达，允许学生在学习过程中发展和展示他们独特的艺术风格和视角。这种个性化的发展机会使得学生能够在艺术创作中找到自己的声音和表达方式，并将其培养成一技之长。

就业方向多元

毕业后可以涉足艺术创作、教育、设计、表演等多个领域，就业机会广泛。例如，音乐类专业的毕业生可以选择从事音乐教育或演出等工作。

艺考的局限性

激烈的竞争环境

随着艺术院校报考竞争的加剧，许多家长和学生面临前所未有的挑战。招生名额有限，报考人数逐年增加，导致录取率持续下降。这种情况使得即使是优秀的艺术考生也面临着巨大的竞争压力，难以突出重围。在这样的背景下，为了争取更好的成绩和名次，许多家长和学生不得不投入更多的时间和精力进行备考，甚至可能牺牲他们的兴趣和健康。

高昂的经济成本

参加艺术类考试不仅需要投入大量的时间和精力，还需要付出高昂的经济成本。从备考阶段的培训费、材料费，到考试期间的报名费、交通和住宿费用，这些开支都相当不菲。对于许多家庭而言，这是一个不小的财务负担。一些家庭为了支持孩子的艺术梦想，可能不得不面对极大的经济压力，甚至削减其他方面的支出。

艺术道路的艰辛与不确定性

艺术领域的发展路径并非一成不变，其中充满了挑战和变数。艺术行业本身竞争激烈，而且相对不稳定。艺术考生毕业后能否实现职业目标和个人梦想，往往取决于多种因素。艺术市场受到市场需求、政策变化等影响较大，这增加了从业者面对的不确定性。因此，许多艺术考生在面对毕业后的职业选择时，常常感到迷茫和困惑，需要认真思考和规划自己的未来道路。

忽视文化课的学习

在备考艺术类考试期间,一些考生因专注于艺术专业学习,可能忽略了对文化课的重视。然而,艺考生的综合素质和未来发展中,文化课学习扮演着重要的角色。良好的文化基础不仅有助于艺考生提升艺术创作水平,还能拓展其在艺术领域的发展空间。因此,艺考生须认识到文化课和专业课的双重重要性,努力全面发展自己的综合能力。

艺考的常见问题

院校的招生简章真的写得很简单吗?

目前的情况表明,即使在同一所学校,不同的专业也会有各自不同的录取要求。因此,了解和研究具体学校的招生简章和录取规则至关重要。家长和学生需要根据实际情况,谨慎选择和规划,以充分发挥优势并避免弱点。这种个性化的选取过程能够帮助学生在艺术考试中更有效地竞争和表现。

这些专业有一些特别要求吗?

不同学校的培养目标和招生规则确实存在差异,这直接影响了对学生的具体要求。在学校的招生简章和录取规则中,文化课和专业课的考试分配比例可能会有所不同,例如3∶7、4∶6或者5∶5等。因此,家长在选择报考学校时,应当根据学生的具体情况进行谨慎选择。有些学校可能会将专业课成绩作为主要录取依据,而有些则可能更注重文化课的表现。了解这些细节对于制订合适的备考策略和提高录取机会至关重要。

报考时有哪些需要注意的事项呢?

在考虑学生报考的学校时,需要慎重考虑学校的排名和水平。除非学生非常有信心或者已经明确了目标,否则应该考虑涵盖一本和二本院校范围内的选择。不然,可能会面临报考的几个学校水平相当,没有拉开距离,最终无法进入任何学校的情况,或者最终只能接受一个学校的录取通知。这在填报志愿时可能会使学生不得不放弃其他批次学校的机会。因此,在报考过程中,综合考虑多个因素,包括学生的实际竞争力和个人目标,是非常重要的。

报考艺术类专业必须参加省统考吗？

考生所报考专业在省统考范围内的，必须参加省统考。对于美术学类和设计学类专业，除经教育部批准的部分独立设置的本科艺术院校（含部分艺术类本科专业参照执行的少数高校）外，高校不再组织校考。据《教育部关于进一步加强和改进普通高等学校艺术类专业考试招生工作的指导意见》，2024 年起，艺术史论、戏剧影视文学等高校艺术类专业，直接依据考生高考文化课成绩、参考考生综合素质评价，择优录取。

艺术类考生如何填报志愿？

如果招生学校组织校考，那么考生必须获得校考合格证，才可填报相关艺术院校（专业）志愿。（如果报考的专业在省统考范围内，那么考生还必须获得省统考合格成绩。）如果高校不组织校考，那么考生获得省统考合格成绩（并符合高校要求）即可填报相关艺术院校（专业）志愿。考生一定要根据省招办和招生高校的要求来填报志愿。艺术类院校（专业）一般在提前批次录取。

艺术类考生能兼报普通类专业吗？

报考艺术类专业的考生，可以兼报除提前录取批次外的其他批次的非艺术类专业。如生源所在省级招办另有规定，则以省级招办当年的规定为准。

艺术类招生的录取原则有哪几种？

对艺考生来说，文化课成绩和专业成绩都要合格。比如，独立设置的本科艺术院校可自行划定艺术类本科专业文化课分数线，而其他高校录取的艺术类考生，文化成绩必须达到生源所在省级招办划定的分数线。在两者均合格的情况下，艺术类高校（专业）在录取时有 3 种原则：

1. 专业课成绩上线，按照文化课成绩从高到低排名录取。

2. 文化课成绩达到最低要求，按照专业成绩从高到低排名录取。

3.专业成绩和文化课成绩相加或按比例计算出综合成绩,按综合成绩排名录取。同一所学校不同专业的录取原则也可能不一样,各专业的文化课分数线也有区别。建议考生报考前认真阅读目标高校的艺术类专业招生简章,特别是其中有关录取原则的规定。

艺术生名校生访谈录

学生名片

姓名：马同学
生源地：北京
就读高中：北京市第一五六中学
就读大学：中央美术学院
大学专业：人文学院美术学专业

访谈实录

Part 01 报考准备

Q：为什么选择艺考这条路呢？
A：因为我从小学画画，从6岁开始，一直学到了高中。升到高中之后就决定走艺考，也是比较自然而然的一件事情，因为还是对画画抱有很浓厚的兴趣，家里条件也可以支持。

Q：选择艺考之后，身边的人有什么看法或者建议吗？
A：我的一些高中老师，觉得我的文化课分非常高，选择艺术学院的话可能会有点儿屈才，但是我还是很喜欢美院的氛围，所以还是决定考专业的美院，来完成梦想。父母觉得艺考有专业课考试，也有文化课的分数要求，两头都不能落下。如果艺考没有考好的话，靠着文化课的分数也能上一个不错的学校。所以当时其实还是有一点纠结的。

Q：这些看法或建议会对你有什么影响吗？

A：我个人决定艺术学院是一定要尝试去考的。因为我文化课成绩一直都比较好，所以也不能松懈。但是因为高中学校的原因，我没有办法出去集训，进行统一的绘画训练，所以我当时选择了比较稳妥的人文学院美术学专业，专科考试考美术史，不考绘画，凭借我的分数，和一些对于美术的兴趣，考取这个专业会比较稳妥。

Q：当时身边艺考生多吗？有没有同伴一起的？
A：当时身边艺考生不是特别多，没有同伴跟我一起考这个专业。我后来上了一些课程，比如升学之前的辅导，那个时候还是认识了很多志同道合的好朋友的。

Q：报过培训班吗？感觉怎么样？
A：报过美术史的培训班，感觉还是挺不错的。因为是那种小班制，十几二十个人，费用还可以。而且还有网课，所以我平常上文化课的课余时间还可以听这个美术史的课。当时的老师也是中央美术学院毕业的，所以对于升学还是比较了解。

Q：那专业课考试准备了多长时间？
A：当时我们比较特殊，是2020级，正好赶上了疫情，就导致我们的专业考试被取消了，直接按照高考成绩录的。

Q：你高考成绩是多少？
A：我高考成绩是628分。

Q：你觉得在这些准备中最难的是什么？
A：因为疫情，我们没有专业考试，这个是提前通知了的。所以我们比较早就知道不用准备考试了，只专门攻克文化课就好了。所以以我为例子的话，那肯定提高文化课分数是最重要的，也是最难的。

Q：这个过程中最想感谢谁呢？
A：感谢所有人。如果不是我的专业课老师的话，我也不知道美院有人文学院美术学这个专业，相当于给我及时扳了一下方向盘。因为我一开始是奔着造型学院去的，但是我后来也认清自己的实力了，及时地转移了赛道。除了专业课老师，还有我的高中同学、高中老师，他们也都是比较理解和支持我的，我的高中学习也很快乐。我的父母也很支持我，也为此费了一些心思。所以我觉得所有人都是值得感谢的，只要是陪在自己身边的。

Part 02 学习规划

Q：除了专业学习之外，你们还要学习普通文化课吗？有哪些呢？
A：普通文化课就是每个大学基本上都有，比如说马克思主义等政治类的课，这个是必修的。我们的专业的话就是美术史的课程。除了美术史的一些课程以外，还有考古概论、艺术理论等也是大一、大二必修的。所以我们专业大一到大四上学期基本都有课，是个非常忙的专业，有点像是高四，一直要上文化课。

Q：你觉得难度怎么样呢？
A：我觉得难度很高，跟我入学之前想的也完全不太一样。我当时以为就是学历史再加上美术，能难到哪儿去呢？但是后来发现其实很枯燥。虽然中外美术史有各种历史事件，会让人觉得很有意思，但总体是比较枯燥的。

Q：那你的学习时间是怎么分配的呢？
A：我觉得要分类讨论，如果你很喜欢这个专业，很希望拿到奖学金或者是考研的话，那你的专业分数就一定要在班级的前十名左右，这样的话，你的学习时间就应该很多了。因为考核论文，也有课堂考试，难度都很大，需要背的东西有很多。但是如果你只是想在央美探索自己的其他方向的话，那我觉得没有必要把自己的时间大量花费在学习美术史上，因为本身这个专业就很累，可以花百分之三四十的时间在学习专业课上，只要分数还可以，其他时间就去主攻你想干的那个事儿。

Q：有将自己的专业能力应用到实践或生活中吗？
A：美术学这个专业锻炼的其实是美术史的学习能力，以及写论文的能力。你能不能从图像、从视觉形象当中挖掘出东西。我觉得从语言组织能力以及研究能力上来讲，是很有用的，而且你的表达能力在以后的求职工作中也很受用。

Q：这种体验有什么深刻体会吗，比如成就感之类的？
A：如果你喜欢这个专业的话，你的成就感会很大，前提是你在这个专业里取得了一些好的成绩，一些正向的反馈。中央美术学院的美术学院全国排名第一，它的师资以及专业水平肯定是不用多说的。而成就感应该是来源于你做你觉得有意思的事情。

Q：有自己更喜欢的专业吗？（被不能转专业困扰过吗？）
A：有啊，当然有。我刚才说了这个专业难度很大，不是适合所有人的，它适合那种愿意坐冷板凳，愿意专心搞研究，愿意沉浸在学术的海洋里的人。如果你不喜欢，是一个乐于实践的人，或者说你是一个喜欢动手的人，不喜欢写东西，更喜欢做创新性的东西，那这个专业完全不适合你。我们学校其他专业，我不知道，我没有问过，但是我们专业是不能转专业的，所以大家选择的时候要慎重一些。

Part 03 就业方向

Q：这个专业的就业方向有哪些呢？
A：博物馆、画廊、展览等跟美术学专业比较对口。当然还可以考公务员和事业编，也可以自主创业。我还是那句话，你不一定被困于这个专业里头，还是可以去干你想干的事情。我也跟我的毕业论文指导导师谈到过这个话题。你身边如果有资源要利用起来，不要觉得很害羞或者是怎么样，你就直接跟老师说我想去哪儿，您有没有推荐，老师也不会藏着掖着。

Q：主动找过一些专业对口的实习或是实践吗？
A：我的实习经历还是挺多的，不拘泥于美术史。我在画廊、故宫博物院、字节跳动、拍卖行，还有一些文艺会演的公司，还有家教全部都干过。经历了这些，不一定能知道你喜欢什么，但是你至少知道你不喜欢什么了。所以我觉得经历很重要，而且这些经历可以给你增加很多很多人脉，这些人脉之后再给你介绍什么，或者说给你引入到一个全新的领域，都是完全有可能的。所以如果有时间可以多实习。

Q：凭借自己的专业找到了独特的竞争力吗？
A：我不能说这个专业有独特竞争力，但至少院校是有的。中央美术学院是一个敲门砖，你只要是在艺术圈内混，大家都是认可你的。至于这个美术学专业，其实社会上对它的了解不是很多。因为大家普遍觉得你是个搞画画的，搞艺术的，不一定觉得你是学理论的。所以在找工作的时候，还是可以适当介绍一下自己的这个专业有什么独特的优势。

Q：确定自己以后一定会从事相关工作吗？
A：不一定，因为我现在也还在探索阶段。美术学这个专业不往上读，找不到完全对口的专业，你必须要读到硕士或者是博士，才能留在美术学这么一个小圈子里。但这个小圈子里你能做什么呢？你可以在大学当老师，可以教授美术史，基本上就这一个了。

其他的当老师也好，自由职业也好，或者说去拍卖行之类的，都不是完全跟美术学相关的了，但是你依然可以去做。

Q：有什么想对报考此专业的考生说的吗？
A：两个字，慎重。因为这个专业我前面也提到了，有极少数人会喜欢，但是你不能去保证你自己是极少数人。这个专业跟你想象的，跟我高中的时候想象的完全不一样，很枯燥，很需要毅力。如果你没有对于美术史，或者说对于美术史的某一方面的爱好的话，建议你慎重报考。但是如果你只是想把中央美术学院作为一个跳板，干自己的事情，我觉得也可以，只不过美术学可能会在大一大二占用比较多的时间，因为课非常多。如果你只想混个及格，那我觉得你的压力应该也不会特别大。但是我建议不要想着我又要九十多分，又要考研，又要去多实习、多实践，会很累的。

学生名片

姓名： 李同学
生源地： 河北
就读高中： 中央美术学院附属中等美术学校
就读大学： 中央美术学院
大学专业： 雕塑
升学方式： 保送

访谈实录

Part 01 报考准备

Q：为什么选择艺考这条路呢？
A：选择艺考是因为从小接触艺术，从三四岁起学画画。一方面是热爱，一方面是初三的时候了解到有中央美术学院附中，是一个很好的学艺术的选择，所以初三就直接去进行艺考了。

Q：选择艺考之后，身边的人有什么看法或者建议吗？
A：一方面是觉得学艺术不好就业，因为艺术是一个精神上的追求，它不直接涉及社会运转,也不是必需品。另一方面就是觉得学艺术对于自己的审美、生活是有提高的。所以是一个负面的看法和一个正面的看法。一个是关于金钱价值方面的衡量,一个是关于生活态度方面的衡量。

Q:这些看法或建议会对你有什么影响吗?
A:在大概高二的时候会有一些焦虑,就觉得如果一直学画画会不会不好就业。但是等上了大学,看了更多人生的可能性,觉得可以接触更广的东西和艺术结合。

Q:当时身边艺考生多吗?有没有同伴一起?
A:艺考生很多,进了画室以后也肯定是会有同伴的。

Q:报过培训班吗?感觉怎么样?
A:艺术方面是报了培训班的,学艺术基本上是要去画室的,要集体学习。自己学肯定是差点意思,因为毕竟要应试。老师则有良好的带考经验。

Q:统考准备了多长时间?
A:因为一直在画画,学的专业性也比较强,所以准备统考其实没有花很长时间,大概准备了一个月。

Q:你统考的时候考试成绩是多少?
A:统考的考试成绩三科都在90左右,在附中是一个很常见的成绩。

Q:参加校考了吗?你觉得校考和统考的区别在哪儿呢?
A:我参加的是中央美术学院的保送考试,我认为中央美术学院更看重的是学生的审美,以及在艺术上的认真和追求。不像联考你只需要画出来一个流水线的画作,或者是效果好,就可以脱颖而出。校考更看重的是审美内涵、造型能力,考察得更全面更细致,更偏向艺术角度的考察。

Q:校考成绩怎么样?
A:我没有参加中央美术学院的全国校考,参加的是中央美术学院附中选拔的保送考试,是面试加现场画画,成绩是第二名。

Q:你高考的时候考试成绩是多少?

A：高考成绩是 597 分。

Q：你觉得在这些准备中最难的是什么？
A：首先是专业上个人的努力，然后是老师的选择，还有时间的规划和个人生活的调节。因为艺考其实压力是很大的。不能一直死学死画，这样可能得不到一个好结果。你需要把自学、练习、上课写生、老师点拨结合起来。因为艺术是一个比较玄妙的东西，它不像文化课有标准答案，是 A 就是 A，是 B 就是 B，学习的过程其实是积累审美和经验的过程，还有对各方面认知的提升。其次我觉得比较难的就是平衡专业课和文化课。有的人会专注准备专业，一点儿精力都没有留给文化课。等最后校考过了以后，再学文化课，可能会有一点儿来不及。所以我觉得可能这两方面的兼顾需要有一定的自我规划和自我认知能力。

Q：那最后是怎么解决的呢？
A：首先是个人努力上，安排好作息时间，一共考了哪几科，在每个阶段有不同的解决重点。就比如说这两周我主要解决素描的起形问题，又用两周主要解决我色彩的铺色问题，再用两周主要解决创作的思路和构图问题。要把它分块儿来，这样就会有一个比较好的专业安排。其次是选择一个比较好的老师，在艺术方面还是很重要的，因为艺术毕竟是一个经验传授的学科。最后就是专业课和文化课的平衡，高一到高三我是选择了 70% 的注意力在专业课，30% 在文化课。但是我学文化课的效率很高，课下也会去听一些一对一的课，所以文化课一直保持在年级前十。校考、保送考试结束以后，大概一月份结束后那五个月都是在学文化课。是这样解决文化课和专业课的分配问题的。

Q：这个过程中最想感谢谁呢？
A：首先感谢我自己非常努力，然后感谢专业老师。因为专业老师确实是能力很强，给了我很多指导。还有文化课老师，感谢老师及时解答问题，让我在高考前都复习得很充分。

Part 02　学习规划

Q：大学生活是否有和想象中不同的地方？
A：在大学生活中老师的存在感是比较弱的，他只会给一个大概的轮廓，然后给你一个审美上的高度，不会再细致地教学。另外我以为大学生活会跟社会有一些接轨，但是实际在我们学校的学习过程中，我觉得更多的是培养一个艺术家，不太会考虑学生跟社会接轨这方面。不会像中国传媒大学，可能会有对应的公司对接专业的实验室。它们会设立独立的实验室让学生去选，毕业以后直接去就业。

Q：有更喜欢自己的专业吗？
A：说实话不太有。因为当时对雕塑的认知比较浅显。在学的过程中才知道这是一门非常理性的学科，和我的性格或者是能力有一些不太匹配。想转专业的时候已经晚了，因为我们学校只能大三上学期转。雕塑专业是五年制，我在大四上学期的时候上到一个2米的雕塑，重量在2吨左右，一下就严重超出能力范围，然后我才意识到这个专业对我的挑战性和不适合我的程度，但是已经错过了时机。

Q：有将自己的专业能力应用到实践或生活中吗？
A：我觉得艺术方方面面都能应用在生活中。从女生的角度来说，化妆品颜色、质感、形状的选择这些都会应用，包括家的布置、衣服的选择。我也会去做一些手工艺品，作一些画，装点家里面，也会送给朋友当礼物。

Q：这种体验有什么深刻体会吗？比如成就感之类的？
A：学艺术的成就感，我觉得是无法取代的。就是一个东西从无到有，是你亲手把它创造出来的，而且是符合你个人审美的。我觉得这个是其他学科比较难取代的点，而且很能锻炼自己的动手能力。

Part 03　就业方向

Q：在网上查看过这个专业的毕业生就业的信息吗？
A：这个信息我们学校会统计，系里面也会统计。我也建议亲自去问辅导员，跟辅导员聊天，了解学长学姐的毕业去向。

Q：那你对未来就业怎么看呢？
A：雕塑专业其实目前在游戏、动漫或者是 AI 建模、AR 建模这方面是比较有需要的。我认为这个其实是看你自己接受新事物的能力，以及你和新时代技术结合的能力，你要跟得上这个时代，不能沉浸在一个纯艺术的创作里面。我觉得以目前的经济状况来看，单纯做艺术家是比较吃力的。

Q：主动找过专业对口的实习或是实践吗？
A：去画室当过老师，也去故宫博物院文创部门实习过。

Q：凭借自己的专业找到了独特的竞争力吗？
A：因为现在 3D 和立体游戏 AR 对于空间感的把握和立体造型的研究，都是需要雕塑能力来体现的，所以我觉得其实是有一定竞争力的。

Q：确定自己以后一定会从事相关工作吗？
A：不确定。因为目前还需要出国研修，计划出国再读一个感兴趣的本科和研究生，所以不一定会从事雕塑相关的工作。

Q：有什么想对报考此专业的考生说的吗？
A：首先雕塑需要很强的体力，其次雕塑需要非常强的理性，最后，雕塑和画画不太相同，画画是一个非常好的宣泄情感的地方，但雕塑要用很长的时间来铺垫，从打铁丝绑木头，到和泥，再到一点点上泥，然后拿木拍子拍，这个过程会比较消耗你的情感。所以学雕塑一定要情感充沛，适合学习欲望非常强烈的人。就是这些。

学生名片

姓名：廖同学
生源地：福建漳州
就读高中：漳浦第一中学
就读大学：北京电影学院
大学专业：影视技术
升学方式：艺考

访谈实录

Part 01 报考准备

Q：为什么选择艺考这条路呢？
A：高二那年因为身体原因休学了一年，一方面我并不想留级，另外一方面就是停下原本的"小镇做题家"状态后，开始萌生想学点自己喜欢的专业的想法。

Q：选择艺考之后，身边的人有什么看法或者建议吗？
A：建议其实基本没有吧。看法的话，感觉大多数人比较惊讶。因为原本成绩还行，但其实也没有遭受到强烈反对。

Q：这些看法或建议会对你有什么影响吗？
A：基本没影响。

Q：当时身边艺考生多吗？有没有同伴一起的？
A：没有，因为我们高中基本没有艺术生，都是在自己准备。

Q：报过培训班吗？感觉怎么样？
A：报过，但除了获取一些信息基本没学到什么，主要都是自己在准备。

Q：那统考准备了多长时间？
A：考前自己准备了两三天吧，因为没打算走统考。

Q：你统考的时候考试成绩是多少？
A：不太能记清楚了，好像全省三百多名？最后综合排名在十几名吧。

Q：参加校考了吗？你觉得校考和统考的区别在哪儿呢？
A：参加了中传和北电的校考。基本考试项目都不一样，要准备的点和老师的喜好也完全不一样，感觉基本是两码事。

Q：校考成绩怎么样？
A：中传数媒进了终试，但没拿证。北电三个专业都进了终试，拿了制片和影视技术的合格证。

Q：你高考的时候考试成绩是多少？
A：572分。

Q：你觉得这三部分成绩哪个最重要呢？
A：校考大于文化课（需要过一本线）大于统考。

Q：你觉得在这些准备中最难的是什么？
A：说实话是准备钱，然后就是搜集各种信息。感觉至少传媒类的艺考都很依赖于各种信息，考试的信息、喜好的信息、应该怎么准备。

Q：那最后是怎么解决的呢？
A：死皮赖脸一点，到处咨询、收集，但是尽量不花钱找培训班。等有了足够多的信息，可能会发现自己在某个地方有缺陷，这时再找个小课老师。

Q：这个过程最想感谢谁呢？
A：首先肯定最感谢母亲的支持和金钱投入吧，还有一个复读的朋友在艺考方面给了我很多信息。

Part 02 学习规划

Q：除了专业学习之外，你们还要学习普通文化课吗？有哪些呢？
A：高数、物理、近代史、英语，包括政治这些公共课也都有。

Q：你觉得难度怎么样呢？
A：高数和物理还蛮难的，但肯定没有普通工科专业那么难。

Q：那你的学习时间是怎么分配的呢？
A：什么作业能先结束就做什么作业，大一更倾向于拿下更高的绩点吧，不过接下来应该会更倾向于自己就业能力的培养。

Q：有将自己的专业能力应用到实践或生活中吗？

A：电影学院其实有很多实践机会，有很多学生剧组，系里还会组织各种活动。日常生活的话我想不到什么地方能用到。

Q：有什么深刻体会吗？
A：累，然后发现自己确实不适合现场拍摄方向，也给自己敲响了警钟吧，准备接下来的几年更多地探索自己更适合什么，而不是盲目地学习。

Q：除此之外，目前整体的大学生活和想象中有什么不同吗？
A：累，忙，压力大。但其实也还好，因为进大学之前就有一些心理准备。此外，感觉北京确实出门好累，来了一年也还是觉得不习惯。

Q：怎么接受或是改变这种差异呢？
A：试图让自己不要太在意成绩，更多地去探索自己舒适的生活状态吧。

Q：有自己更喜欢的专业吗？
A：我觉得自己现在的专业确实是我当时的最好选择了，对比电影学院其他和电影更强相关的专业，感觉自己的专业还有更多其他的去向，而且电影学院不管怎么转专业也都还是影视相关的。

Part 03 未来发展

Q：在网上查看过这个专业的毕业生就业的信息吗？觉得可信吗？
A：基本没查，其实开设这个专业的学校很少，毕业生也很少。少有的就业信息都是好多年前的，基本没有参考价值。

Q：那自己思考过这个问题吗？觉得怎么样？
A：相对于电影学院的创作类专业，技术类专业还是好就业一些。但是对口的岗位也都是技术岗，还是要多学东西才好就业，因此我感觉其实个体就业差异还蛮大的，大家都有不同的发展方向。

Q：和大学老师或是导师谈到过这个话题吗？
A：大学里面有就业相关的课程，也能向辅导员咨询。

Q：主动找过专业对口的实习或是实践吗？
A：暂时还没有，除了一些学生剧组。

Q：凭借自己的专业找到了独特的竞争力吗？
A：有一些技术和美术结合的岗位其实挺有竞争力的，但是就业更多还是看个人的能力。

Q：确定自己以后一定会从事相关工作吗？
A：不太确定，大概率不会从事影视行业，应该也会在泛文娱产业，像游戏、传媒之类的行业里面。

Q：有什么想对报考此专业的考生说的吗？
A：因为专业涉及的东西还是比较广的，所以希望能够先多多探索自己适合什么方向吧，不要盲目跟着别人的方向走。

体育生升学路径解读

■ 两条路径：体育单招和高水平运动队

1. 体育单招

体育单招，全称为普通高等学校运动训练、武术与民族传统体育专业招生考试，是中国高等教育招生工作的一部分。这一招生形式专门针对国家二级及以上运动员，旨在选拔和培养在**运动训练及武术与民族传统体育**方面具有潜力的学生。考试内容包括**文化课考试和专项技能测试**，其中文化课考试科目通常包括**语文、数学、英语、政治**。

2. 高水平运动队

高等学校高水平运动队是指具备条件的普通高等学校，按照国家有关规定，通过招收**具有较高运动水平的运动员学生**，在文化学习之余组织开展专业运动训练、进一步提高运动项目竞技水平而组建的学生运动员代表队的统称。

高水平运动队考生文化考试成绩全部使用**全国统一高考文化课考试成绩**；专项技能测试全部纳入全国统考，由国家体育总局牵头组织实施，高校**不再组织相关校考**。

3. 两者不同之处

体育单招和高水平运动队都属于特殊类型考试招生，是高校招生工作的重要组成部分。体育单招是部分体育专业单独招生的简称，是指经教育部、国家体育总局批准的部分院校可以对运动训练、武术与民族传统体育专业实行单独招生。而报考高水平运动队的考生竞技水平要达到比较高的程度，考生要经过报名、测试、高考等几个环节的严格筛选，才能被高校录取。体育单招与高水平运动队在**报考条件、招生院校、考试方式、录取政策、专业选择**上都有所不同。

■ 体育单招适合哪些学生？

1. 具备国家二级及以上运动员技术等级

高校体育专业的教学往往需要一定的运动基础。具备国家二级及以上运动员技术等级的考生，通常已经接受过较为系统的训练，具备了一定的运动技能和理论知识，能够更好地适应高校体育专业的教学要求。

2. 想考取一个好学校，但因文化课成绩受限

体育单招的文化课考试难度适中：考试仅包含语文、数学、英语和政治四门科目，相较于普通高考来说，考试科目少且考查知识点更为基础，降低了学习压力和考试难度。**文化课录取分数线较低：以武汉体育学院为例，最近三四年的文化课最低成绩仅要求 180 分，远低于普通高考二本线的 400 多分。**

3. 身体素质较好，吃苦耐劳

能够吃苦耐劳是体育单招考生的重要品质之一。在体育训练中，往往需要付出大量的汗水和努力，需要克服各种困难和挑战。身体素质较好、能够吃苦耐劳的考生更容易适应这种高强度的训练，通过不断的努力和坚持，提高自己的运动技能和竞技水平。

4. 对于特定的体育单招项目，愿意支付教育资金

通过**专业的训练和培养**，考生有机会在未来的体育比赛中取得好成绩，甚至成为职业运动员，从而获得**更好的经济回报和社会地位**。教育资金的投入不仅可以帮助考生提升竞技水平，还可以为他们提供更多的比赛机会和展示平台。

■ 高水平运动队适合哪些学生？

1. 具备国家一级及以上运动员资质

国家一级及以上运动员资质是对考生运动水平的高度认可，这一资质使得考生在申请高水平运动队时具有显著优势。许多高校在招生时会对具备国家一级及以上运动员资质的考生**给予优惠政策，如降低文化课录取分数线等，使得考生更容易进入心仪的高校**。

2. 身体素质好，竞技水平较高

高水平运动队的日常训练和比赛强度都非常高，需要考生具备出色的身体素质和竞技水平才能应对。身体素质好的考生能够更好地适应长时间的训练和高强度的比赛，减少因体能不足而导致的受伤风险。同时，竞技水平高的考生能够更好地理解教练的意图，快速掌握训练技巧，提高训练效果。

3. 高中在省级以上比赛的集体或个人项目获奖

在集体项目中获奖，不仅要求考生个人技术出色，还需要具备良好的团队协作能力和比赛经验。而个人项目获奖则直接体现了考生在特定项目上的技术水平和竞技能力。**这些获奖经历都能够证明考生具备较高的竞技水平和潜力，从而增加考生进入高水平运动队的概率。**

4. 想凭借某项体育特长上名校

对于想要凭借体育特长上名校的考生来说，加入高水平运动队可以为他们提供额外的录取机会。很多高校在招生时都会为高水平运动员提供一定的**优惠政策，如降低文化课录取分数线、优先录取**等。通过在高水平运动队中的出色表现，考生可以更容易地获得这些优惠政策，从而增加被名校录取的机会。

■ 体育单招包括的专业有哪些？

专业	细分专业
冬季项目	速度滑冰、短道速滑、花样滑冰、冰球、冰壶、越野滑雪、高山滑雪、跳台滑雪、自由式滑雪（空中技巧、雪上技巧）、单板滑雪（平行大回转、U型场地）、冬季两项。
夏季项目	射击、射箭、场地自行车、公路自行车、山地自行车、BMX小轮车、击剑、现代五项、铁人三项、马术、帆船、赛艇、皮划艇静水、皮划艇激流回旋、蹼泳、滑水、摩托艇、举重、自由式摔跤、古典式摔跤、柔道、拳击、跆拳道、空手道、田径、游泳、公开水域游泳、跳水、水球、花样游泳、体操、艺术体操、蹦床、技巧、手球、曲棍球、棒球、垒球、足球（十一人制）、篮球、排球、沙滩排球、乒乓球、羽毛球、网球、橄榄球、高尔夫球、围棋、象棋、国际象棋、登山、攀岩。
武术与民族传统体育项目	武术套路、武术散打、中国式摔跤。

■ 体育单招报考条件和注意事项有哪些？

1. 高水平运动员改革对体育单招的影响

（1）竞争压力上涨、录取率下降

原来符合高水平报考条件的二级运动员和文化成绩较差的一级、健将运动员将会加入体育单招的考学队伍中，体育单招考学竞争压力上涨，录取率大幅降低。

（2）文化、专项要求"被动"提高

无论是原来可以拿"二本线""265线[1]"成功"上岸"高水平运动队的二级运动员，还是可以拿"单招线"成功"上岸"的一级、健将运动员，一旦他们涌入单招升学大军，势必会在一定程度上提高体育单招升学的文化和专项分数线。

2. 查看意向院校的招生简章需要注意的细节

（1）保送录取名单发生变化，招生计划不再改变

需要注意的是，尽管有些高校的保送生录取名单后续有些许变化，或是增加，或是减少，体育单招的招生计划不会改变。

比如，**北京体育大学**的招生简章中提到，保送录取工作于2月下旬完成后，经学校招生工作领导小组会议审议通过，在3月1日其他项目开始报名之前，学校将公布分项目招生计划。分项目招生计划公布后，如果保送录取名单发生变化（例如个别运动员因故被取消录取资格），原则上分项目招生计划不再调整。

（2）注意注册和缴费报名细节

需要注意的是，在缴费成功之前，考生登记的信息即使有误，也是可以修改的。

比如，**北京体育大学**的招生简章中提到，考生在**注册过程中，如发现本人运动等级信息有误，应及时联系等级证书授予单位进行信息更正**，确保在注册报名截止日期前完成报名。考生**完成缴费视为报名成功，完成缴费后，考生不得再对报名信息进行修改**。

---

[1] 265线：指对少数体育成绩特别突出的考生，高校录取可放宽要求，但考生文化课成绩不得低于生源省份第二批次本科录取分数线的65%。

（3）注意造假证书、弄虚作假等违规行为的处罚

所有高校都会强调弄虚作假及其后续处理，所以**需要特别注意确保考生的报考资格和录取资格真实**。

比如，**北京体育大学**的招生简章中提到，对**运动员技术等级证书造假的考生**，**取消运动员技术等级称号**；参加高考报名的，由生源所在地省级招生考试机构**取消当年高考报名、考试和录取资格，计入考生诚信档案**。

考生弄虚作假，或发生考试违规行为，经查实，依据《国家教育考试违规处理办法》（教育部第 33 号令）和《普通高等学校招生违规处理办法》（教育部第 36 号令），取消其考试资格或录取资格，已入学者，取消其入学资格；构成犯罪的，依法追究刑事责任。

（4）注意兴奋剂检查及其处罚

和上一点同样重要，考生**需要注意体育专项考试期间的饮食，以免引起不必要的误会**。

比如，**北京体育大学** 2024 年的招生简章中提到，体育专项考试将进行兴奋剂检查。体育专项考试前，考生须签订《反兴奋剂承诺书》。拒不签订承诺书的考生，视为主动放弃考试资格。兴奋剂违规的考生，视为考试作弊，取消考试资格或录取资格，并通报生源所在地省级招生考试机构，按照有关规定严肃处理。

（5）注意招生项目及其报考要求，并不全是只须符合二级运动员（含）以上

前文所提到的体育单招需要"符合高水平报考条件的二级运动员"，并不是对所有高校和专业项目适用，有些高校和专业项目对身体素质和竞技水平有着更高的要求。比如，**报考首都体育学院的中国式摔跤需要具有一级运动员及以上等级**。

（6）注意特定专业项目录取原则

在招生简章中，除了招生计划外，我们应该继续向下查看该专业项目的录取比例。有些高校会按照项目位置（如守门员、非守门员）或是性别的情况分别录取。

比如，**首都体育学院** 2024 年的招生简章中提到，足球项目的非守门员与守门员，按照考生实际情况分别录取；篮球、排球、足球、中国式摔跤项目按照性别分别录取；田径项目按照田赛、径赛、全能分别录取。

（7）注意是否可以转专业和使用在役运动员培养方案

需要注意的是，一般以**体育专业学生**的身份进入高校后，考生是不允许后续转入其他专业学习的。另外，**对于一些在役运动员，高校都会提供在役运动员培养方案。**

比如，**上海体育大学** 2024 年的招生简章中提到，**运动训练、武术与民族传统体育专业学生入学后不得转入其他专业学习**。运动健将且在役运动员可使用在役运动员培养方案学习。

（8）注意颁发证书类型

需要注意的是，不同的学校和专业对于毕业证书和学位证书的颁发要求也可能不同。因此，**学生在完成学业时，需要仔细阅读学校发布的相关规定，了解不同证书的获取要求和流程，以免因为疏忽而错过获取证书的机会。**

比如，**北京师范大学** 2024 年的招生简章中提到，对在规定年限内达到所在专业毕业要求的本科生，颁发北京师范大学本科毕业证书；对符合北京师范大学学位授予有关规定的本科生，颁发普通高等教育本科毕业生学士学位证书。

（9）注意服从调剂安排

如果考生选择了"服从调剂安排"，那么需要关注该校可能会调剂的方式，是专业项目调剂还是学院调剂。

比如，**武汉体育学院** 2024 年的招生简章中提到，武汉体育学院武当山国际武术学院在武汉体育学院校本部录取结束后，再从填报服从调剂到武汉体育学院武当山国际武术学院的考生中录取。

3. 体育单招的报考条件是什么？

总体上看，考生报名条件必须符合以下六个方面：

（1）符合 2024 年普通高等学校招生考试（以下简称普通高考）报名条

件，且已参加生源所在地省级招生考试机构组织的普通高考报名（具体按各省级招生考试机构要求执行）。

（2）具备《2024年普通高等学校运动训练、武术与民族传统体育专业招生管理办法》（以下简称《管理办法》）所列**运动训练、武术与民族传统体育专业招生项目的二级（含）以上运动员技术等级称号**。考生运动员技术等级以"国家体育总局运动员技术等级系统"公示的数据信息为准。

（3）身体和心理健康状况以入学体检结论为准，不符合体检标准者取消录取资格。体检标准参照教育部、卫生部、中国残联印发的《普通高等学校招生体检工作指导意见》（教学〔2003〕3号）要求和《教育部办公厅卫生部办公厅关于普通高等学校招生学生入学身体检查取消乙肝项目检测有关问题的通知》（教学厅〔2010〕2号）规定执行。

（4）依据国家体育总局和教育部文件规定，考生如已报名运动训练、武术与民族传统体育专业志愿并被录取，不再参加普通高考及高校高水平运动队的录取。

（5）考生依据公布的体育专项考试时间，**合理选择不超过2所招生院校进行报名，并确定好志愿顺序**。

（6）文化成绩和体育专项成绩均达到学院划定的最低录取控制分数线。

2024年，**150所左右院校**公布的招生简章中提及体育单招考生录取规则和条件，下面选取一些比较有代表性的院校做简单介绍。**其他未提及体育单招的专业和院校，如有需要，可查看其招生官网。**

2024年部分院校体育单招报考条件

类别	院校名称	招生对象及条件（报考条件）
体育类	北京体育大学	（1）具备运动训练、武术与民族传统体育专业招生项目的一级（含）以上运动技术等级称号。 （2）对具备运动健将技术等级称号的考生，可在学校文化成绩最低录取控制线下降低20分录取。

续表

类别	院校名称	招生对象及条件（报考条件）
体育类	首都体育学院	对具备一级运动员技术等级称号的考生，可在学校文化成绩最低录取控制线下降低30分录取；对具备运动健将技术等级称号的考生，可在学校文化成绩最低录取控制线下降低50分录取。
师范类	北京师范大学	（1）足球项目女子报考考生、篮球项目男子和女子报考考生须具备国家一级运动员（含）以上运动技术等级称号。 （2）学校面向全国招生，各项目招生计划视生源情况可在项目间调整，排球项目男子将视生源情况确定男子自由人和男子非自由人招生计划。 （3）考生须于2024年3月1日至3月15日（以寄出邮戳为准）期间将以下材料一并寄到北京师范大学体育与运动学院办公室（北京市海淀区新街口外大街19号北京师范大学邱季端体育馆324室；联系人：王老师；联系电话：010-58808038）： 《2024年普通高等学校招生考生体格检查表》复印件（可直接使用高考报名体检表或自行在高考体检指定医院进行体检）； 当年一寸免冠标准证件照片两张（彩色、黑白均可）； 运动员技术等级证书复印件； 运动员技术等级证明["国家体育总局运动员技术等级系统"（http://ydydj.univsport.com）相关页面打印]； 近两年运动成绩证明（参赛秩序册及成绩册）复印件； 身份证明（身份证或户籍证明）复印件； 学历证明（证书或学籍证明）复印件。 （4）体育专项考试满分为100分。足球、篮球、排球、乒乓球、田径、技巧、艺术体操项目的体育专项成绩合格线均为75分，在此基础上，依据招生项目的计划、要求和组织。运动队的需求等综合因素，学校将分项目（排球项目男子分自由人和非自由人）、分性别划定体育专项成绩录取控制分数线。 （5）在不低于180分的基础上，学校视生源情况，将分项目（排球项目男子分自由人和非自由人）、分性别划定文化成绩录取控制分数线。 （6）在体育专项及文化成绩达到学校录取控制分数线的基础上，分项目（排球项目男子分自由人和非自由人）、分性别按考生综合成绩由高到低择优录取。 具备一级运动员等级证书的考生，其文化成绩最低录取控制分数线可在学校合格线基础上降低30分；具备运动健将等级证书的考生，其文化成绩最低录取控制分数线可在学校合格线基础上降低50分。

续表

类别	院校名称	招生对象及条件（报考条件）
师范类	山西师范大学	（1）二级运动员及以上可报考：田径、篮球、足球（十一人制）、排球、乒乓球、羽毛球、网球、体操、艺术体操、技巧、垒球。 （2）限一级运动员及以上报考：举重、柔道、拳击、自由式摔跤、古典式摔跤。 （3）二级运动员及以上可报考：武术套路、武术散打；限一级运动员及以上报考：中国式摔跤。 （4）学校依据招生计划、生源情况及专业发展需要，确定文化考试和体育专项考试成绩最低控制分数线。对具备一级运动员技术等级称号的考生，可在学校文化成绩最低录取控制线下降低30分录取；对具备运动健将技术等级称号的考生，可在学校文化成绩最低录取控制线下降低50分录取。
	东北师范大学	考生必须具备二级（含）以上运动员技术等级称号，其中速度滑冰、短道速滑、越野滑雪、单板滑雪、田径（田赛、径赛）、篮球（男）、足球（非守门员、守门员）、乒乓球、羽毛球、网球项目要求具备一级（含）以上运动员技术等级称号。

■ 高水平运动队的项目有哪些？

高水平运动队全国统考项目变化

年份	项目	变化
2022	足球、乒乓球、羽毛球、游泳、武术、跆拳道、击剑、棒球、冰雪	新增：乒乓球、羽毛球
2023	足球、乒乓球、羽毛球、游泳、田径、武术、跆拳道、击剑、棒球、沙滩排球、冰雪	新增：田径、沙滩排球
2024	足球、篮球、排球、乒乓球、羽毛球、网球、游泳、田径、武术、跆拳道、击剑、棒球、沙滩排球、冰雪	新增：篮球、排球、网球

■ 高水平运动队报名条件和注意事项有哪些？

1. 2024年高水平运动队国家政策变化及停止招生的部分高校

2024年起，符合生源省份高考报名条件，**获得国家一级运动员（含）以上技术等级称号者**方可以报考高水平运动队。2027年起，符合生源省份高考报名条件，**获得国家一级运动员（含）以上技术等级称号且近三年在国家体育总局、教育部规定的全国性比赛中获得前八名者**方可以报考高水平运动队。

除此之外，以下是**2024年停止高水平运动队招生的部分院校整理**：

所属地	院校名称
北京	北京邮电大学、中国农业大学、华北电力大学、北京石油化工学院、北京中医药大学、北京工业大学
黑龙江	哈尔滨工业大学、东北石油大学
山东	中国石油大学（华东）、齐鲁工业大学
江苏	南京航空航天大学、江苏大学
陕西	西北工业大学、西安理工大学
云南	云南财经大学、昆明理工大学
江西	江西科技师范大学、南昌航空大学
四川	电子科技大学
内蒙古	内蒙古工业大学
重庆	重庆科技大学
广东	中山大学
山西	中北大学
吉林	吉林大学

2. 查看意向院校的招生简章需要注意的细节

（1）注意同分排序规则

高水平运动队招生的高校都要遵守**国家体育总局科教司公布的《体育招生（高校高水平运动队）体育专项考试测试方法与评分标准》（2024版）**中规

定的相关项目高水平运动队招生同分排序规则。

比如，《标准》中提到，速度滑冰在体育专项成绩相同的情况下，按测试成绩（秒）排序。

（2）注意开学复查及惩罚

所有高校都会强调弄虚作假及其后续处理，所以需要特别注意**确保考生的报考资格和录取资格真实。**

比如，**东北师范大学** 2024 年的招生简章中提到，凡不符合报名条件、体育专业测试和文化课考试违纪或通过弄虚作假、徇私舞弊等违反国家招生工作规定的行为报考、录取的考生，一经发现，按照规定取消其报考、录取资格。新生入校后，须携带相关证书等报名材料原件进行入学资格复查和专业水平复测。凡发现弄虚作假者，将按教育部有关规定进行处理，取消其入学资格。

（3）注意兴奋剂抽检

和上一点同样重要，考生需要**注意体育专项考试期间的饮食，以免引起不必要的误会。**

比如，**北京理工大学** 2024 年的招生简章中提到，学校将在体育专业测试期间开展兴奋剂抽检。拒绝参加兴奋剂检查的考生，视为主动放弃考试资格。兴奋剂违规的考生，视为考试作弊，按有关规定严肃处理。

（4）注意录取填报专业以及转专业事宜

需要注意的是，有些高校特别**要求考生填报专业**，并且规定了**可以转专业的标准及方向**。若是考生有相关转专业想法，可以特别关注招生简章中这类事项。

比如，**东北师范大学** 2024 年的招生简章中提到，入围考生按照生源地省级招生考试机构工作安排填报高水平运动队志愿，专业志愿必须**填报学校冰雪运动专业**。学校在各省级招生考试机构规定的高水平运动队批次进行录取。高水平运动队考生录取专业统一为体育教育专业。对于**高考文化课成绩达到学校限定的普通类招生专业在生源省份录取分数线下 20 分的考生，根据考生意愿在普通本科批次录取结束前，可录取至符合的普通类的专业。普通类招生专业包括汉语言文学（文科）、教育学类（文科）、心理学（理科）、地理科学类**

（理科）、经济学类（文科、理科）。

（5）**注意入学后的竞赛要求**

应该注意的是，教育部规定了高校与考生双方签订协议后，考生有义务参加训练和竞赛活动。

比如，**上海交通大学**2024年的招生简章中提到，学校录取的高水平运动队考生入学后须遵守教育部和学校的相关规定，履行双方所签协议约定的义务，服从安排，参加运动队训练和竞赛活动，承担个人应尽的义务，否则学校将按相关规定予以处理。

（6）**注意专业合格名单确定原则**

在高水平运动队的国家政策变化下，各高校对于专业合格名单确定原则也有标准规定。

比如，**清华大学**2024年的招生简章中提到，专业合格名单（认定名单）的确定原则为：田径各分项测试的第一名，根据其测试成绩，综合考虑本校的招生计划和不同分项的急需程度，经学校相关程序确定专业合格名单及认定排序。

（7）**注意调剂优先级顺序**

如果考生选择了"服从调剂安排"，那么需要关注该校可能会调剂的方式（专业项目调剂还是学院调剂）和调剂顺序。

比如，**北京航空航天大学**的招生计划调剂优先级顺序：

① 破格：羽毛球（女子）、男子足球、男子排球、女子排球

② 非破格：羽毛球（男子）、羽毛球（女子）、男子足球、女子排球、男子排球、田径。

是否进行招生计划调剂由学校研究决定。

（8）**注意报名分组**

在招生简章中，除了招生计划外，考生及家长应该继续向下查看该专业项目的录取分组。有些高校会按照项目位置（如守门员、非守门员）或是性别的

情况分别录取。

比如，**中国政法大学**的 2024 年招生简章中提到，男子排球项目、女子排球项目和男子足球项目按位置分组报名，男子羽毛球项目、女子羽毛球项目、男子乒乓球项目和女子乒乓球项目不区分位置分组报名。考生仅能选择上述分组中的一组报名、签约，且整个过程中不能变更组别。

3. 高水平运动队的报考条件是什么？

总体上看，考生报名条件必须符合以下三个方面：

（1）符合生源省份高考报名条件，并参加生源地省级招生考试机构组织的 2024 年普通高考报名。

（2）获得国家一级运动员（含）以上技术等级称号者，考生所持本人运动员技术等级证书中的运动项目必须与报考院校的招生项目一致（运动小项也应对应一致）。

（3）身体健康状况符合《普通高等学校招生体检工作指导意见》及有关补充规定。

2024 年，近 80 所院校公布的招生简章中提及高水平运动队的录取规则和条件，下面选取一些比较有代表性的名校做简单介绍。

2024 年部分院校高水平运动队报考条件

所属地	院校名称	招生对象及条件（报考条件）
北京	清华大学	凡入学前曾在专业队注册并报名参加过各类专业赛事者，不具备报考资格。田径项目考生入学前是普通中学在校学生，在参加以上所述赛事之前，已在教育部学生体育协会联合秘书处以中学生身份注册并参加中学生赛事，不受此限。
北京	北京理工大学	男子足球类只招收符合下列条件之一的考生： （1）中华人民共和国第一届学生（青年）运动会（校园组）足球中学男子比赛前六名的主力队员； （2）第二届中国青少年足球联赛（男子高中年龄段 U17 组）前八名的主力队员；

续表

所属地	院校名称	招生对象及条件（报考条件）
北京	北京理工大学	（3）中华人民共和国第一届学生（青年）运动会（公开组）足球男子17—18组别比赛前十二名的主力队员； （4）2023年中国青少年足球联赛暨中国足协全国青年足球联赛（U19组）前八名的主力队员； （5）参加2023年世界中学生足球锦标赛的主力队员； （6）近三年入选过国家集训队的队员； （7）获2023年希望杯、省长杯等省级青少年赛事冠军的主力队员。 武术套路只招收符合下列条件之一的考生： （1）等级证书小项为自选南拳、南刀或南棍（包括第一、第三套国际武术竞赛套路）的考生； （2）等级证书小项为自选太极拳、自选太极剑（包括42式拳、42式剑、第三套国际武术竞赛套路）的考生； （3）等级证书小项为自选拳术、自选短器械或自选长器械（包括第一、第二、第三套国际武术竞赛套路）的考生； （4）其余项目获得国家级武术比赛前六名的考生。
江苏	苏州大学	凡参加过全国春季锦标赛、全国夏季锦标赛、全国冬季锦标赛、全国青年锦标赛、全国锦标赛、全国冠军赛的考生，须获得报考小项的运动健将（含）以上技术等级称号。
上海	复旦大学	考生须在高中阶段获得该项目（与报考项目及小项一致）省级以上比赛前三名或全国、国际比赛前八名，其中男子排球、女子排球、女子足球考生须作为主力队员获奖，田径、游泳为个人项目获奖，武术套路为个人或双人项目获奖。
河南	郑州大学	篮球项目不接受已在篮球运动管理中心注册以及俱乐部青年联赛、WCBA联赛、NBL联赛、CBA联赛的运动员报名；曾参加全国青年联赛（U19、U21）的考生，如在参赛前已在中国学生体育协会备案，须上传官方证明材料方可报名。 足球项目不接受参加过中国足球超级联赛、中国足球甲级联赛、中国足球乙级联赛者（含联赛预备队及增补运动员，以中国足协公布的上述赛事秩序册为准）报名。

4.2024年高水平运动队的招生专业和院校

除了以上介绍过的5所院校，如果考生对于学校或是专业有自己的想法，可以参考以下表格**搜索相关高校招生简章**进行详细了解。

高水平运动队招生院校及项目（2024）（部分）

所属地	院校名称	招生项目
北京	北京大学	田径、篮球、乒乓球、羽毛球、游泳、足球
	清华大学	田径、篮球、足球、排球、游泳、击剑
	北京航空航天大学	足球、田径、排球、羽毛球
	中国政法大学	排球、羽毛球、乒乓球、足球
	北京理工大学	足球、田径、武术套路
	北京化工大学	篮球、网球
	北京科技大学	田径、篮球、足球、羽毛球、跆拳道
	中央民族大学	排球
湖北	中南民族大学	足球
	湖北中医药大学	武术
	湖北大学	田径、足球、武术、乒乓球
	武汉科技大学	篮球、田径、足球
	湖北经济学院	足球、排球、田径
	武汉理工大学	武术套路
四川	华中师范大学	羽毛球、游泳
	三峡大学	武术套路
	四川大学	游泳、网球
	成都大学	足球、
	西华大学	乒乓球、跆拳道、足球
	吉利学院	足球
	四川师范大学	篮球、足球

续表

所属地	院校名称	招生项目
四川	西南石油大学	网球
	西南科技大学	足球
广东	暨南大学	武术套路
	汕头大学	篮球
	深圳大学	乒乓球
	韩山师范学院	足球、田径
	华南师范大学	游泳、武术
	广州大学	篮球、足球
湖南	中南林业科技大学	田径、排球
	湖南师范大学	田径、乒乓球
	湖南工业大学	排球
	湖南工商大学	网球
	湖南科技大学	足球
	湖南农业大学	足球
江苏	南通大学	田径、击剑、乒乓球
	苏州大学	游泳
	扬州大学	田径、乒乓球、篮球
	河海大学	乒乓球
	南京师范大学	田径、排球
	南京工业大学	乒乓球
山东	济南大学	网球、足球
	山东财经大学	排球、足球、乒乓球
	山东师范大学	田径、排球、乒乓球、足球
	鲁东大学	篮球、田径

续表

所属地	院校名称	招生项目
山东	青岛科技大学	足球
上海	华东师范大学	田径、篮球
	上海交通大学	乒乓球、羽毛球、网球、足球
	复旦大学	排球、足球、武术套路、田径、游泳
陕西	陕西师范大学	武术套路
	西安工业大学	篮球、田径
	西安建筑科技大学	田径、网球、游泳、足球
河南	郑州大学	田径、篮球、乒乓球、网球、足球
	河南理工大学	篮球、乒乓球、足球
吉林	东北师范大学	冰壶、高山滑雪
山西	太原理工大学	足球
青海	青海师范大学	篮球
河北	河北地质大学	足球、田径
甘肃	西北民族大学	田径
海南	海南大学	足球
内蒙古	内蒙古科技大学	田径、篮球、排球、足球
重庆	重庆大学	足球、篮球、网球
云南	云南大学	田径、足球
浙江	浙江师范大学	田径、足球
贵州	贵州大学	足球、篮球、田径

■ 体育单招的报考流程是怎样的？

时间	流程	备注
10月—11月	报名高考	教育部规定，体育单招考生要参加生源所在地省级招生考试机构组织的普通高考报名。而且考生参加单独招生考试，若被正式录取，无须参加全国统一高考，未被录取考生可继续参加全国统一高考。
12月—次年1月	注册报名，确认志愿顺序	2023年12月20日12：00后，考生可在招生院校官方网站、"中国运动文化教育网"及"体教联盟"APP中查询各院校冬季项目招生简章，2024年1月20日12：00后可查询夏季项目招生简章（招生简章以招生院校官方网站公布的信息为准）。考生依据院校招生简章，在规定时间内通过"体教联盟""体育单招系统"进行注册报名，报名时应合理选择不超过2所招生院校，并确定志愿顺序。考生应认真阅读相关招生院校招生简章，确定考生本人符合相关招生院校招生条件后再通过"体育单招系统"进行报名。
12月4日—12月31日	冬季项目注册	考生应在规定时间内通过"体育单招系统"完成注册，校验运动员技术等级信息。
12月22日—12月31日	冬季项目报名	考生本人的运动员技术等级项目应与报考的招生项目一致，考生如具备所报考项目的多个运动员技术等级证书，报名时须填报所有符合报名要求的运动员技术等级证书。
次年1月4日—次年5月12日	冬季项目考试	—
次年2月1日—次年3月10日	夏季项目注册	考生应在规定时间内通过"体育单招系统"完成注册，校验运动员技术等级信息。
次年3月1日—次年3月10日	夏季项目报名	考生本人的运动员技术等级项目应与报考的招生项目一致，考生如具备所报考项目的多个运动员技术等级证书，报名时须填报所有符合报名要求的运动员技术等级证书。

续表

时间	流程	备注
次年3月23日	打印文化考试准考证	考生于2024年3月23日12：00后登录"体育单招系统"打印文化考试准考证。
次年5月18日后	查询体育专项成绩和文化成绩	考生可于2024年5月18日12：00后通过"体育单招系统"查询体育专项成绩和文化成绩。
次年5月18日—次年5月19日	提交复核申请	对成绩有疑义的考生可于2024年5月18日12：00至19日12：00通过"体育单招系统"提交复核申请。成绩复核只对成绩是否存在加分错误、登记错误等情况进行复核，不对考生考试情况重新评价打分。
次年5月19日后	关注录取情况	考生可登录"体育单招系统"，查询本人录取结果等信息。

注：夏季项目含武术与民族传统体育专业项目。

■ 报考体育单招需要提交哪些材料？

因为不同院校**在材料要求上可能有所不同，请务必关注目标报考院校发布的招生简章中的要求来准备报名材料并在规定时间内提交。**而且请确保所有材料的真实性和准确性，避免弄虚作假。另外，**部分院校可能要求邮寄材料，请务必按照院校要求选择合适的邮寄方式和地址。**以下仅仅是部分常见准备材料，具体请关注报考院校的招生简章。

1.《2024年普通高等学校招生考生体格检查表》复印件（可直接使用高考报名体检表或自行在高考体检指定医院进行体检）

2.当年一寸免冠标准证件照片两张（彩色、黑白均可）

3.运动员技术等级证书复印件

4.运动员技术等级证明［"国家体育总局运动员技术等级系统"（http://ydydj.univsport.com）相关页面打印］

5.近两年运动成绩证明（参赛秩序册及成绩册）复印件

6.身份证明（身份证或户籍证明）复印件

7. 学历证明（证书或学籍证明）复印件
8. 其他材料

■ 高水平运动队的报考流程是怎样的？

时间	流程	备注
10月—11月	高考报名	所有高水平运动队考生必须参加普通高考报名，需要提前准备高考报名材料，复读的考生如果有高中毕业证或者其他同等学力证明，可不挂学籍。
11月中下旬	招生工作通知发布	主要是针对2024年高水平运动队的考试要求和通知，通知围绕招生办法、资格审核、测试和录取要求等方面。
12月初	招生简章发布	各校的招生简章陆续发布，简章涉及各校的报名方式、报考要求、招生项目、招生人数以及对应的招生变化，这和考生填报志愿息息相关。
12月初	报名	在学校发布招生简章后，按照简章内要求进行报名，各个学校报名起止日期不同，请仔细确认好报名时间以防过期。统考项目或一级运动员考生还需要在"体教联盟"APP或"中国运动文化教育网"再次注册报名。冬季项目一般注册时间为12月，报名时间为12月底；其他项目一般注册时间为2月份，报名时间为3月初。（具体请以2024年招生管理办法中通知的时间为准）
12月中下旬	初审合格名单公布	各学校在报名时间截止后会针对报名考生提交的报名材料进行资格审核，审核通过后学校会公布初审合格名单，名单内考生方可参加专项测试。

续表

时间	流程	备注
12月	冬季项目注册报名	所有报名高水平运动队的冬季项目考生均需要在规定时间内在"体教联盟"APP中注册报名，最多可选择10所高水平运动队院校确认报名。冬季项目注册报名比较早，相关考生需要及早申请运动等级证书。
次年1月初—次年5月中旬	冬季项目考试	专项考试具体流程和准备的材料，考区都会提前发布2024年考试须知等说明，具体参考2024年专项考试安排。
次年3月上旬	夏季项目注册报名	所有报名高水平运动队的夏季项目（其他项目）考生均需要在规定时间内在"体教联盟"APP中注册报名，最多可选择10所高水平运动队院校确认报名。
次年3月—次年5月上旬	夏季项目考试	专项考试具体流程和准备的材料，考区都会提前发布2024年考试须知等说明，具体参考2024年专项考试安排。
次年5月中旬	专项成绩查询和复核	在"体教联盟"APP中查询和复核
次年6月初	专项测试合格名单公示	在专项测试结束后，学校会根据考生专项成绩排序对比确定专项测试合格名单。各学校专项测试合格名单最终统一在阳光高考信息平台发布，名单中会注明考生各类信息，如姓名、测试专项、证书等级、测试成绩、合格规则、合格分数标准、录取优惠政策等，考生达到相应要求即具备录取资格。
次年6月7日—次年6月10日	高考	—
次年6月下旬	高考成绩查询	—
次年6月底	志愿填报	文化成绩达到学校要求可在高考志愿填报系统中找到高水平运动队对应的志愿填报批次填报志愿。
次年7月中旬—次年8月初	等待录取通知书	—

■ 报考高水平运动队需要提交哪些材料？

因为不同院校**在材料要求上可能有所不同，请务必关注目标报考院校发布的招生简章中的要求来准备报名材料并在规定时间内提交**。而且请确保所有材料的真实性和准确性，避免弄虚作假。另外，**部分院校可能要求邮寄材料，请务必按照院校要求选择合适的邮寄方式和地址**。以下仅仅是部分常见准备材料，具体请关注报考院校招生简章。

1. 获奖证书、秩序册、成绩册
2. 就读学校学历证明或同等学力证明
3. 运动员等级证书
4. 本人身份证
5. 集体项目主力上场队员的证明材料
6. 招生高校的报名申请表
7. 高考报名表
8. 个人"人身意外伤害保险"相关单据
9. 由三甲及以上医院出具的体检合格报告
10. 《反兴奋剂承诺书》
11. 学生证
12. 近期免冠一寸照片
13. 学校或运动队推荐书原件
14. 其他材料（报名表、体检表……）

■ 体育单招规划建议

体育单招的优势

文化课考试相对简单

体育单招的文化课考试通常仅包括语文、数学、英语、政治四门科目，相较于普通高考，其考试内容更为精简。试卷难度相对较低，通常相当于高中的会考难度，重点考查学生文化课程最基础的知识点以及最基本的逻辑分析判断能力。文化课最低录取分数线要求低，如武汉体育学院的文化课最低成绩仅要求 180 分，远低于普通高考的录取标准。

体育专项考试要求较为简单

体育专项考试主要考查学生体育的基本功底和基本技战术，对于具备体育特长的学生来说，更容易取得好成绩。

录取机会增加

体育单招的录取不按照省份单列录取人数计划，打破了省与省之间的录取不公平，统一按照学生的综合成绩从高到低进行录取，为考生提供了更多的录取机会。尤其是对于文化课成绩相对薄弱的考生，通过体育单招，他们可以在保证体育成绩的前提下，降低对文化课成绩的要求，增加进入理想大学的机会。

竞争力较小

相较于普通高考，体育单招的报考人数相对较少，竞争压力也相应较小。这意味着考生在相同条件下，更容易脱颖而出。

体育特长得到充分发挥

体育单招为具备体育特长的学生提供了一个专门的渠道，让他们能够在自己擅长的领域得到更专业的指导和训练，从而充分发挥自己的体育特长。

更多的发展机会

通过体育单招进入高校的学生，可以参加各种体育比赛，展示自己的体育技能，锻炼自己的竞技能力和团队合作精神。同时，他们还可以获得各种奖学金和荣誉称号，提高自己的社会认可度和就业竞争力。

考试时间与高考不冲突

体育单招考试通常在每年的4月份进行，与高考时间不冲突。这意味着考生在参加完体育单招考试后，仍然有机会参加高考，为自己提供更多的选择机会。

体育单招的局限性

仅限体育相关专业

体育单招的考生只能选择与体育相关的专业，对于想要学习其他专业的考生来说会存在选择上的限制。

就业前景相对狭窄

体育单招的就业方向相对较窄，主要限于与体育相关的岗位。这可能会给未来的就业带来一定的压力。

院校招生要求变化

近年来，很多招生院校都在提高考生报考的运动员等级要求，这不断挤压了二级运动员的报考空间，这可能会使得一些原本有机会的考生因为运动员等级要求提高而失去报考机会。

复读生人数增加

由于体育单招的录取率较低，许多考生会选择继续报考。这导致复读生人数逐年增加，进一步增加了考试的竞争压力。

体育单招常见问题

体育单招的就业前景怎么样？

体育单招的毕业生主要在体育领域就业，如教练员、体育老师等。此外，也可以选择自主创业或进入与体育相关的企事业单位工作。但需要注意的是，体育领域的就业竞争也较为激烈，考生需要提前做好职业规划。

体育单招如何报名？

考生依据招生院校招生简章要求，统一在"中国运动文化教育网"（www.ydyeducation.com）或"体教联盟"APP中"普通高等学校运动训练、武术与民族传统体育专业招生系统"进行注册（验证考生报名资格）并报名。2024年具体报名时间如下：

2024年体育专项测试时间安排			
冬季项目	注册	2023年12月4日12：00至12月31日12：00	不提科目要求
	报名	2023年12月22日12：00至12月31日12：00	不提科目要求
	等级证书审批日期	2014年1月1日至2023年12月31日	不提科目要求
夏季项目	注册	2024年2月1日12：00至3月10日12：00	不提科目要求
	报名	2024年3月1日12：00至3月10日12：00	不提科目要求
	登记证书审批日期	2014年1月1日至2024年3月10日	不提科目要求

注：夏季项目含武术与民族传统体育专业项目。

体育类专业有哪些？

2023年《普通高等学校本科专业目录》中教育学下设"体育学类"各专业，其中包括**体育教育、运动训练、社会体育指导与管理、武术与民族传统体育、运动人体科学、运动康复、休闲体育、体能训练、冰雪运动、电子竞技运动与管理、智能体育工程、体育旅游、运动能力开发**等专业。

体育单招录取要求都有什么？

1. 在**文化成绩**不低于180分、体育专项成绩不低于40分的基础上，招生院校根据本校实际情况综合确定本校文化成绩和体育专项成绩录取控制线。

2. 招生院校对**具备一级运动员技术等级称号的考生**，可在院校文化成绩最低录取控制线下降低 30 分录取；对**具备运动健将技术等级称号的考生**，可在院校文化成绩最低录取控制线下降低 50 分录取。

3. 在达到院校最低录取控制线的基础上，各招生院校根据考生的**文化成绩（折合百分制后）和体育专项成绩 3：7 的比例进行综合评价**，计算考生录取综合分。公式：综合分 =（文化成绩 /6）×30%+ 体育专项成绩 ×70%。

4. 招生院校依据本校生源情况和专业需求分项目制订招生计划（运动训练、武术与民族传统体育专业各招生项目不得合并）。院校依据录取控制线上考生填报的**志愿梯次顺序**，按照综合分由高到低，优先录取一志愿；未完成招生计划的院校，再录取二志愿。

5. 考生若已报名运动训练、武术与民族传统体育专业志愿并被录取，不再参加普通高考及高校高水平运动队的录取。

体育单招可以兼报高水平运动队吗？

如果想要增加被录取的概率，考生是**可以兼报**的。按照往年惯例录取顺序是**体育单招优先于高水平运动队**。也就是说，如果考生被体育单招录取后，体育单招院校将提前于高水平院校提走该考生档案，考生也就只能在单招院校就读。

■ 高水平运动队规划建议

高水平运动队的优势

专业化训练

高水平运动队拥有专业化的训练团队和教练团队，他们能为运动员提供系统、科学的训练计划，帮助运动员在体能、技术、战术等方面得到全面提升。清华大学篮球队就是一个成功的例子，他们拥有一支专业化的训练团队，每天接受严格的体能训练和技战术训练，使得球员在比赛中能够发挥出最佳水平。

丰富的比赛经验

高水平运动队会定期参加各类比赛，包括大学生联赛、全国性比赛甚至国际比赛，这为运动员提供了宝贵的比赛经验和成长机会。比如清华大学田径队会定期参加各类大学生田径比赛和全国性田径比赛，通过这些比赛的准备和参与，运动员们能够积累更多的比赛经验。

学术与体育双重发展

在高水平运动队中，学生运动员不仅能够在体育方面得到发展，还能接受高质量的学术教育。许多高水平运动队所在的大学都是国内外知名高校，拥有优质的教育资源。比如清华大学非常重视学生运动员的学业，他们要求每名运动员在学业上都要表现出色，否则无法参加队内的训练和比赛。这种双重发展的模式有助于学生运动员在毕业后拥有更广阔的就业前景。

商业价值和影响力

进入高水平运动队意味着运动员有机会成为公众人物，拥有更高的曝光度和商业价值。他们可以通过参加商业活动、代言等方式获得经济收益。

同时，高水平运动队也代表着学校的形象和实力，运动员的出色表现能够为学校争光，提升学校的知名度和影响力。

硬件和科技保障

高水平运动队通常拥有先进的训练设施和科技支持，如专业的训练场地、器材、医疗设备等，这些都能为运动员的训练和比赛提供有力保障。学校还会依靠多学科优势，为高水平运动队的运动员提供科技服务，包括医务监督、疲劳消除、伤病防治、营养补充等，确保运动员能够在最佳状态下进行训练和比赛。

法律保障和权利保护

高水平运动队通常会有专门的法律团队负责运动员的商业权利和其他法律事务,确保运动员的权益得到保障。学校拥有本校高水平运动队整个团队的商业权利,但也会尊重教练员和运动员的个人商业活动的合法性。

高水平运动队的局限性

政策的变化

2024年起,符合生源省份高考报名条件,获得国家一级运动员(含)以上技术等级称号者方可报考高水平运动队。从2027年起,符合生源省份高考报名条件,获得国家一级运动员(含)以上技术等级称号且近三年在体育总部、教育部规定的全国性比赛中获得前八名者方可报考高水平运动队。

学业与训练的冲突

高水平运动队的队员需要同时兼顾学业和训练,这种双重任务的压力使得他们需要在两者之间做出取舍。长期下来,可能会影响到他们的学习效果和竞技水平。

心理压力大

面对来自其他强队的竞争和学业压力,高水平运动队的队员会面临很大的心理和身体压力。这种压力可能会影响到他们的比赛表现,甚至影响到他们的生活品质。

高水平运动队常见问题

体育生、运动员的技术等级评选标准是什么?

具体可以参考国家体育总局竞技体育司下发的**《运动员技术等级标准》**。运动员技术等级从高到低分别为**国际级运动健将、运动健将、一级运动员、二级运动员、三级运动员**。

高水平运动员在录取时有哪些政策？

高校高水平运动员招生采取"文化考试＋专业测试"相结合的考试评价方式。2024年起，文化考试成绩全部使用全国统一高考文化课考试成绩，专业测试全部纳入全国统考并由国家体育总局牵头组织实施，高校不再组织相关专业测试。同时，2024年起，招收高水平运动队的"世界一流大学建设高校"，对考生的高考成绩要求是必须达到生源省份本科录取最低控制分数线；其他高校对考生的高考成绩要求是必须达到生源省份本科录取最低控制分数线的80%。

高水平运动队录取后只能就读体育学类专业吗？

2024年起，高水平运动队录取学生中，高考文化成绩不低于招生高校相关专业在生源省份录取分数线下20分的，可申请就读相应的普通专业；其余学生限定就读体育学专业。

高水平运动员是否可以被破格录取？

对于体育专业成绩突出、具有特殊培养潜质的考生，高校可探索建立文化课成绩破格录取机制。破格录取办法须经学校党委常委会审议并报所在地省级教育行政部门备案，提前在学校高水平运动队考试招生办法中向社会公布。破格录取考生名单须经学校招生工作领导小组审议并报生源所在地省级招生委员会核准后在学校招生网站进行公示。

高水平运动队未来的就业方向有哪些？

1. 可以当体育教师，自己开体育、健身相关的店，在相关体育科技竞技行业发挥自己的特长做教练指导，等等。

2. 体育生还可以做健身教练。很多健身房教练都是体育专业毕业的，因为教练除了自身身体素质高之外，还应该掌握一些健身方面的健身技巧和专业知识。如果自己有时间，对健身感兴趣，也可以做兼职健身教练，独立安排剩余时间。

3. 体育生可以考公务员，因为体育局也有相应的岗位，体育生的竞争对手会比较少。如果不怕竞争压力大的话，考生甚至可以选择考不限专业的公务员岗位。

学生名片

姓名：崔同学
生源地：河北保定
就读高中：保定体育运动学校
就读大学：吉林大学
大学专业：运动训练
升学方式：体育单招

访谈实录

Part 01 报考准备

Q：为什么选择体育单招这条路呢？

A：中考的成绩并不理想。通过常规的学习道路上不了一个好的高中、好的大学。在父母的了解下，选择了经由体育单招去考学。

Q：选择体育单招之后，身边的人有什么看法或者建议吗？

A：大家就担心体育这条路会不会很辛苦，会不会受伤。

Q：这些看法或建议会对你有什么影响吗？

A：这种看法对我来说并没有什么影响，他们主要就是劝我继续坚持学习。

Q：当时体育训练和文化学习的时间占比是怎样的呢？

A：我们的体育专项训练是早上八九点到晚上的6点，中午休息2个小时。吃过晚饭之后，7点到9点钟是文化课学习时间，一般就是家教来家里或者上网课。

Q：当时身边体育生多吗？有没有同伴一起的？

A：选择网球的同学比较少，三年一共接触了 20 多名同学，每天大家一起生活训练，有比自己大一届的，也有比自己小一届的。

Q：那专项测试准备了多长时间？

A：其实大家从最开始入学的时候，就已经在规划自己要什么，目标是什么，从那时就开始准备了。

Q：你专业测试成绩怎么样？

A：当时我的专业测试成绩是东北赛区的第三名，也是我们学校的第三名。排名依据是文化课加专业课成绩的总和，取一个综合成绩，最后我达到了学校的录取成绩。

Q：同时报名高水平运动队了吗？当时的想法是什么样的呢？

A：正常是高水平考试在前，单招考试在后。但我们当年是因为疫情，单招在前，高水平考试在后了。所以说我先进行的单招考试，且单招考试通过了，也没有再参加后面的高水平测试。

Q：相比于高水平运动队，你会更庆幸自己通过了体育单招吗？

A：其实我还是很庆幸的，因为后期，我了解到高水平运动队需要文化课水平相对高才容易通过。要达到比赛的前两名是二本线的 65%。各个学校的要求不同，有要求达到二本线的，还有要求达到二本线 65% 的。但是你考上高水平运动队之后，就需要跟普通高考生一起学习，比如说学习数学、英语等。体育单招生会相对不好毕业，我认识的同学有好多挂科的。

Q：那你文化考试成绩是多少呢？

A：单招考试提档线是 180 分。达到 180 分之后算达到了文化课成绩的及格线。我当时是考到了 218 分，通过了吉林大学的考试。

Q：你觉得这两部分（专项成绩、文化考试）成绩哪个最重要呢？

A：我觉得专项成绩和文化考试成绩同样很重要。因为两个都通过了之后，才算综合分，才能得出你真正的排名。即使专项成绩再好，文化课差一分，你还是上不了学。

Q：你觉得在这些准备中最难的是什么？

A：是在临考试的最后半年。当时过完年之后，一直被封闭在一个训练园区里面，大家都不被允许出门，只有四五个人。面对高考，我们这几个人每天生活学习、吃饭睡觉，很枯燥，但是大家都咬牙坚持直到 6 月份。

Q：那最后是怎么解决的呢？

A：只有一点，就是熬。每天你劝劝我，我劝劝你，教练开导。首先稳住的就是心态，其实到最后网球比赛拼的就是心态。

Q：这个过程最想感谢谁呢？

A：首先我得感谢我的父母，他们给予我的支持让我选择了体育升学这条道路。不然以我的文化课成绩，很难考到一个这么好的学校，然后感谢我的教练对我们所有考生的辛苦付出，一点点开导我们。还有就是队友陪伴我这高中三年，所有的队友、朋友，有你们陪伴，我感到很快乐。

Part 02 学习规划

Q：除了专业学习之外，你们还要学习普通文化课吗？有哪些呢？

A：我们除了专业学习以外，大一、大二还学习了英语。

Q：你觉得难度怎么样呢？

A：正常上学的同学肯定会觉得简单，但对于我们体育生，包括艺术生来说还是有一定难度。

Q：那你的学习时间是怎么分配的呢？

A：我们体育课安排得相当满，周一到周五从早上 8 点到晚上 6 点，基本上都有课，学习一些专业课，像运动训练、运动解剖学、体育运动心理等等。

Q：有将自己的专业能力应用到实践或生活中吗？

A：一般像家人或朋友有什么运动损伤，或者是运动后产生的肌肉乳酸堆积，又或者是简单的健身运动，我都可以对他们进行指导。

Q：除此之外，目前整体的大学生活和想象中有不同吗？

A：整体其实跟我向往中的大学生活还是有出入的。从小老师会灌输这种思想，说你就学吧，等到了大学之后你就好了，就可以玩儿了。其实到了大学之后并不是玩儿的，还有很多门课，你不认真学习，还是过不了的。而且大学中没有老师、家长、教练盯着你，督促你去学习，就得全靠自己的自控力。

Q：怎么接受或是改变这种差异呢？

A：自己改变自己，每天多督促自己，定点目标。有的人上了大学之后就没有目标了。因为高中时期就觉得我考上大学就行，到大学之后就混个毕业证。还是后来一点点找工作、实习，还有身边有考研的，带动大家一起努力有新的目标。大学期间一定要树立自己的目标。

Q：有更喜欢自己的专业吗？

A：其实还是挺喜欢体育专业的，好多人说学体育专业的人就是头脑简单，四肢发达。但你真正要接触的话，会发现其实里边还是有很多奥妙的，包括研究各种运动场馆怎样从心理、生理上影响一个人的运动水平。另外，我还辅修了金融学的双学位。

Part 03 就业方向

Q：在网上查看过这个专业的毕业生就业的信息吗？

A：我其实并没有在网络上查过，只有简单问过学长学姐，大家一般都会选择当教师、教练，或者是通过考公进体制内。

Q：那自己思考过这个问题吗？觉得怎么样？

A：其实也就到毕业的时候，大家都开始进行春招、秋招的时候才会考虑这个问题：以后什么工作适合我？其实我们网球这个专业来说，当教练还是很赚钱的。大城市能达到400元每小时，就是教练还是很辛苦，吃青春饭。很多人选择考教师资格证，然后进教育行业。

Q：主动找过专业对口的实习或是实践吗？

A：找过，我们学校安排过一些高中或者是本科院校的体育老师的实习，还是奔着全面全能的教师培养的，各种体育项目，比如田径类的、大球、小球、游泳、体操基本上都会。

Q：凭借自己的专业找到了独特的竞争力吗？

A：后疫情阶段，大家更重视体育运动和健康，所以我们专业还是很有竞争力的，体育现在属于朝阳产业。

Q：确定自己以后一定会从事相关工作吗？

A：我还是比较想从事自己专业相关的职业的，平时也还会坚持体育锻炼、体育运动，用自己所学的东西，为身边人做出贡献。

Q：有什么想对报考此专业的考生说的吗？

A：想参加体育单招的学弟学妹们，大家一定要确定好自己的目标。从高一高二就要开始规划了。不要因为你是体育生了，就把文化课成绩放下。文化课真的很重要。不管你是要参加高水平考试还是体育单招，英语也不要放下，因为大学里英语好的话，能在体育生的行列和其他人拉开一段距离。还有，我希望所有的报考体育专业的考生训练的时候一定注意自己的身体，因为身体是革命的本钱，一定不要受伤。完完整整、安安全全、健健康康地过完这三年，也祝愿大家成功地考上理想中的大学。

浙江："三位一体"升学路径解读 19

■ 什么是"三位一体"？

"三位一体"（"三位一体"综合评价招生制度）是**浙江省**高考综合改革试点方案规定的四种选拔模式之一，目前仅适用于浙江省考生。"三位"是指**高中学业水平考试**（简称高中学考）、**统一高考**和**综合素质评价**（含中学综合素质评价和高校综合素质测试）。"一体"指的是上述三项成绩按一定比例折算出的**综合成绩**。高校依据专业特色和培养目标，将考生的高中学考成绩、统一高考成绩和综合素质评价结果合成综合成绩，综合评价，择优录取。

"三位一体"招生制度扩大了学生和学校的双向选择权，评价方式从单一向综合转变，对于推进素质教育有积极意义。

■ "三位一体"适合哪些学生？

1. 综合素质优秀的学生

综合素质优秀是指在**学科竞赛**、**科技创新**、**艺术体育**、**社会实践**等方面有突出表现或特长的学生。综合素质优秀的学生具有较强的沟通能力、组织能力、社会实践经验和团队协作精神等，高校在"三位一体"综合评价中会重视这些素质，从而为这类学生提供更多机会。

2. 学考成绩较好的学生

学考成绩在 A 等和 B 等较多的学生，**通过"三位一体"有机会报考更好的高校或专业**，因为高中学业水平考试是"三位一体"中"三位"的"一位"，学考成绩越优秀的同学，通过"三位一体"录取的可能性就越大。

3. 高考成绩不稳定的学生

对于那些在高考中可能发挥不稳定，但在综合素质和面试方面有优势的学生，**"三位一体"招生降低了高考成绩的权重，综合考虑学业水平考试成绩和高校综合素质测试成绩**，为这部分学生提供了一个多元的升学途径，增加了进入理想高校的可能性。

4. 学科发展不均衡的学生

有些学生存在偏科现象，比如在某一学科竞赛中获得优异成绩，或者在科技创新、文学艺术等方面有突出才能的学生。"三位一体"升学途径为他们提供了一个展示和发挥特长的平台，有助于他们凭借特长优势获得高校的青睐。

需要注意的是，每位学生的情况不同，应根据自身实际情况和目标高校的要求来判断是否适合选择"三位一体"。

■ "三位一体"可以报考的院校有哪些？

2024 年参与浙江省"三位一体"综合评价招生的高校有 **40 所省属"三位一体"学校**（由省内学校组成）和 **13 所高水平"三位一体"学校**。高水平"三位一体"学校通常面向**选考科目＋英语成绩较好**的学生。

2024 年浙江省"三位一体"综合评价招生试点高校（省属）				
浙江工业大学	浙江师范大学	宁波大学	杭州电子科技大学	浙江工商大学
浙江理工大学	温州医科大学	浙江海洋大学	浙江农林大学	浙江中医药大学
中国计量大学	浙江万里学院	浙江科技大学	浙江财经大学	嘉兴大学
浙江大学城市学院	浙江大学宁波理工学院	杭州师范大学	温州肯恩大学	宁波诺丁汉大学
湖州师范学院	绍兴文理学院	台州学院	温州大学	浙江外国语学院
宁波工程学院	衢州学院	浙江水利水电学院	丽水学院	湖州学院
温州理工学院	嘉兴南湖学院	浙江越秀外国语学院	宁波财经学院	宁波大学科学技术学院
浙江警察学院	杭州医学院	温州商学院	金华职业技术学院	宁波幼儿师范高等专科学校

2024年浙江省"三位一体"综合评价招生试点高校（高水平）				
复旦大学	上海交通大学	浙江大学	中国科学院大学	华南理工大学
南方科技大学	上海纽约大学	香港中文大学（深圳）	上海科技大学	北京外国语大学
昆山杜克大学	深圳北理莫斯科大学	西湖大学	—	—

各高校的"三位一体"招生具体情况可能会有所变化，建议关注相关高校的招生网站或浙江省教育考试院的官方通知，以获取最新信息。

■ "三位一体"的报考条件是什么？

参加浙江省"三位一体"综合评价招生需要满足以下条件：

1. 学考成绩要求： 考生的高中学业水平考试成绩需要达到一定的标准，不同高校对此有不同的要求。例如，一些高校可能要求若干门科目达到A等级，这是报考"三位一体"招生的首要条件。

2. 综合素质评价： 考生的综合素质评价通常需要达到一定的等级，如A或B等，这是反映学生品德表现、运动健康、艺术素养、创新实践等方面的一个评价。

3. 特定成绩门槛： 部分高校可能对考生的高考成绩或首考[1]成绩有特定要求，如复旦大学、上海交通大学等名校可能对"外语+3门选考"成绩有最低分数要求。

4. 竞赛获奖情况： 对于部分名校，如果考生在数学、物理等学科竞赛中获得省赛区一等奖，可能在初审中获得优势，甚至可以直接进入面试环节。

5. 特长生条件： 如果考生具有某些方面的特长，一些高校可能会降低报考条件或提供直接获得面试资格的机会。

6. 完成高考报名： 考生必须完成浙江省普通高等学校招生考试的报名，并取得相应的报名证。

---

[1] 首考：指浙江考生在高三1月份的4门考试（外语+3门选考）。这次考分可计入高考总分，是首次高考，简称"首考"。

7.符合高校其他要求： 各高校可能会有其他特定要求，如品德优良、学业优秀、热爱科学等，考生需要根据目标高校的具体招生简章准备相应的材料。

考生在准备报考时，应详细阅读并理解目标高校的招生简章，确保满足所有报考条件。同时，考生需要及时关注教育考试院或高校官方发布的最新信息，以获取最准确的报考条件。

■ "三位一体"的报考流程是怎样的？

"三位一体"的报名流程大致如下：

1. 注册账号： 进入高校"三位一体"报名系统，进行账号注册，如实填写身份证号、姓名、邮箱和手机号等信息。

2. 填写信息： 登录账号后，按照系统提示填写个人基本信息、选考/学考成绩等，并上传个人照片。

3. 提交申请： 填写完信息后，提交报考申请。系统会自动审核学业成绩，若达标则可提交申请。

4. 上传材料： 提交申请后，须上传考生本人身份证正反面照片、考生个人陈述、综合评价招生申请表等材料。

5. 查看状态： 上传材料后，可在报名系统中查看报考状态。

撤回申请：若需修改或补充材料，可申请撤回报考申请，等待学校管理员处理后修改并重新提交。

6. 等待初审结果： 学校会对考生的报名材料进行初审，考生可在系统中查看初审结果。

7. 确认并缴费： 初审通过后，在规定时间内确认并缴费，未及时确认则视为放弃。

8. 参加综合测试： 按照学校通知的时间和地点参加综合测试。

9. 查询结果： 学校会公布综合测试结果，考生可在系统中查询。

不同高校的"三位一体"报名流程可能会有所差异，具体以高校招生简章为准。本书中，高水平学校以浙江大学为例，省属重点高校以浙江工业大学为例，来介绍一下 2024 年"三位一体"的重要时间节点：

2024 年浙江大学"三位一体"报考流程

报名流程	时间
报名	2024 年 5 月 10 日至 5 月 18 日
查询初审结果	2024 年 5 月 27 日
网上确认	2024 年 5 月 27 日
打印准考证	2024 年 6 月 10 日以后
面试	2024 年 6 月中旬（具体时间、地点以学校本科招生网后续通知为准）
录取	2024 年 7 月 8 日

2024 年浙江工业大学"三位一体"报考流程

报名流程	时间
网上报名	2024 年 3 月 2 日 10：00 至 3 月 11 日 16：00
书面评审	3 月 30 日前完成
书面评审结果查询及网上缴费	3 月 30 日至 4 月 7 日 16：00
综合测试通知书打印	4 月 9 日 13：30 开始
考生报到	4 月 12 日（具体时间以学校通知为准）
特殊才能测评	4 月 12 日（具体时间以学校通知为准）
综合素质测试	4 月 13 日至 14 日（具体时间以学校通知为准）
综合素质测试结果查询	4 月 28 日起

■ 报考"三位一体"需要提交哪些材料？

1. 基本信息材料

（1）"三位一体"综合评价招生申请表。

（2）考生身份证明材料：

考生身份证（或临时身份证）原件（不接受户口本）。

部分学校可能还需要考生身份证正反面扫描（拍照）上传。

学籍信息：高考报名号、学籍辅号等。

电子照片：一寸照片的电子版（用于申请表等材料的上传）。

2. 学业成绩材料

（1）高中每学期期末成绩：部分学校要求提供高中五个学期的期末考试成绩。

（2）高中学考成绩：学考成绩等。

3. 综合素质评价材料

（1）高中综合素质评价成绩。

（2）各类比赛获奖证书、荣誉证书、社会实践等证明：

原件或盖有所在中学公章的复印件。特长生或特殊才能考生须提供相关证明材料。

4. 个人陈述材料（自荐信）

考生亲笔手写，内容应包含成长经历、个性特长、报考理由、对报考专业的认识及未来规划等。字数一般控制在 1000 字左右。

5. 其他材料

（1）诚信承诺书：部分学校要求考生打印后签名并上传。

（2）特长类考生补充材料：如主力队员证明（体育特长生）、推荐表（有中学推荐或专家推荐的考生）等。

（3）其他证明材料：根据不同学校和专业的要求，可能还需要提供其他相关证明材料。

请注意，以上材料仅为一般参考，具体要求可能因学校和专业而异。在报考前，请务必仔细阅读所报考学校的招生简章，了解详细的报名材料要求。

■ 浙江："三位一体"规划建议

"三位一体"的优势

增加录取机会

提供了除普通高考统招之外的额外升学途径，**降低了因高考发挥失常而与理想院校失之交臂的风险**。因为可以同时报考多所高校的"三位一体"招生，所以增加了被高校录取的可能性。

实现低分高就

对于部分高校和专业，通过"三位一体"综合评价录取的分数线可能低于普通高考统招分数线，考生有机会以相对较低的高考分数进入更好的学校和专业。

减轻高考压力

高考成绩在综合成绩中所占比例并非全部，一定程度上减轻了考生在高考中的心理负担，让考生能够以更从容的心态应对高考。

展现综合素养

"三位一体"招生注重考生的综合素质,包括学科竞赛、科技创新、社会实践、艺术体育等方面的特长和能力,为在这些领域有突出表现的考生提供了展示自我的机会。

提前了解高校

参加高校的综合素质测试,考生能够提前走进高校,**感受校园文化和学术氛围**,对高校有更深入的了解。

专业选择更多样

部分高校在"三位一体"招生中会投放一些在普通高考统招中**未设置的专业或特殊培养方向**,为考生提供了更多样化的专业选择。

"三位一体"的局限性

准备工作烦琐

考生需要在准备高考的同时,**花费时间和精力准备报名材料、参加综合素质测试等**,可能会增加学业负担。

竞争依然激烈

虽然增加了录取机会,**但由于"三位一体"招生受到越来越多考生的关注,参与的人越来越多,竞争依然较为激烈**,并非所有报考的考生都能获得理想的结果。

时间和精力成本高

参加多所高校的"三位一体"招生,**需要奔波于不同的考点参加测试,会消耗考生大量的时间和精力**。

不确定性较大

综合成绩的计算中,学考成绩、综合素质测试成绩和高考成绩的占比不同,**且综合素质测试的评价标准存在一定主观性**,这使得最终录取结果具有一定的不确定性。

专业受限

部分高校在"三位一体"招生中**投放的专业可能有限**,不一定涵盖考生感兴趣的所有专业。

可能影响高考复习节奏

如果在"三位一体"报考上投入过多精力,可能会对高考的复习节奏产生一定干扰,影响高考成绩。

需要指出的是,尽管存在这些局限性,但对于大多数考生来说,"三位一体"招生仍然是一个具有重要价值的招生途径,考生可以根据自身情况权衡利弊,做出合理选择。

"三位一体"常见问题

"三位一体"可以报几个院校、几个专业,是否涉及调剂?

1. 报考院校数量:"三位一体"报考的院校数量限制因地区或政策而异。一般来说,每位考生**可以报考多个院校的"三位一体"招生**,但具体数量并没有明确的限制。不过,考虑到准备和参加多个院校的综合测试会耗费大量时间和精力,考生需要权衡利弊,合理选择报考的院校数量。

2. 报考专业数量:每位考生最多可以填报 30 个专业志愿。这是基于普通类提前录取实行以院校为单位的传统志愿,每个考生可填报不超过 5 个院校志愿,每个院校志愿可填报不超过 6 个专业志愿和专业服从志愿的规定。

3. **是否涉及调剂**："三位一体"招生通常涉及调剂。当考生综合成绩无法满足其所填报的专业志愿时，如果考生服从专业调剂，学校会根据考生的综合成绩从高分到低分调剂到招生计划未满的专业（必须符合专业选考科目要求）。例如，绍兴文理学院和浙江农林大学的"三位一体"招生简章中都明确提到了专业调剂的相关规定。

总之，"三位一体"招生允许考生报考多个院校和多个专业，并在一定条件下进行专业调剂。考生需要根据自己的实际情况和兴趣，合理选择报考的院校和专业，并认真准备和参加综合测试。

"三位一体"的成绩核算方式是什么？

"三位一体"的成绩核算方式会因学校和专业的不同而有所差异，一般来说，**综合成绩由高中学业水平考试成绩、高校综合素质测试成绩和高考成绩三部分组成**，不同学校的具体比例可能会有所不同。以下是一些高校的成绩核算方式：

浙江师范大学：综合成绩按"高中学业水平考试成绩 ×10%+ 综合测试成绩 ×30%+ 高考总分（按满分 100 分折算）×60%"计算形成。

宁波幼儿师范高等专科学校：综合成绩＝高中学业水平考试成绩（按满分 100 分折算）×20% + 综合素质测试成绩（按满分 100 分折算）×30% + 高考总分（按满分 100 分折算）×50%。

宁波财经学院：综合成绩＝高中学业水平考试成绩（按满分 100 分折算）×10%+ 学校综合素质测试成绩（按满分 100 分折算）×30%+ 高考总分 ÷7.5×60%。

具体的成绩核算方式以各高校的招生简章为准。

"三位一体"一般会经历几次测试？

1. 高中学业水平考试：高中学业水平考试是对学生高中阶段学习成果的全面检验，包括语文、数学、外语、思想政治、历史、地理、物理、化学、生物等科目。

2. 统一高考：统一高考是高校招生的重要依据，考试科目通常包括语文、数学、外语等。

3. 综合素质评价：综合素质评价是对考生综合素质的全面考量，包括思想品德、学业水平、身心健康、艺术素养、社会实践等方面。综合素质评价的方式可能包括笔试、面试、实践操作等。

4. 高校综合素质测试：高校综合素质测试是"三位一体"招生的重要环节，主要考察考生的专业素养、创新能力、思维能力、沟通能力等。测试形式可能包括笔试、面试、实验操作等。

需要注意的是，具体的测试次数和流程可能因地区、学校和专业的不同而有所差异。因此，建议考生在报考前仔细阅读相关高校的招生简章，了解具体的测试要求和流程。

"三位一体"的综合测试怎么考？

1. 测试时间：大多集中在 4 月份各周末完成。部分高水平"三位一体"院校在高考后才测试。

2. 测试内容：

由高校根据培养目标和学科要求来确定，一般从学习潜质、科学思维、人文素养、个性特长等多维度，重点考查学生的综合素质和创新能力。

（1）笔试内容一般为数学、语文、物理、英语、化学五门科目，考查的是考生综合知识的积累，涉及高中课本的延伸，如人文历史、数学逻辑、时政社会、生化科技、地理信息等方面的知识。

（2）面试形式多样，如结构化面试、无领导小组讨论和混合型结构化面试（材料题+自由提问）等，主要考查考生的专业素质、专业能力、综合素质和创新潜质等。

3. 测试方式：

（1）笔试：一般报名人数超过一定比例（如1：5）才组织笔试，考查的是考生综合知识的积累。

（2）面试：

结构化面试：试题和测评要素、评分标准和面试程序均事先拟定，有较高的规范性要求。

无领导小组讨论：群体面试，采用指定情景模拟讨论形式开展。

混合型结构化面试：多种类型的结构化面试混合版，流程包括分发材料、自我介绍、回答材料问题、评委自由提问等。

"三位一体"的志愿填报应该注意什么？

1. 高考成绩要求：部分高校的"三位一体"招生会对高考成绩有一个最低分数线的要求，考生须确保自己的高考成绩达到标准。

2. 网上确认志愿：通过初审获得测试资格的考生，需要在规定的时间内登录相应系统进行网上确认是否参加校测和录取。

3. 志愿填报时间：牢记填报时间，尽早进行填报，避免在系统关闭前匆忙填报造成错误。例如，浙江警察学院和其他部分院校的"三位一体"志愿填报时间可能是在6月29日8：30到6月30日17：30之间。

4. 通过"三位一体"被高校录取的考生不再参加统一高考志愿填报，**未通过"三位一体"被高校录取的考生可以继续参加后续志愿的录取。**

浙江考生报考"三位一体"的时候会被锁档吗？

浙江考生在报考"三位一体"时，**是否会被锁档取决于所报考的院校类型和具体政策。**以下是关于锁档情况的详细分析和归纳：

1. 高水平院校的"三位一体"招生： 如中国科学院大学、浙江大学、上海交通大学、复旦大学等高水平院校，在"三位一体"招生中通常存在锁档情况。这些院校在考生确认参与校测和录取后（通常发生在高考前），如果考生最终综合分高于所确认专业的最低录取分数线，即会被锁档，考生将不能参加其他批次的录取。如果考生不想被锁档，可以选择不参加校测。

2. 省属院校的"三位一体"招生：

对于省属院校的"三位一体"招生，考生在通过报名、初审、综合测试后获取入围资格（填报资格），但在这个过程中并不会被锁档。

高考结束后，获取入围资格的考生可在普通类提前批（一般在6月29日—30日）进行"三位一体"志愿的填报。此时，考生可根据自己的高考成绩情况，选择是否填报"三位一体"志愿。

如果考生放弃填报省属院校"三位一体"志愿，或者填报了但未投档成功，不会影响后续其他志愿的投档录取。

如果考生填报了省属院校"三位一体"志愿并成功投档，则后续其他专业志愿将不再投档。

总结来说，浙江考生在报考"三位一体"时，**高水平院校的"三位一体"招生存在锁档情况，而省属院校的"三位一体"招生在报名和初筛阶段不会锁档**，但在填报志愿后，如果成功投档则会被锁档。考生和家长在报考时，须特别注意这些院校的招生政策，以免错过其他批次的录取机会。

"三位一体"的毕业证和普通统招的毕业证有区别吗？

"三位一体"的毕业证和普通统招的毕业证**没有区别**。

从证书的实际效果来看，无论通过"三位一体"还是普通统招获得的毕业证，在日后考研、考公、考编、工资定级等方面都具有同等的效力。它们都是国家承认的学历证书，具有相同的法律效力。

浙江："三位一体"名校生访谈录

学生名片

姓名：钟同学
生源地：浙江丽水
就读高中：缙云中学（浙江省一级重点中学、全国现代教育技术实验学校）
就读大学：浙江大学
升学方式：三位一体

访谈实录

Part 01 报考准备

Q：你高考的时候考试成绩是多少？

A：我当时高考成绩是 674+5 分（5 分为加分项）。

Q："三位一体"招生哪些因素比较重要呢？

A："三位一体"招生最后的分数折算会包含高考成绩、学考成绩和面试成绩，高考成绩比重更大（占 85%），也是能否进入面试的主要影响因素。不过报名"三位一体"的时候，期末考成绩、模拟考成绩和奖项之类的也是需要填写的，也是被考量的因素。

Q：对高考成绩的分数线要求是多少？

A：这里的高考成绩要的是首考成绩，就是英语加上你选修的三门课程，我记得（首考成绩）一般是 410 多分的要求，如果是热门专业要求要高一些，430—440 分；但是中外联合办学，比如海宁校区（浙江大学海宁国际校区）要求要低一些，比 400 分少一点也可以报考。

Q：学考成绩有等级要求吗？比如要求是几个 A、几个 B 之类的。

A：没有特别的要求，但是一般准备考"三位一体"的同学，学考成绩都不会太差的，最后综合分数折算的时候，学考等级不同，折算的分数不一样，但学考分值整体占比是比较低的。我当时的学考成绩：8A，2B（8门学科拿了A，2门学科拿了B）。

Q：你觉得大概什么分数段的学生适合参加高水平"三位一体"？

A："三位一体"适合那些差一点点分数就可以上好学校的学生，因为竞争还是很激烈，如果差距太大的话，也不会被录取，学校是按照成绩排名有一个录取比例的。

Q：你当时是从什么途径知道这个升学方式的？

A：学校、老师都会说，升入高中的时候就说了。

Q：申请高水平院校"三位一体"进入高校的主要流程是什么？

A：学校一般在5月上旬发布招生简章，招生简章上会有具体的申请报名的时间、需要提交的材料。根据要求进行报名申请就行了。

申请的材料一般就是，前边提到的首考成绩、学考成绩、模拟考试成绩、所获奖项等等，需要上传到指定网站。然后等学校审核，看看是否通过。通过后会有面试。

Q：如何知道申请通过了呢？

A：如果通过了，在你报考的学校的网站上会有告知，要及时关注。

Q：那么整个的申请过程大概需要多久？

A：需要提交的资料还挺多的，我记得我陆陆续续地弄了一周左右，才把报名系统的事情弄完。

Q：申请通过之后，高校还有笔试吗？

A：浙江大学的话只有一次面试，没有其他的考试了。面试分为两部分：

1. 个人的自我介绍：1—1.5分钟左右，中文或英文（要很熟练）。

2. 面试：先是群面，6—7个同学和6—7个老师，同学们抽取面试题目，按照次序挨个进行面试。之后是个面，还是同组的同学在一起，只是单独回答问题。

面试题目：面试时候问的问题，一般是你所报考专业的相关话题（社会热门的），高中阶段印象深刻、难忘的事情等，问题不涉及学术。如：教育学专业遇到的问题有如何看待学区房的现象。

Q：面试结束后会当场告知结果吗？还是另外通知？

A：我记得不是当场告诉结果。面试时间是在高考结束后一两周，面试录取结果要在七月初公布（高考成绩公布后，填报志愿前）。

Part 02 备考建议

Q：准备"三位一体"，你做了多长时间的准备呢？

A：高一、高二就知道，高三开始准备，进入高三之后，考试成绩不那么理想，找出路弥补一下。

Q：在整个的"三位一体"升学的过程中，你做了哪些重要的准备？

A：我觉得，最核心的还是学习，竞争那么激烈，分数都不相上下，如果你"飘"了，可能就被落下了。即便你通过了申请，也千万不要以为就万事大吉了。面试也很重要，除了高考成绩外，面试成绩是重要的参考因素。

Q：面试的时候你做了什么准备？

A：我们学校当时找机构老师对我们进行了培训，对每个环节、面试的场景都进行了模拟演练，我觉得还是很有必要。不管是自己去找还是学校给找，有人指导你一下，会比自己盲目地努力更有效果。比如自我介绍环节就是固定的，所以自己可以反复训练，达到特别熟悉的程度，会增加你后续环节的信心，让你整个人更自信，更加松弛。

Q：在整个升学过程中，爸爸妈妈提供了什么样的帮助呢？

A：精神鼓励、经济支持。

Q：你当时希望父母给你什么样的支持和帮助？

A：我住宿，很多事情都是独立完成的。爸妈能够给予经济支持和精神支持就很好了，很感谢他们。

Q：学弟学妹们也想走这条路径，你有什么建议？

A：高考成绩还是很重要的，学习不能落下。还有就是面试的时候提前准备，不要紧张，有条件还是找有经验的老师指导指导。如果成绩允许就报，多一条路，多一种选择。

北京："双培计划"和"外培计划"升学路径解读

■ 什么是"双培计划"和"外培计划"？

"双培计划"和"外培计划"招生是由北京市实施的，也是北京独有的高校招生形式，旨在为北京市学生提供更好的教育福利。2025年北京市将继续实施"双培计划"和"外培计划"招生。

"双培计划"招生与培养是指由**北京市属高校进行招生并与在京中央高校共同培养**优秀学生的一项举措。根据北京市教委部署，**14所市属本科高校每年招收2000名左右北京籍新生输送至20多所中央院校学习**，一般采取"3+1""1+2+1"等培养模式，即学生在中央院校学习2年或3年，其他时间在本校就读。**学生只有市属高校学籍，完成学业后将取得市属高校的学历、学位证书。**

"外培计划"招生与培养是由**北京市属高校招生并与海外境外知名高校共同培养**优秀学生的一项举措。市属高校输送部分学生到海外境外开展为期2年左右的访学活动。市教委将建立若干个北京高等教育"外培计划"海（境）外基地，接收市属高校学生访学；同时鼓励和支持各市属高校积极与海外境外知名高校建立健全学生联合培养长效机制，不断拓宽学生在海外境外学习的渠道。

北京教育考试院《北京市2024年普通高等学校招生工作规定》明确将依据**《北京市教育委员会关于印发北京高等学校高水平人才交叉培养计划的通知》**（京教高〔2015〕1号）文件规定，实施北京高等学校高水平人才交叉培养院校应分区投放"双培计划"和"外培计划"。

■ 哪些学生适合"双培计划"?

1. 追求更高层次院校学习机会的学生

部分考生在高考中未能充分展现其日常的学习成果,导致**成绩明显低于预期**。尽管他们在日常学业中表现出色,但由于某些因素,他们错过了进入理想院校的机会。**"双培计划"可以给他们提供去名校学习的机会**。

2. 具备强大心理素质和潜力的学生

他们尽管在高中阶段的学业成绩并非顶尖,但展现出了**巨大的潜力和良好的心理素质**。这类学生适合在更高的平台上与同龄的优秀学生竞争,以激发他们的潜能并释放内在能力。即便遭遇如考试不及格的挫折,他们也能迅速调整心态,积极面对挑战,并努力实现更好的自我成长。

3. 拥有出色的人际交往能力的文科生

"双培计划"更加适合文科生报考。因为文科类往往被视为相对"软化"的学科领域,其**学习难度相较于理科或工科来说较小;文科学习常常涉及广泛的社会交往和人际沟通,需要学生具备出色的人际交往能力和团队协作精神**。"双培计划"为文科类考生提供了一个难得的机会,他们能够与中央高校的师生进行深入交流,建立紧密的联系。这不仅有助于他们拓展社交圈子、建立广泛的人脉网络,还能为他们未来的学术研究和职业发展奠定坚实的基础。

■ 哪些学生适合"外培计划"?

1. 外语成绩较好

部分考生具有一定的外语基础和良好的外语学习能力,这是参与"外培计划"的基本条件。因为所有"外培计划"学生在完成第一年国内学习后,**要达到对象国大学的外语水平要求,才能进入海外访学阶段**。比如,北京工业大学等院校的"外培计划"招生中提到,参与"外培计划"的学生外语成绩不低于 120 分;而参与北京建筑大学"外培计划"的学生外语成绩须不低于 110 分。

2. 报考意愿方向与"外培计划"专业契合

一般来说,"外培计划"中的专业都是实施高校的优势和特色专业,对应

的也是海外高校的优势专业。考生在选报前要结合院校公布的招生简章对所报学校和专业的学习内容、就业状况、行业前景等多一些了解，对自己的兴趣爱好、性格特征多一些分析，对个人今后的学业和职业发展多一些规划；这样才能最大限度发挥"外培计划"对自身发展的助推作用。

3. 适应能力较强

海外 2 至 3 年的学习生活对刚步入大学生活不久的"外培生"是一个不小的挑战。学生要具备一定的**独立生活能力、自主学习能力、环境适应能力和交流沟通能力，能较好地处理人地生疏、文化差异、生活习惯不同等各方面问题**。

4. 经济条件较好

虽然海外留学的学费这项最大开支已由政府承担，但**食宿、交通、通信等也是一笔不小的开支**。欲选报"外培计划"的考生家庭要具备相应的经济承受能力。

■ 报考"双培计划"和"外培计划"的注意事项有哪些？

1. 注意不接受院校内调剂

依据《北京市教育委员会关于印发北京高等学校高水平人才交叉培养计划的通知》（京教高〔2015〕1号）文件规定，实施北京高等学校高水平人才交叉培养的院校应分区投放"双培计划"和"外培计划"。**同一高校不同区、科类、专业之间的"双培计划"和"外培计划"不得互调；录取时只录取有专业志愿考生，不进行院校内专业调剂**。

2. 注意报考专业及专业方向

在分析志愿填报过程时，特别是从"双培计划"与普通专业志愿的对比中可以发现两者在数据分析和复杂性上存在显著差异。普通专业志愿的填报主要围绕"选择哪所院校及其相关专业"这两个核心要素进行。然而，对于"双培计划"而言，志愿选择则需要细致考量**"所属院校、合作院校、专业及其方向"这四项关键内容**。

值得注意的是，"双培计划"中的许多专业相较于市属高校的传统专业，都增设了**特定的专业方向**。这些新增的专业方向均经过北京市的严格审核，旨在满足当前北京市社会发展中紧缺专业及新兴产业的人才需求。

例如，北方工业大学与北京交通大学合作的工商管理（互联网物流）专业，就是一个典型的多学科交叉培养案例。该专业不仅涵盖了计算机、管理、物流等多个学科领域，而且其教学内容和方式与传统工商管理专业存在显著区别。因此，考生及家长在填报志愿时，应避免仅凭字面意思做出选择，而应通过深入咨询和了解，结合个人兴趣和职业规划，做出更为明智的决策。

3. 注意所在区名额及录取分数线

"双培计划"的招生计划数是按照北京市的 16 个行政区域来具体划分的，这意味着计划数在各个区域之间是不可跨区调整的。因此，考生及家长在填报志愿时，需要关注的是**自己所在行政区域的招生计划**。值得注意的是，许多专业的招生计划在每个区域仅设置 1 个名额，这可能导致录取分数线受到偶发因素的较大影响，出现波动现象。

此外，不同行政区域之间，即使针对同样的专业，**其录取分数也可能存在较大差异**。这种差异部分归因于不同区域考生群体的差异，以及各区域招生计划数的限制。

对于"外培计划"而言，由于名额有限，考生和家长在填报志愿时应尤为慎重，特别是第一志愿的填报。在正式填报志愿之前，考生应结合**有效的数据，如考试院或高校公布的去年"外培计划"专业的录取分数和位次，来大致判断自己的录取概率**。这有助于考生做出更为合理和明智的志愿选择。

从近几年的招生情况来看，同一学校的"双培计划"招生，在如东城、西城、朝阳、海淀等核心城区的录取分数通常会明显高于门头沟、延庆、怀柔、平谷等远郊区。这反映了不同区域间教育资源、考生竞争情况等因素的差异。

4. 注意志愿填报顺序

"双培计划"和"外培计划"均在**北京市本科提前批普通类**中进行录取。在"双培计划"的录取过程中，采用的是**顺序志愿方式**，即如果招生院校在一志愿阶段已经录满，那么将不再考虑二志愿的考生。因此，考生在选择报考院校和专业时，应将自己心仪的院校和专业列入第一志愿，以增加录取的机会。

此外"双培计划"在录取时并**没有"服从调剂"的选项**供考生选择。同时，由于该招生计划是按区域进行分配的，每年都会有部分院校的部分专业在一志愿阶段未能录满。在这种情况下，这些院校会考虑录取二志愿的考生。因此，考生及家长在填报志愿时，不应忽视第二志愿的重要性，而应认真选择并填报，以增加被录取的机会。

5. 注意录取批次为提前批普通类 B 段

对于有意向报考"外培计划"的考生，务必密切关注相关的报考及录取信息。首先，应查看**北京教育考试院公布的"外培计划"的招生计划，详细了解市属院校提供的"外培计划"专业、科类，以及自己所在区域对应专业的具体招生人数**。明确这些信息后，考生可以更加精准地选择自己希望报考的"外培"专业。此外，"外培计划"专业在录取原则上安排在本科提前批普通类 B 段进行，这意味着即使未能成功录取，**也不会影响考生后续参与本科普通批次的录取**。这一安排消除了许多考生和家长的顾虑，使得他们在选择"外培计划"时能够更为从容和理性。

6. 注意一些特殊要求

考生和家长在填报志愿时，需要特别注意院校对**考生单科成绩的特定要求**，并结合自身实际情况进行科学合理的选择。以北京第二外国语学院"外培计划"为例，考生外语单科成绩需要达到"良好"水平。

根据往年的情况，该学校的"外培计划"仅面向英语考生开放，且对于非艺术类的"外培计划"专业，要求考生的英语单科成绩不低于 105 分。2024 年，"双培计划"和"外培计划"的招生专业、对接院校以及培养模式与往年保持一致。

对于北京市的"双培计划"和"外培计划"**艺术类专业，考生需要在该校组织的全国统招艺术类专业考试中取得合格成绩**。在此基础上，这些艺术类专业将与统招艺术类专业在同一批次按照综合分数优先的原则进行择优录取。考生和家长在填报志愿时，应充分了解这些要求，确保自己的选择符合相关条件。

■ 可以报考哪些院校的"双培计划"？

2024年北京共有14所高校实施"双培计划"，其中部分专业学习安排及名额分配如下：

高校	专业	名额	合作院校	教学模式
首都体育学院	新闻学	6	中国传媒大学	3+1模式
	英语（互联网电视）	20		
北京第二外国语学院	金融学	30	中央财经大学	3+1模式
	财务管理	19		
	国际政治（丹麦）	3	北京外国语大学	
	国际政治（希腊）	3		
	国际政治（阿尔巴尼亚）	3		
	国际政治（克罗地亚）	3		
	国际政治（西班牙语）	4		
北京工业大学	通信工程	12	北京航空航天大学	3+1模式
	软件工程	8		
	机械工程	16		
	计算机科学与技术（大数据）	8		
	计算机科学与技术（高精尖项目）	8		
	电子科学与技术	10	北京理工大学	
	物联网工程	16		

续表

高校	专业	名额	合作院校	教学模式
北京工业大学	材料科学与工程	16	北京科技大学	3+1 模式
	纳米材料与技术	16		
首都经济贸易大学	工商管理	14	对外经济贸易大学	3+1 模式
	投资学	12		
	金融学	14	中央财经大学	
	保险学	14		
	广告学	8	中国传媒大学	
	传播学	8		
	法学	16	中国政法大学	
北方工业大学	生物医学工程	15	北京航空航天大学	3+1 模式
	生物医学工程（高精尖）	15		
	通信工程	16		
	工商管理	16	北京交通大学	
	材料科学与工程	16	北京科技大学	
	知识产权	32	中国政法大学	
	电气工程及其自动化	16	华北电力大学	
	数字媒体技术	16	中国传媒大学	
	微电子科学与工程	30	北京理工大学	
首都师范大学	汉语言文学	4	北京大学	一
	地理信息科学	4		
	应用化学	20	北京化工大学	
	地理科学	12	北京师范大学	
	英语	4	中国传媒大学	

续表

高校	专业	名额	合作院校	教学模式
北京工商大学	工商管理	16	对外经济贸易大学	3+1 模式
	金融学	14	中央财经大学	
	保险学	16		
	会计学	16		
	食品科学与工程	6	中国农业大学	
	法学	16	中国政法大学	
北京服装学院	市场营销	8	对外经济贸易大学	3+1 模式
	国际经济与贸易	8		
	市场营销	2	中央财经大学	
	文化产业管理	3		
	产品设计	2	清华大学	
	环境设计	2		
	产品设计（高精尖）	2	中央美术学院	
	摄影	1	北京科技大学	
	绘画	1	中国政法大学	
	中国画	1	华北电力大学	
	公共艺术	1	中国传媒大学	
北京信息科技大学	车辆工程	16	北京理工大学	—
	测控技术与仪器	14		
	光电信息科学与工程	14		
	电子信息工程	16	北京邮电大学	
	通信工程	24		
	电子商务	16		

续表

高校	专业	名额	合作院校	教学模式
北京科技大学	工商管理	8	对外经济贸易大学	—
北京印刷学院	网络与新媒体	16	中国传媒大学	3+1 模式
北京印刷学院	新闻学	16	中国传媒大学	3+1 模式
北京印刷学院	文化产业管理	14	中央财经大学	3+1 模式
北京石油化工学院	化学工程与工艺	8	—	—
北京建筑大学	建筑学	2	清华大学	3+2 模式
北京建筑大学	城乡规划	4	清华大学	3+2 模式
北京建筑大学	风景园林	8	北京林业大学	3+2 模式
北京建筑大学	交通工程	16	北京交通大学	3+1 模式
北京建筑大学	电气工程及其自动化	6	北京交通大学	3+1 模式
北京建筑大学	车辆工程	16	北京交通大学	3+1 模式
北京建筑大学	信息与计算科学	5	北京交通大学	3+1 模式
北京建筑大学	计算机科学与技术	6	北京航空航天大学	3+1 模式
北京建筑大学	智能制造工程	16	北京航空航天大学	3+1 模式
北京建筑大学	自动化	16	北京理工大学	3+1 模式
北京建筑大学	法学	16	中国政法大学	3+1 模式
北京建筑大学	能源与动力工程	2	北京大学	1+2+1 模式
北京建筑大学	建筑环境与能源应用	4	北京大学	1+2+1 模式
北京建筑大学	环境科学	8	北京大学	1+2+1 模式
北京建筑大学	给排水科学与工程	4	北京大学	1+2+1 模式
北京农学院	风景园林	16	—	—

续表

高校	专业	名额	合作院校	教学模式
北京农学院	林学	16	—	—
	园艺	5		
	食品科学与工程	8		

注意：本表格中的"专业"和"名额"仅为参考，具体细分专业和地区分配名额需要查询相关学校招生计划。

■ 可以报考哪些院校的"外培计划"？

2024年北京共有12所高校实施"外培计划"，其中部分专业学习安排及名额分配如下：

高校	专业	名额	合作院校	教学模式
首都体育学院	体育新闻	2	美国伊萨卡学院	1+2+1模式
	体育经济与管理	2		
	运动康复	2	加拿大英属哥伦比亚大学或美国伊萨卡学院	
	运动人体科学	2		
北京第二外国语学院	贸易经济	14	美国芝加哥哥伦比亚学院	1+3模式
	市场营销	8	美国密苏里大学堪萨斯分校	
	财务管理	8		
北京工业大学	电子信息工程	3	英国诺丁汉大学	1+2+1模式
	数学类	4		
	土木类	4		
	统计学	2	英国卡迪夫大学	
	电子科学与技术	2	美国肯塔基大学	
	机械类	4		
	材料类	4		

续表

高校	专业	名额	合作院校	教学模式
北京工业大学	计算机科学与技术	4	爱尔兰国立考克大学	1+2+1模式
	应用物理学	3		
	能源动力类	4	爱尔兰国立都柏林大学	
	生物技术	4		
首都医科大学	预防医学	8	美国内布拉斯加大学	5年
	护理学	16	美国匹兹堡大学	4年
北方工业大学	建筑学	4	意大利米兰理工大学	—
		12	德国柏林工业大学	
首都师范大学	历史学	2	美国北科罗拉多大学	—
	数学与应用数学	3		
	生物科学	2		
	地理科学	2		
	英语	2		
	数学与应用数学	5	美国辛辛那提大学	
	地理信息科学	3	美国北伊利诺伊大学	
	遥感科学与技术	5	加拿大滑铁卢大学	
	物理学	3	爱尔兰都柏林大学	
	化学	3	英国斯克莱德大学	
北京工商大学	保险学	8	爱尔兰国立考克大学	1+2+1模式
	食品科学与工程	4		
	金融学	5		

续表

高校	专业	名额	合作院校	教学模式
北京工商大学	会计学	5	爱尔兰国立考克大学	1+2+1模式
北京服装学院	服装设计与工程	2	英国伦敦艺术大学	1+2+1模式
	工业设计	1		
	产品设计	4		2+1+1模式
	环境设计	3		
	动画	2		
	绘画	1		
	雕塑	1		
	公共艺术	1		
北京信息科技大学	机械设计制造及其自动化	3	美国奥克兰大学	—
	测控技术与仪器	2		
	光电信息科学与工程	2		
	电子信息工程	4		
北京印刷学院	编辑出版学	3	美国加州大学河滨分部	1+2+1模式
	数字媒体技术	1	美国鲍尔州立大学	
	印刷工程	1		
	包装工程	1	美国密歇根州立大学	
	化学	3	英国斯克莱德大学	
北京石油化工学院	计算机科学与技术	2	—	—
	化学工程与工艺	2		

续表

高校	专业	名额	合作院校	教学模式
北京石油化工学院	会计学	2	—	—
北京建筑大学	建筑学	2	英国伦敦艺术大学	1+2+2 模式
	环境设计	3	英国伦敦艺术大学	1+2+1 模式
	风景园林	2	意大利米兰理工大学	2+1+2 模式
	土木工程	2	美国科罗拉多大学	1+2+1 模式
	计算机科学与技术	2	英国东伦敦大学	
	工程管理	1	英国雷丁大学	
	工程造价	1	美国奥本大学	
	遥感科学与技术	1	英国斯旺西大学	
	地理空间信息工程	1		
	智能制造工程	1	英国南威尔士大学	

注意：本表格中的"专业"和"名额"仅为参考，具体细分专业和地区分配名额需要查询相关学校的招生计划。

■ "双培计划"和"外培计划"规划建议

"双培计划"和"外培计划"的优势

进入更优质高校就读，享有平等的教育资源

考生有机会通过"双培计划"和"外培计划"进入更高水平大学学习。以首都体育学院的"双培计划"为例，被录取的新闻学专业学生前三年在中国传媒大学就读，后一年返回首都体育学院。**这一模式使学生能享受与中国传媒大**

学本校学生相同的待遇，包括教育资源和学习机会。学生将与中国传媒大学的学生共同学习、生活，参与学校活动，融入其学术氛围，拓宽视野，提升综合素质。

多一种升学优势

参与"双培计划"和"外培计划"的考生须在提前批 B 段填报。若未被录取，不影响后续普通批次的填报和录取机会。考生可以**同时尝试"双培计划"和其他普通批次，选择多样化和灵活的报考策略**。

"双培计划"的局限性

学习压力较大

参与"双培计划"的学生学习压力较大。以北方工业大学微电子科学与工程专业为例，学生须**适应其双培合作院校北京理工大学的学术要求，包括课程内容和教学方式，以及更高的试卷难度和评分标准**。这种高标准的学习环境可能**导致学生绩点不高，存在挂科风险**。

保研率较低

在保研过程中，"双培计划"的学生常遇挑战。该计划的特殊性导致学生处于两所高校的共同管理之下，导致**保研时可能遭遇双方资源支持不足的情况**。原校可能认为学生已通过该计划获得足够机会，而合作高校则可能视学生为非正式学生。此外，两校合作机制的不完善可能**导致保研过程中的沟通不畅和协调困难，如材料提交延误或不全**。这些因素使"双培计划"学生在保研时面临较大挑战。

不得转专业

参与"双培计划"的学生**在中央高校学习期间被限制转专业**，这是为了确保学生能在所选专业上保持专注，充分利用该计划提供的优质教育资源和学术环境进行深入学习和研究。但是这也**断绝了学生觉得自己不合适此专业后转专业的可能性**。

出国留学较为困难

参与"双培计划"的学生在出国留学时可能面临限制。一方面，**学习强度大可能影响绩点，**而绩点是海外高校录取的重要标准。另一方面，**申请留学时通常以原学校背景为参考，**即使"双培计划"期间表现优异，也可能因**原学校声誉和排名不够好**而面临挑战。

"双培计划"和"外培计划"常见问题

入选"双培计划"或是"外培计划"后学历和学位证书怎么安排呢？

参与"双培计划"的学生完成毕业论文（设计）并满足学校要求后，可以获得市属高校的学历与学位证书，但不会获得中央院校的毕业证书。参与"外培计划"的学生，有些院校的外培学校会颁发毕业文凭，例如北京第二外国语学院的合作院校，而有些院校则不会。具体还要查看意向院校的招生简章。

参与"双培计划"和"外培计划"的费用如何？

参与"双培计划"的学生，在学费及相关费用上，将维持与市属高校相同的标准，无须承担任何额外费用。简而言之，他们将按原市属高校的规定支付学费。而"外培计划"的学生，在海外或境外高校访学期间的学费将由政府专项经费全额承担。此外，政府还将提供一次往返旅费，以确保学生顺利往返。对于符合规定的贫困家庭学生，学校将提供生活补助，以支持他们在海外访学期间的生活需求。

"双培计划"和"外培计划"的招生名额怎么分配？

"双培计划"和"外培计划"的名额已纳入市属高校年度招生计划，并基于各区情况进行名额分配，以合理照顾远郊区的需求。值得注意的是，这些计划在同一所高校的不同区域、不同专业之间，名额不可相互调整。因此，在录取过程中，考生并非依据全市成绩排名投档，而是依据所在区的名额进行排队录取。这可能导致同一所高校、同一专业下的"双培计划"和"外培计划"在提档时，因各区考生竞争情况不同而产生不同的投档分数线。

> **报考"双培计划"和"外培计划"需要注意哪些特殊要求或细节？**

在"外培计划"的招生中，学校会对考生的高考英语成绩设定明确要求。例如，北京建筑大学 2024 年的招生简章规定，参与"外培计划"的学生外语单科成绩须达到或超过 110 分；首都师范大学同年"外培计划"则要求外语单科成绩不低于 120 分。

此外，"双培计划"和"外培计划"的招生录取控制线须遵循特殊类型招生的最低控制分数线标准。以 2023 年北京高考为例，特殊类型招生的控制分数线为 527 分，未达到此分数线的考生将无法报考这两个计划。

北京："双培计划"和"外培计划"名校生访谈录

学生名片

姓名：哈同学
生源地：北京
就读高中：北京市第一六六中学
就读大学：首都师范大学
大学专业：生物技术
升学方式：提前批"双培计划"

访谈实录

Part 01 报考准备

Q：怎样了解到"双培计划"这条路径的呢？

A：通过查阅当年的招生计划。

Q：你为什么选择这条升学路径呢？

A：因为我本身挺喜欢生物技术专业的，而且能够到"985"院校中国农业大学学习，得到更好的教育，所以我选择了这条路。

Q：你认为什么样的学生适合选择通过"双培计划"升学呢？

A：首先就是比较自律的学生，其次是能够接受自己和别人有差距的学生，第三点就是能够静下心来学习的学生。

Q：当时身边人选择这条路的人多吗？

A：不太多，我的同学们基本都没有选"双培计划"。

Q：你的高考成绩怎么样呢？

A：我当时总分是582分。

Q：选择"双培计划"的话，有哪些注意事项呢？

A："双培计划"是提前批次，需要进行选择，其他的注意事项，也就是选择自己心仪的专业，并且选择合适的学校。

Q：报考过程中，有没有对你提供比较大的帮助的人或是组织？

A：基本都是我和父母在网上查阅相关的资料，还有向父母的同事和朋友询问的。

Part 02 学习现状

Q：进入大学后的学习生活和自己的设想是否有区别？

A：区别还是有一些的，我认为的大学生活是比较自由的，可以有较多的时间进行自主安排，但实际上的大学生活基本上大部分时间都是在上课，其余的时间基本在图书馆学习，不过经过一段时间的调整也渐渐适应了。

Q：在本校学习时，和其他非双培学生之间会有所区别吗？

A：基本上是没有的，但有一些课程是非双培学生的必修课，我们可以进行选修。

Q：在央属院校学习时，会明显感觉到难度上升吗？会感觉到和该校学生之间有差距吗？

A：难度上基本是差不多的，因为我们和非双培的学生都是上同一节课，但成绩上的差距还是有一些的。

Q：有不能转专业的困扰吗？

A：没有。

Q：后悔通过这种方式进入学校吗？

A：不后悔。

Part 03 未来规划

Q：考虑过自己专业的未来规划吗？

A：本专业在未来规划方面也是比较丰富的，可以在中小学从事生物学科的教学工作，也可以到生物制药公司以及研究所从事实验员、研究员以及医药代表等工作，但更多的研究方面的工作基本都需要硕士研究生及以上的学历，因此对于我来说最后会从事教师的工作。

Q：通过哪些方式了解到的信息呢？

A：我曾经在一些 APP 上投过简历，例如 BOSS 直聘和 58 同城，在学校也参加过学校组织的职业规划相关讲座，以及在大四的时候的校招。

Q：认为自己在央属院校学习到了对自己未来规划有用的知识吗？

A：有的，在中国农业大学的植物学和动物学等课程令我能够更快地认识动植物，并能够了解其大致的特点，让我在工作中也受益良多。

Q：考虑过保研吗？所属学校这方面会给予哪些帮助呢？央属院校会提供哪些呢？

A：保研对于我们双培班来说只有 2—3 个名额，而我的绩点排在中游，因此当时选择考研。对于能够保研的同学，所属的学校提供了相关的帮助以及可以在所属学校保研的机会，中央院校也提供了参加优秀学生夏令营的机会，同时还进行保研相关的专题讲座。

上海春招升学路径解读 21

■ 什么是上海春招？

从 2000 年起，上海市增加了普通高校春季招生考试，从此形成普通高校每年有"**两次考试、两次招生**"的新模式。

春季高考是缓解每年一次的秋季高考对考生的压力，带给考生更多的接受高等教育机会的考试。春季高考有利于延缓社会就业的压力，为全面实施素质教育创造了宽松的环境；有利于提高办学效益，促进高校加快教学和管理等方面的改革。它与传统的秋季高考不尽相同，其主要特点有两个方面：

首先，**高校有了更多的自主权**。在招生计划上有调节权，生源质量好、学校条件许可，可适当扩大招生名额。

其次，**考生有了更多的选择权**。除由国家承认学历的各类高等学校和高中阶段各类学校在校学生外，凡符合有关规定者均可在秋季高考之外再选择参加春季高考。春季高考的组织方法、考试规则、录取等均按全国普通高校统一招生的有关规定实施。

请注意，**一旦在上海春招中录取，考生将失去参加 6 月秋季高考的资格**。

■ 上海春招适合哪些学生？

1. 主科成绩较好、小科成绩较差的学生

上海春考的考试科目聚焦于语文、数学、外语三门核心科目，这与秋季高考的考查内容侧重有所不同。春考更加注重评估考生对这些基础学科的掌握程度和应用能力。对于那些在核心科目上表现优异，但在其他非核心科目上成绩相对较差的学生而言，春考为他们提供了一个展现优势、减轻非核心科目成绩影响的机会。这一特点使得春考成为一种具有特定选拔功能的考试形式。

2. 想报理工类专业的文科学生

2024年，新高考省份将实施选科制度的重大改革，该改革明确规定，**未将物理和化学作为选考科目的学生将无法选择计算机、电子信息、自动化等理工类专业**。这一变化无疑给部分学生的专业选择和未来职业规划带来了挑战。

然而，在这一改革背景下，上海的春考制度为这些学生提供了一线转机。即便学生在选科时偏向文科，例如选择了历史、政治和地理作为考试科目，**他们在上海春考的志愿填报时仍有机会选择理工类专业**。这一制度的设计不仅彰显了上海高考制度的灵活性和适应性，同时也为有志于理工类专业的考生开辟了一条新的升学途径。

3. 成绩中等且希望继续留在上海读书的学生

上海春考，作为上海市特有的高等教育招生考试方式，其**主要录取的院校和专业集中在上海市内**。这意味着，通过春考被录取的考生将有机会在上海市内继续深造，无须离开本地。特别是**对于成绩中等的考生来说，他们可以更好地准备数学、语文、外语这三门核心科目的考试**。对于那些喜爱上海、习惯其生活节奏并且成绩中等的考生而言，春招是一个显著的助力，使他们能够在熟悉的环境中继续学业。

■ 2024年上海春招的变化有哪些？

1. 部属院校加入招生队伍

2024年上海春招共有26所院校招生，比2023年增加1所上海外国语大学。

上海春招自启动以来，一直只有上海市属院校参加招生。上海外国语大学作为部属院校加入春招队伍，这对广大考生来说是个好消息，对春招改革来说也具有重要意义。

2. 招生人数、专业数双增

2024年上海春招26所院校招生专业共99个，比2023年87个专业增加12个专业；2024年共计招生3009人，比2023年2776人的计划招生人数增加8.4%。上海市教育考试院有关负责人表示，由于2024届上海高考生的总人数大于以往几年，并且其中主要增量是应届高中毕业生，所以**2024年春考的报考人数可能也会多于往年**，因此**一些高校的招生专业和计划招生人数也有变化。**

3. 不再限定候补录取比例

2024年春考不再限定候补录取的比例，由各校自行确定候补录取考生数。《2023年上海市普通高校春季考试招生问答》指出，公办院校通知**参加自主测试的考生数不得超过公布计划数的2倍**，民办院校通知**参加自主测试的考生数不得超过公布计划数的3倍，候补录取的比例则不超过招生计划的50%。**

也就是说，假如招生计划是20人，按照1∶2的比例入围校测，入围的就是40人，减去预录取的人数，最终有候补录取资格的只能是10人。而2024年上海春考候补录取不设限，由各校自定，这样拿到候补录取资格的学生可能就会增加很多，甚至只要入围就能有候补录取资格。

■ 上海春招的报考条件和考核方式是什么？

1. 报考条件

符合上海市高考报名条件，统一文化考试成绩（语文、数学、外语三门科目）达到市教育考试院公布的志愿填报最低控制线的考生方可填报春考志愿。

应届高中毕业考生的思想政治、历史、地理、物理、化学、生物学、信息技术7门科目高中学业水平考试成绩须全部及格。其中，本市户籍外省（区、市）学籍应届高中毕业考生，须在规定时间内向高考报名所在区考试招生机构提交申请，填写《外省（区、市）普通高中学业水平考试成绩认定申请表》，由市教育考试院统一核准认定，经认定7门科目高中学业水平考试成绩全部合格者方可填报。

2. 考核方式

春招的统一文化考试通常安排在每年的1月初，如2024年春考就安排在1月6日至8日。考试科目为语文（150分钟）、数学（120分钟）、外语三门，成绩总分为450分，其中每科占150分。外语科目考试包括笔试（含听力，120分钟）和听说测试（20分钟），笔试分值为140分，听说测试分值10分。

外语科目的考试语种分设英语、俄语、日语、法语、德语、西班牙语6种，报考学生可任选一种。而且，春考的外语成绩可以替换秋考的外语成绩，即学生可以选择春考和秋考中外语成绩最好的一次进行计算。

院校自主测试（一般为面试或技能测试，总分150分）内容由各试点院校根据本校及专业特点自行确定，测试科目原则上为1门。院校自主测试主要考查考生学科特长基础，注重综合素质和能力。获得院校自主测试资格后缺考的考生，其院校自主测试成绩按零分计入春考总分，并参与院校后续录取排序。

3. 招生简章注意事项（以个别大学为例）

（1）男女比例

华东政法大学：侦查学（经济犯罪治理）专业女生比例不超过30%，法学类、政治学与行政学专业无男女比例要求。

（2）外语语种

上海理工大学：入学外语考试语种不限。工科试验班（电子与信息类）入学后教学外语语种为英语，机械设计制造及其自动化（中德合作）（合作高校为德国汉堡应用技术大学）专业入学后教学外语语种为德语。

（3）身体要求

上海海事大学的航海技术专业：辨色力正常（无色盲无色弱），无复视；身高1.60米及以上；双眼裸眼视力均能达到4.7（0.5）及以上，或双眼裸眼视力均能达到4.0（0.1）及以上且矫正视力均能达到4.8（0.6）及以上。

（4）填报志愿时间

上海第二工业大学：2024年2月19日9：00—22：00，2月20日9：00—16：00。上述时间内，统一文化考试成绩达到市教育考试院公布的志愿填报最低控制线的考生通过"上海招考热线"网站（www.shmeea.edu.cn）填报志愿。

（5）体检信息

上海海事大学：填报法学类专业的考生须在学校招生网进行志愿二次填报，报考侦查学（经济犯罪治理）专业的考生还须填写体检信息。

（6）自主测试

上海戏剧学院：3月2日—3日，统一文化考试成绩达到学校自主测试资格线的考生参加自主测试。同时报考学校两个专业（类）且分别达到自主测试资格线的考生，须分别参加各专业（类）的测试。学校自主测试为专业素质综合测试，内容由学校根据专业特点确定，自主测试总分为150分。学校各春季考试招生专业自主测试时间详见于上海戏剧学院招生网（https://zs.sta.edu.cn/）发布的《2024年上海戏剧学院春季考试招生自主测试实施方案》。如，戏剧影视文学：对考生的散文、故事写作能力以及在戏剧与影视学、艺术学、社会学等方面的知识储备进行综合考查。

（7）相关综合评价材料

上海海事大学：相关综合评价材料由上海市普通高中学生综合素质评价信息管理系统统一提供，考生无须向学校提交。若考生无综合素质评价信息，须提供本人高中阶段各类证书及其他相关材料，具体要求见学校春招自主测试方案。

■ 上海春招可以报考哪些院校？

2024年上海共有26所高校参加春季招生，其中专业学习方向及名额分配如下：

序号	院校及专业	计划数	序号	院校及专业	计划数
	上海杉达学院	400		上海立信会计金融学院	120
01	国际经济与贸易	20	01	金融学	40
02	财务管理	30	02	社会工作	40
03	金融学	20	03	汉语言文学	40
04	会计学	30		上海第二工业大学	80
05	酒店管理	30	01	机械电子工程	40
06	旅游管理	30	02	酒店管理（洲际集团人才班）	40
07	时尚传播	20		上海政法学院	40

续表

序号	院校及专业	计划数	序号	院校及专业	计划数
08	汉语国际教育	30	01	法学	20
09	护理学	70	02	俄语	20
10	康复治疗学	30		上海外国语大学贤达经济人文学院	300
11	翻译	30	01	工商管理	40
12	电子商务	30	02	旅游管理	40
13	软件工程	30	03	学前教育	40
	华东政法大学	80	04	法学	40
01	侦查学	25	05	西班牙语	30
02	法学	35	06	法语	40
03	政治学与行政学	20	07	金融学	40
	上海对外经贸大学	60	08	会计学	30
01	商务英语	30		上海建桥学院	380
02	法学	30	01	计算机科学与技术	50
	上海海洋大学	60	02	网络工程	60
01	食品科学与工程类	30	03	数字媒体技术	60
02	生物科学类	30	04	日语	40
	上海戏剧学院	57	05	德语	25
01	戏剧影视文学	4	06	汽车服务工程	35
02	表演	5	07	宝石及材料工艺学	50
03	艺术管理	19	08	网络与新媒体	30
04	绘画	6	09	机械设计制造及其自动化（中外合作办学）	30
05	动画	3		上海健康医学院	80
06	数字媒体艺术	4	01	护理学	60
07	播音与主持艺术	4	02	健康服务与管理	20

续表

序号	院校及专业	计划数	序号	院校及专业	计划数
08	表演	12		上海师范大学天华学院	300
	上海电力大学	45	01	学前教育	65
01	应用化学	20	02	小学教育	70
02	英语	25	03	康复治疗学	80
	上海大学	80	04	艺术教育	40
01	电子信息科学与技术	30	05	人工智能	30
02	工商管理（中外合作办学）	30	06	集成电路设计与集成系统	15
03	信息管理与信息系统（中外合作办学）	20		上海兴伟学院	20
	上海中医药大学	80	01	英语	10
01	中西医临床医学	35	02	国际商务	10
02	康复物理治疗	30		上海立达学院	150
03	康复作业治疗	15	01	金融科技	20
	上海应用技术大学	38	02	汉语言文学	30
01	建筑学	18	03	人工智能	30
02	香料香精技术与工程	20	04	数据科学与大数据技术	30
	上海师范大学	159	05	会计学	20
01	英语	9	06	财务管理	10
02	学前教育	150	07	国际商务	10
	上海工程技术大学	70		上海中侨职业技术大学	120
01	飞行器制造工程	20	01	数字媒体技术	30
02	旅游管理	25	02	食品质量与安全	25
03	电子封装技术	25	03	汽车服务工程技术	20
	上海商学院	70	04	建筑工程	20

续表

序号	院校及专业	计划数	序号	院校及专业	计划数
01	酒店管理（中外合作办学）	35	05	现代物流管理	25
02	电子商务（中外合作办学）	35			

■ 上海春招的报考流程是怎样的？

报考流程与重要节点

时间	工作内容
2023年12月上旬	各校上报春季考试招生章程
2023年12月底	各校向社会公布经审核的春季考试招生章程，同时在市教委网站公布，招生计划也须在市教育考试院网站公布
2024年1月6日前	各校报送院校自主测试方案
2024年1月6日—8日	全市统一文化考试
2024年1月下旬	公布统一文化考试成绩及志愿填报最低控制线
2024年2月中下旬	符合资格的考生可通过"上海招考热线"网站填报志愿
2024年2月22日	各校公布自主测试资格线及测试安排
2024年2月23日—24日	获得院校自主测试资格的考生须在院校网站选择测试时间和地点
2024年3月2日—3日	各校组织自主测试
2024年3月6日	各校公布自主测试成绩并开始录取
2024年3月6日—12日	各校网上公示预录取和候补资格考生名单
2024年3月13日—14日	考生按照春招实施办法的相关录取规则网上办理录取专业信息登记
2024年3月15日前	完成录取工作
2024年9月	新生正式入学

注：其中步骤的具体时间每年可能会有所变化，实时更新信息可以查看各校本科招生官网或是阳光高考信息平台。

■ 上海春招需要提交哪些材料？

因为不同院校在材料要求上可能有所不同，请务必关注目标报考院校发布的招生简章中的要求来准备报名材料并在规定时间内提交，并且请确保所有材料的真实性和准确性，避免弄虚作假。另外，部分院校可能要求邮寄材料，请务必按照院校要求选择合适的邮寄方式和地址。以下仅仅是部分常见准备材料，具体请关注报考院校的招生简章。

比如，上海大学的自主测试材料要求如下：
1. 考生本人身份证原件；
2. 统一文化考试准考证；
3. 综合素质评价信息。

综合素质评价信息由学校通过上海市普通高中学生综合素质评价信息管理系统获取，无须考生提供。

若考生无综合素质评价信息，务必于2024年2月26日前将本人高中阶段各类获奖证书和高中学业水平考试成绩单复印件以及其他相关材料（如个人自我介绍）等通过中国邮政EMS寄送至上海大学招生就业处（地址：上海市宝山区上大路99号上海大学A楼427室，邮编：200444，电话：021-66134148）；并于考试当天携带获奖证书及高中学业水平考试成绩单原件，交考务人员校验。

■ 上海春招升学规划建议

上海春招升学的优势

 试卷难度相对较低

春季高考的考试科目设定为仅包含语文、数学及外语三门核心学科，不将其他"小三门"（通常指政治、历史、地理、物理、化学、生物等选考科目）的成绩纳入考量。这一考试结构对于在"小三门"科目上表现相对薄弱的考生而言，构成了一种有利的条件，因为它允许这些考生将精力更集中地投入到核心科目的准备上，从而有可能在春季高考中取得更理想的成绩。

招生名额逐年增加

近年来,上海市春季高考的招生名额呈现出逐年递增的趋势,这一变化显著地拓宽了招生范围,为更广泛的考生群体提供了参与竞争并被录取的机会,进一步促进了高等教育资源的合理分配与利用。

英语成绩取最优

春季高考在英语科目的评分机制上展现出较高的灵活性,允许考生将春季高考与秋季高考中英语科目的较高分数作为最终成绩纳入考量。这一机制旨在通过比较两次考试的表现,为考生提供一个更加公正、全面的评价依据,从而确保每位考生都能基于其最佳表现获得相应的成绩认可。

增加升学机会

春季高考与秋季高考均向考生开放报考资格,允许考生选择兼报。即,考生在完成春季高考后,若未能获得录取资格,仍可无缝衔接至秋季高考的报名与考试流程中。此制度设计为学生提供了两次高考的机会以及潜在的多次录取可能,旨在通过增加考试与录取的灵活性,为学生创造更加公平、多元的升学路径,使其能够根据自身情况与成绩表现,做出更为理性和适宜的升学决策。

有利于高中选科是物理但不包括化学的考生

2024 年起,针对新高考省份的选科制度迎来调整,规定报考理学、工学、医学及农学类专业的考生须同时选修物理与化学作为学业水平考试科目。目前上海春季高考对于小科目选择并未限制,对于没有选择化学的同学,相比于秋季高考有一定的专业选择优势。

上海春招的局限性

地域限制

上海春招主要在上海市内进行，考生的选择范围仅限于参与春招的上海市内高校及专业。与秋季高考相比，春招的招生范围明显较小，无法满足部分考生希望跨省（区、市）求学的需求。

院校及专业选择有限

虽然近年来参与春招的院校和专业数量有所增加，但总体上仍以普通本科院校和部分特色专业为主。重点本科院校和热门专业的参与度相对较低，难以满足所有考生的需求。而且春招考生在选择专业时，通常只能报考两个专业，相较于秋季高考考生可以填报多个专业志愿，春招考生的选择空间较小。

录取后不可再参加秋季高考

一旦考生被春招院校录取，将不能参加同年的秋季高考。这意味着考生需要在春考和秋考之间做出选择，增加了决策的难度和风险。

转专业限制高

部分春招院校规定，春季高考录取的学生在入学后可能无法转专业或只能在同类系中转专业，这限制了考生的学业规划和发展方向。

毕业证书及认可度较低

虽然春招考取的也是国家统招计划本科高校，毕业证书与秋季高考录取高校颁发证书完全一样，但在社会认可度上可能仍存在一定的差异。部分用人单位可能对春招毕业生的学历背景有偏见。

时间压力大

春招的考试和录取时间相对较短,考生需要在有限的时间内完成报名、考试、填报志愿和录取等一系列流程,而且还要准备自主测试等环节,增加了时间上的压力。

上海春招的常见问题

已参加春考并具备志愿填报资格的考生可以选择不填报春考志愿吗?是否会影响参加秋季高考等其他类别考试?

参加春考并具备志愿填报资格的考生可以选择不填报春考志愿。考生若不填报春考志愿,后续仍可参加本人已报考的普通高校招生其他各类别考试(专科层次依法自主招生、秋季高考等)。

考生如果在春招中被预录取了是否还能参加后续的普通高校招生考试?

根据上海市教委文件规定,预录取考生(含列入候补资格名单并最终被预录取的考生)无论是否与院校确认录取,一律不得参加《上海市教育委员会关于做好2024年上海市普通高校考试招生报名工作的通知》(沪教委学〔2023〕40号)规定的其他考试(包括2024年专科层次依法自主招生、秋季统一高考等)。

获得院校自主测试资格的考生,如果没有参加院校自主测试是否仍然有可能会被院校录取?

根据上海市教委文件规定,考生获得院校自主测试资格后,若缺考院校自主测试(包括未选择院校自主测试时间和地点并缺考,选择院校自主测试时间和地点后缺考等情况),其院校自主测试成绩按零分计入春考总分,并参与院校后续录取排序。

在此提醒考生，在填报春考志愿时须依据自己的兴趣和意愿，理性谨慎填报。填报志愿后如因故未能参加院校自主测试，若总分（统一文化课考试成绩＋院校自主测试成绩）在综合排序中靠前，也存在被院校录取的可能。

> **若考生成绩同时达到两个专业志愿的自主测试资格线，可否参加两个专业的院校自主测试？填报同一所高校两个专业志愿的考生是否只须参加一次自主测试就可以了？**

若考生同时达到了所报考的两个专业志愿的自主测试资格线，可根据自身情况合理选择自主测试时间，参加两所院校（或同一院校的两个专业）组织的自主测试。

填报同一所高校两个专业志愿的考生，若两个专业自主测试方式及内容不同，须根据招生院校的安排分别参加两个专业的自主测试。考生在参加自主测试前务必仔细对照招生院校公布的招生简章和自主测试实施方案了解相关信息。

> **已被春考招生院校预录取和候补录取的各类考生如何办理录取专业信息登记？**

被春考招生院校预录取和候补录取的考生有五类：
第一类，取得两个专业预录取资格；
第二类，只取得一个专业预录取资格；
第三类，取得一个专业预录取、一个专业候补录取资格；
第四类，取得一个专业候补录取资格；
第五类，取得两个专业候补录取资格。

以上五类考生，尤其是取得两种资格的考生，必须做出选择。如最终取得一个专业预录取资格，则无须操作，默认被预录取。具体操作如下（以2024年为例）：

1.取得两个专业预录取资格的考生，必须在规定时间内进行网上信息登记，如果不进行选择，也将参与后续录取排序。

2. 只取得一个专业预录取资格的考生，无须任何操作，即参与春招后续录取排序。

3. 取得一个专业预录取、一个专业候补录取资格的考生，必须在规定时间内进行网上信息登记，如果不进行选择，也将参与后续录取排序。

4. 取得一个专业候补录取资格的考生，无须任何操作，即参与春招后续录取排序。

5. 取得两个专业候补录取资格的考生必须在规定时间内进行网上信息登记，如果不进行选择，也将参与后续录取排序。

第三章

升学"加分项"

—— 小众，但含金量很高

奥林匹克竞赛

■ 参加竞赛对升学有什么帮助？

1. 综合评价

综合评价招生对竞赛奖项一般都有一定的认可度，不过对奖项等级认可度不一，优惠程度也有所差别。

例如：上海交通大学、复旦大学对在高中阶段获得全国中学生奥林匹克竞赛数学、物理、化学（化学限报考自然科学试验班）省级赛区一等奖及以上（获奖名单以中国科协网站公示为准）的优秀考生审核后，可给予初审优秀。

南方科技大学的政策是：获得中学生数学、物理、化学、信息学、生物学奥林匹克竞赛全国决赛一等奖、二等奖、三等奖的考生，网上申请该校综合评价招生并参加能力测试面试，面试成绩按实际得分分别加 15 分、10 分、5 分（百分制）。

南京师范大学要求报考综合评价的学生需要满足诸多条件中的某一项，其中就包括：

（1）考生高中阶段获得英语类竞赛国家级一等奖及以上；

（2）考生高中阶段获得人文类竞赛国家级一等奖及以上；

（3）考生高中阶段获得全国中学生五项学科竞赛任一学科省级赛区二等奖及以上奖项（奖项落款为中国数学会、中国物理学会、中国化学会、中国计算机学会、中国植物学会和中国动物学会）。

中山大学要求通过综合评价报考广州校区计算机学院计算机科学与技术专业的考生，须在全国青少年信息学奥林匹克联赛中获省级赛区一等奖及以上奖项。

复旦大学要求通过综合评价报考"数学英才班"的考生，须在高中阶段获得全国中学生数学奥林匹克竞赛省级赛区一等奖及以上奖项。

2. 强基计划

五大学科竞赛金／银牌（国家级一等奖／二等奖）获得者有机会破格入围强基计划，除此之外，竞赛生也有其他在强基计划中的隐形优势：

（1）五大学科竞赛的铜牌（国家级三等奖）／省级赛区一等奖可记录在学生的综合素质评价档案中，在面试中更容易获得高分；

（2）强基计划校考难度高于高考，偏向竞赛，竞赛生在考试中更有优势。

3. 高校专项计划

虽然高校专项计划的报名条件对竞赛奖项没有要求，但其网上报名中要求考生填写高中阶段参与的科学研究、文学创作、创新设计、学习实践等情况。

成绩优良、有学科竞赛省级赛区一、二、三等奖及以上的农村考生报考高校专项计划，可冲刺"985"高校。此外，对于要求参加校测的高校，考生也能在校测中占据绝对优势。

4. 名校学科营

每年，清华大学、北京大学等高校会举办各类夏令营、金秋营、冬令营活动，学科竞赛奖项是部分营的"敲门砖"，表现优异的考生有机会被推荐至高校招生办，对参加强基计划、综合评价等特殊类型招生具有重要作用。

5. 保送生

进入五大学科竞赛国家集训队的学生可获得保送资格。

■ 什么样的学生适合参加竞赛活动？

1. 想要报考清北等"985"高校；

2. 学有余力，高考成绩能够达到一本线以上；

3. 对某一学科有浓厚的兴趣，今后准备从事学科相关的工作，有很强的探索精神，思维逻辑能力强；

4. 想通过竞赛获得名次入围强基计划，进入名校；

5. 想报考综合评价，将竞赛奖项作为校测中的加分项；

6. 想要参加名校体验营活动，获取升学优势。

■ 高中生可以参加的竞赛项目有哪些？

教育部办公厅于 2022 年发布通知，公示了 2022—2025 学年面向中小学生的全国性竞赛活动名单：

自然科学素养类	• 全国青少年人工智能创新挑战赛 • 全国中小学信息技术创新与实践大赛 • 世界机器人大会青少年机器人设计与信息素养大赛 • 全国青少年科技教育成果展示大赛 • 全国青少年无人机大赛 • 全国青年科普创新实验暨作品大赛 • 宋庆龄少年儿童发明奖 • 全国中学生天文知识竞赛 • "地球小博士"全国地理科普知识大赛 • 全国中学生水科技发明比赛 • 全国中学生地球科学奥林匹克竞赛 • 全国中学生数学奥林匹克竞赛	• 全国中学生物理奥林匹克竞赛 • 全国中学生化学奥林匹克竞赛 • 全国中学生生物学奥林匹克竞赛 • 全国中学生信息学奥林匹克竞赛 • 全国青少年科技创新大赛 • 全国青少年航天创新大赛 • "北斗杯"全国青少年空天科技体验与创新大赛 • 蓝桥杯全国软件和信息技术专业人才大赛 • 丘成桐中学科学奖 • 全球发明大会中国区 • 中国"芯"助力中国梦——全国青少年通信科技创新大赛
艺术体育类	• 全国中小学生绘画书法作品比赛 • "我爱祖国海疆"全国青少年航海模型教育竞赛 • "驾驭未来"全国青少年车辆模型教育竞赛 • 全国青少年模拟飞行锦标赛 • "飞向北京·飞向太空"全国青少年航空航天模型教育竞赛活动	• 全国青少年传统体育项目比赛 • "致敬英雄"全国青少年文化艺术创作主题教育竞赛 • "希望颂"——全国青少年书画艺术大展 • 全国青少年音乐素养大赛

人文综合素养类	• 全国青少年禁毒知识竞赛 • 世界华人学生作文大赛 • "外研社杯"全国中学生外语素养大赛 • 叶圣陶杯全国中学生新作文大赛 • 全国中学生科普科幻作文大赛 • 高中生创新能力大赛	• 全国中学生创新作文大赛 • "语文报杯·时代新人说"全国中学生征文大赛 • 全国中学生环境保护优秀作文征集活动 • 全国版图知识竞赛（中小学组） • 全国青少年劳动技能与智能设计大赛 • 全国青少年文化遗产知识大赛

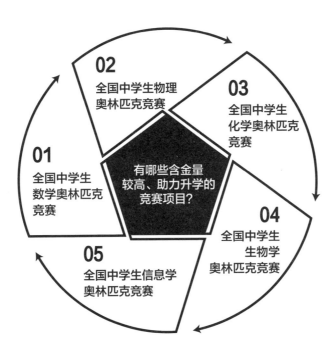

想参加这些竞赛项目，你需要知道些什么？

全国中学生数学奥林匹克竞赛

■ 全国中学生数学奥林匹克竞赛是一项什么类型的竞赛？

全国中学生数学奥林匹克竞赛是由中国数学会主办的，旨在推广数学教育，提高中学生的数学素养和创新能力。

■ 全国中学生数学奥林匹克竞赛的比赛流程是怎样的？

预赛

- 由各省（区、市）自行组织、自主命题，时间不一，名称不一，不是正式的全国联赛，无法个人报名，须通过所在高中统一报名。
- 时间：通常在5—6月。
- 通过选拔的考生，可获得参加数学竞赛联赛的资格。

全国初赛

- 时间：9月的第二个周日。
- 题型：分为一试、加试（即俗称的"二试"）（同一天考完）。

  一试考试时间为8：00—9：20，共80分钟，包括8道填空题（每题8分）和3道解答题（分别为16分、20分、20分），满分120分。

  二试考试时间为9：40—12：30，共170分钟，包括4道解答题，涉及平面几何、代数、数论、组合四个方面。前两题每题40分，后两题每题50分，满分180分。
- 奖项：决出省级赛区一、二、三等奖，省级赛区一等奖中排名靠前同学可组成省队参加全国中学生数学奥林匹克竞赛（决赛）。

  助力升学：获得省级奖项的同学有机会在强基计划、综合评价等特殊类型招生中获得一定优势。

全国决赛

- 时间：一般在11—12月。
- 奖项：决出国家级一、二、三等奖（金、银、铜牌），其中排名前60的同学进入国家集训队。

  助力升学：金牌、银牌获得者有机会破格入围强基计划，国家集训队成员可获得保送资格。

全国中学生物理奥林匹克竞赛

■ **全国中学生物理奥林匹克竞赛是一项什么类型的竞赛？**

全国中学生物理奥林匹克竞赛是在中国科学技术协会的领导下，由中国物理学会主办，各省、自治区、直辖市自愿参加的群众性的课外学科竞赛活动。

■ **全国中学生物理奥林匹克竞赛的比赛流程是怎样的？**

预赛

- 全国统一制卷，满分为 400 分。
- 时间：9 月上旬。
- 通过选拔的考生，可获得参加复赛的资格。

全国初赛

- 理论：全国统一制卷，满分为 320 分；时间：9 月中旬。
- 实验：地方委员会命题，满分为 80 分；时间：9 月下旬。
- 奖项：决出省级赛区一、二、三等奖，排名靠前的同学可组成省队参加决赛。

    助力升学：获得省级奖项的同学有机会在强基计划、综合评价等特殊类型招生中获得一定优势。

全国决赛

- 全国中学生物理竞赛命题组命题，笔试 320 分，实验 80 分。
- 时间：10 月末。
- 奖项：决出国家级一、二、三等奖（金、银、铜牌），其中排名前 50 的同学进入国家集训队。

    助力升学：金牌、银牌获得者有机会破格入围强基计划，国家集训队成员可获得保送资格。

全国中学生化学奥林匹克竞赛

■ 全国中学生化学奥林匹克竞赛是一项什么类型的竞赛？

全国中学生化学奥林匹克竞赛是由中国化学会组织的，旨在普及化学知识，鼓励青少年接触化学发展的前沿，了解化学对科学技术、社会经济和人民生活的意义。

■ 全国中学生化学奥林匹克竞赛的比赛流程是怎样的？

预赛

- 由各省（区、市）自行组织、自主命题，时间不一，部分省（区、市）不举办预赛。
- 考试形式：理论（笔试）。
- 时间：通常在 4—6 月。
- 通过选拔的考生，可获得参加复赛的资格。

全国初赛

- 考试形式：理论（笔试）。
- 时间：通常在 9 月中旬。
- 题型：由中国化学会统一命题，考试时长 3 小时，总分 100 分，10 道左右简答题。
- 奖项：决出省级赛区一、二、三等奖，排名靠前的同学可组成省队参加决赛。

    助力升学：获得省级奖项的同学有机会在强基计划、综合评价等特殊类型招生中获得一定优势。

全国决赛

- 考试形式：理论＋实验。
- 时间：通常在 12 月左右。
- 题型：理论部分考试时长 4 小时，总分 100 分，占总成绩的 70%，10 道左右简答题；隔天进行实验考试，考试时长 4.5 小时左右，总分 100 分，占总成绩的 30%。

- 奖项：决出国家级一、二、三等奖（金、银、铜牌），其中排名前 50 的同学进入国家集训队。

  助力升学：金牌、银牌获得者有机会破格入围强基计划，国家集训队成员可获得保送资格。

全国中学生生物学奥林匹克竞赛

■ 全国中学生生物学奥林匹克竞赛是一项什么类型的竞赛？

全国中学生生物学奥林匹克竞赛是在中国科学技术协会及国家教育部的支持下，由中国动物学会和中国植物学会联合主办，由在校高中学生自愿参加的群众性生物学科竞赛活动。组织竞赛的目的是加强中学生物学教学，提高生物学教学水平；丰富中学生生物学课外活动；向青少年普及生物学知识，提高青少年的生命科学素养。

■ 全国中学生生物学奥林匹克竞赛的比赛流程是怎样的？

预赛

- 由各省（区、市）自行组织、自主命题，时间不一，部分省（区、市）不举办预赛。
- 时间：3—4 月。
- 通过选拔的考生，可获得参加联赛的资格。

全国初赛

- 时间：5 月。
- 题型：全国统一命题，考试时间通常是两个小时；题目的数目不固定，为 100—110 道，以 12 页考卷为准；总分为 140—150 分。
- 奖项：决出省级赛区一、二、三等奖，排名靠前的同学可组成省队参加决赛。

  助力升学：获得省级奖项的同学有机会在强基计划、综合评价等特殊类型招生中获得一定优势。

> **全国决赛**

- 时间：8 月左右。
- 考试形式：包括理论和实验两部分，分数比例各占 50%，理论成绩前 60% 的学生参加实验考试。
- 奖项：决出国家级一、二、三等奖（金、银、铜牌），其中排名前 50 的同学进入国家集训队。

    助力升学：金牌、银牌获得者有机会破格入围强基计划，国家集训队成员可获得保送资格。

全国中学生信息学奥林匹克竞赛

■ 全国中学生信息学奥林匹克竞赛是一项什么类型的竞赛？

全国中学生信息学奥林匹克竞赛是由中国计算机学会举办，旨在推动计算机科学的普及和教育，为国家的计算机科学教育和人才培养做出贡献的全国性比赛。

■ 全国中学生信息学奥林匹克竞赛的赛程安排是怎样的？

> **初赛**

- 报名：由学校老师报名至各省特派员，不可自行报名。
- 时间：11 月左右。
- 奖项：决出省级一、二、三等奖，获奖者有资格参加后续的省队选拔。

> **省队选拔**

- 时间：4 月。
- 各省省队队员选拔标准由各省决定。

> 全国决赛

- 时间：7月。
- 考试形式：竞赛分为两场，每场竞赛的时间为5小时。两场竞赛之间间隔一天。
- 奖项：选拔出国家级一、二、三等奖（金、银、铜牌），其中排名前50的同学进入国家集训队。

助力升学：金牌、银牌获得者有机会破格入围强基计划，国家集训队成员可获得保送资格。

学生名片

姓名：杨同学
生源地：湖北黄冈
就读高中：黄冈中学（湖北省普通中学示范学校）
就读大学：北京大学物理学院
升学方式：强基计划

访谈实录

Part 01 通过物理竞赛是如何考入北京大学的？

Q：你高考的时候考试成绩是多少？

A：我通过强基计划考入了北京大学物理学院，高考当年对于竞赛生录取分数线是630分左右，我考了650多分就进入了。

Q：强基计划竞赛降分，有什么样的名次要求吗？

A：有的要求在决赛取得名次，我是决赛的银牌，然后我们那一年，虽然是获奖名额增加了，但是金牌的名额没有增加太多，所以银牌含金量还是有一些，所以就可以了。但是现在好像要求会稍微高一些。

Q：你的高中本身就很优秀，你的同学们有通过竞赛被录取的吗？

A：挺多的，我们班化学有5个、物理有3个、数学有四五个，然后生物也有几个，但是我们的方法各不相同。有一个数学很强的同学，就是高二就考上了英才班，就没有上高三，直接就来了。

Part 02　怎么准备的物理竞赛呢？（主要流程）

Q：父母对你有从小进行竞赛这方面的培养吗？

A：那倒是没有。高一开始学习竞赛的时候压力还是挺大的。

Q：从什么时候开始接触竞赛的？是如何知道这个信息的呢？

A：知道有物理竞赛这个事儿，是初二初三这样子。因为我们初中和高中其实联系很密切，主要还是从学校中了解的信息比较多。

Q：什么样的情况下决定参加竞赛？兴趣爱好，家长培养？

A：首先我对竞赛还是有一定兴趣的。另外，如果单凭高考裸分，距离清北，我的成绩还是要差一些。同时因为我的物理我还是非常有自信的，所以就想着既然对竞赛感兴趣，而且通过竞赛冲清北的概率还大一些，所以，就选择了走物理竞赛这条路。

Q：为什么最终选择了物理竞赛，而不是其他科目的呢？

A：生物省队每年8个名额，机会小，化学不感兴趣，数学是太难了，物理是强项也很喜欢，所以我最后选择了物理竞赛。

Q：那你除了物理竞赛外，还参加过其他竞赛项目吗？是如何获取的信息？

A：参加过生物竞赛，拿了个小奖励。信息的获取，主要是学校提供吧，或许可以找培训机构进行了解。

Q：关于竞赛的学习，都有哪些途径呢？

A：主要是学校进行培养吧。自己也会报一些课外班，比如到一些知名的培训机构去提升自己的能力，见一见其他学校学生的实力。

Q：关于竞赛的重要考试是指什么？

A：复赛、决赛，每年进行。9月下旬复赛、10月底决赛，取得成绩才有机会去强基计划。

Q：你认为在参加这些竞赛的过程中，你最大的收获是什么？

A：大部分时候需要自己看书、自学，和同学进行讨论，这种学习方法对自己未来发展非常重要，高一阶段老师会进行讲解，后期自己的能力提升之后，自学能力很重要。

Q：你认为参加各种竞赛给你升学带来的最大帮助是什么？

A：除了能够帮助强基降分，另外一点就是明确了专业选择吧。

Part 03　参加物理竞赛该怎么准备呢？

Q：在这个过程当中，你的父母给予了怎样的支持和帮助？

A：坚定的精神支持和一些外出培训等的物质支持吧。也很感谢自己的学校，会给予很多物质支持，一所重视竞赛的学校也很重要。比如说我们学校就会给外出培训提供一部分补贴，或者家里条件不好的就全额补贴了。

Q：你当时最希望父母给你什么样的支持和帮助？

A：有精神支持和物质支持就很好了，是满分的父母！

Q：你是从几年级开始准备竞赛考试的？准备了多长时间？

A：高一上学期就已经开始学了，高一学习了一年，高二9月跟高三一起参加了物理竞赛的考试，全省30多名，10月份拿到清华强基计划的认证。上了高三考完物理竞赛决赛之后，联系北大招生组的老师（私下的交流，比赛完之后可以在赛会酒店看到相关老师），然后确定了自己有机会进入北大。当然，高考成绩很重要，高三上学期期末的时候年级前十名,心里面就比较有底能进入北大,最终选择来了北大物理学院。

Q:你觉得准备竞赛和学习课内知识备战高考之间冲突吗?

A:竞赛内容和高考内容有一定冲突,生物多一些,化学还好,数学的关系也不是很大。物理非常合适,物理竞赛就是高考题加点难度,再加一些特殊条件。物理竞赛和高中数学的知识联系更密切,所以好多参加物理竞赛的后面数学成绩都很好。

Q:学弟学妹们也想走这条路径,你有什么建议?

A:高中传统竞赛强校,就按照学校的要求进行就行,自己本身高考成绩也要好,因为大部分人都无法拿到名次。

Q:能上北大是一件很骄傲的事情,你有什么感触分享吗?

A:父母工作很忙,会给报一些课外班,从小进行培养。课外班中会接触到很多成绩好的同学,优秀的同学之间会互相分享,学习氛围很重要。在竞赛班也是这样的,学校竞赛班的竞赛小组学习氛围很重要,这也是能取得好成绩的因素之一吧。

夏／冬令营 02

■ **什么是夏／冬令营？有哪些类型？**

  高校夏令营是在每年暑假（7—8月）期间，冬令营是在每年寒假（1—2月）期间，都是由部分高校组织的针对优秀学生的体验观摩活动。

■ **参加夏／冬令营对升学有什么帮助？**

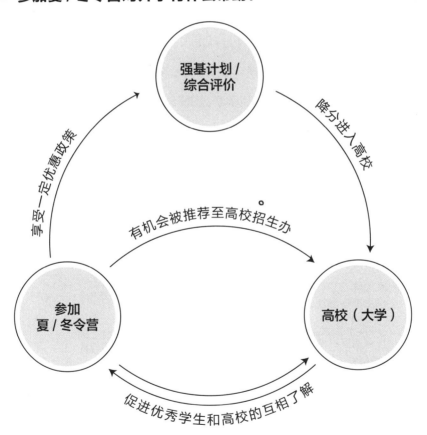

参加夏/冬令营，大多数会涉及笔试、面试等测试体验环节，因此可以提前让参营同学感受目标院校的测试模式；据往年经验，在部分重点高校夏令营中表现优异的学生，高校会在后续的综合评价招生、强基计划招生等考核中有不同程度的偏向倾斜；在参营过程中表现优异的话将有机会被推荐至高校招生办；参加夏/冬令营可以零距离接触目标院校，也可以近距离接触目标院校专业老师，感受大学老师的专业学术魅力，更可以相互交流探讨，利于进一步了解目标高校相关专业的现状，以便制订更合理的目标。另外，参营者可以和全国各地优秀的学生一起交流、生活，增长见识、开阔眼界。

■ 哪些学生适合参加这些夏/冬令营？

1. 参加过物理、数学、化学、信息学等学科的相关竞赛，并获得奖项；或有一定学科特长，综合成绩优秀。

2. 目标明确，对某校某专业有浓厚兴趣。

3. 想提前接触实验室，实际动手操作，体验探索的乐趣。

4. 想聆听知名学者、资深教授讲解学科知识，了解某一学科领域前沿信息。

5. 想与全国各地志同道合的中学生交流合作。

夏令营

学校	名称	报名时间	活动时间
北京大学	北京大学2024年中学生数学学科学夏令营	2024年7月19日24：00前	2024年8月5日—8日
	北京大学2024年优秀中学生暑期学堂	2024年6月21日—7月5日	2024年8月1日—6日
	2024年北京大学"全国优秀中学生信息学夏季体验营"	2024年4月9日—21日24：00	2024年5月13日—14日
	北京大学2024年中学生化学夏季研讨营	2024年5月24日24：00前	2024年6月19日—20日
	北京大学地球与空间科学学院2024年全国优秀大学生暑期夏令营	2024年7月19日24：00前	2024年8月5日—8日

续表

学校	名称	报名时间	活动时间
北京大学	北京大学2024年优秀中学生暑期课堂（地球科学）	2024年6月14日—21日24：00	2024年7月15日—23日
	北京大学2024年优秀中学生暑期课堂（光华管理学院）	2024年6月14日—21日24：00	2024年8月6日—9日
	北京大学2024年优秀中学生暑期课堂（国际关系）	2024年6月14日—21日24：00	2024年8月14日—17日
	北京大学2024年优秀中学生暑期课堂（化学）	2024年6月14日—21日24：00	第一期：7月15日—20日（7月15日13：00报到，20日12：30后离校）第二期：7月22日—27日（7月22日13：00报到，27日12：30后离校）
	北京大学2024年优秀中学生暑期课堂（考古学）	2024年6月14日—21日24：00	2024年7月14日—20日
	北京大学2024年优秀中学生暑期课堂（历史学系）	2024年6月14日—21日24：00	2024年7月10日—14日
	北京大学2024年优秀中学生暑期课堂（天文学）	2024年6月14日—21日24：00	2024年7月14日—18日
	北京大学2024年优秀中学生暑期课堂（外语）	2024年6月14日—21日24：00	2024年7月9日—13日
	北京大学2024年优秀中学生暑期课堂（新闻与传播学院）	2024年6月14日—21日24：00	2024年8月3日—5日
	北京大学2024年优秀中学生暑期课堂（艺术学院）	2024年6月14日—21日24：00	2024年7月14日—18日

续表

学校	名称	报名时间	活动时间
北京大学	北京大学2024年优秀中学生暑期课堂（元培学院）	2024年6月14日—21日24：00	第一期：2024年7月16日—19日（4天3晚 线下） 第二期：2024年7月22日—25日（4天3晚 线下）
	北京大学2024年优秀中学生暑期课堂（中文）	2024年6月14日—21日24：00	2024年8月8日—11日
	北京大学2024年优秀中学生暑期课堂（基础医学）	2024年6月14日—21日24：00	2024年7月23日—27日（7月22日报到）
清华大学	清华大学计算机系2024年"大中衔接"夏季研讨与教学活动	2024年4月20日前	2024年5月11日—12日
	清华大学化学系2024年"大中衔接"研讨与教学活动	2024年5月26日24：00	2024年6月18日—21日
	清华大学2024年"全球创新夏令营"	2024年3月29日—4月7日24：00	2024年7月29日—8月9日
北京师范大学	北京师范大学2024年中学生化学核心素养提升夏令营	—	2024年7月28日—8月2日
复旦大学	2024年复旦大学经济学院"中国经济与金融"高中生夏令营	2024年3月5日—7月2日24：00	模块一：2024年7月15日—19日 模块二：2024年8月4日—10日
	复旦大学2024年哲学学院暑期夏令营	2024年5月15日—7月5日24：00	模块一：2024年7月10日—14日 模块二：2024年7月15日—30日

冬令营

学校	名称	报名时间	活动时间
清华大学	清华大学2024年"全国优秀中学生科学与工程寒假课堂"	2023年12月28日—2024年1月4日	2024年1月22日—24日
	清华大学2024年优秀中学生"化学前沿体验营"活动	2024年1月21日24：00前	2024年2月15日—18日
	清华大学2024年"全国优秀中学生人文与社科冬令营"	2023年12月2日—2024年1月4日24：00	2024年1月22日—24日
	清华大学计算机系2024年"大中衔接"冬季研讨与教学活动	2024年1月3日前	2024年1月25日—27日
北京大学	北京大学2024年中学生化学春季研讨营	2024年1月21日24：00前	2024年2月15日—18日
	北京大学2024年优秀中学生寒假学堂	2023年12月2日—2024年1月1日24：00	2024年1月22日—23日
	北京大学2024年"全国优秀中学生信息学冬季体验营"	2023年12月12日—29日24：00	2024年1月26日—27日
厦门大学	厦门大学2024年生物学学科全国优秀中学生冬令营	2024年1月12日	2024年1月28日—2月3日
	2024年厦门大学经济学科优秀中学生冬令营	2024年1月18日12：00前	2024年1月28日—31日
复旦大学	复旦大学2024年中国经济与金融高中生冬令营	2023年11月28日—2024年1月12日	2024年1月22日—2月4日
	复旦大学2024年物理科学素养高中生冬令营	2024年1月7日—12日	2024年1月22日—26日

夏/冬令营升学 名校生访谈录

学生名片

姓名：洪同学
生源地：浙江衢州
就读高中：衢州第二中学
就读大学：清华大学探微书院
升学方式：强基计划

访谈实录

Part 01 如何报考

Q：你是通过强基计划考到的清华大学，对吧？

A：是的。

Q：你是数学金秋营的优秀学员，当时你是觉得参加金秋营对报名强基计划有帮助吗？还是说只是当时你感兴趣了才去参加的数学金秋营？

A：我没有获得优秀营员的称号，但我参加了数学金秋营后，在强基计划的初评中获得了一定的优势。强基计划会考虑我们之前的情况，并将其纳入初评的综合考量之中。

Q：那你能简单地介绍一下强基计划和金秋营吗？

A：强基计划是 2020 年开始实施的，它的分数主要由初评、高考成绩的 85% 以及学校面试共同决定。如果初评没有达到优秀等级，还需要参加一次笔试。因此，在高中三年中，除了高考以外的一些活动，例如参加竞赛或清华的学科营（如数学金秋营），或其他项目（如工科营），所有这些都会被综合考虑在初评中，并获得相应的优秀或良好认定。在我所在的浙江省，这对于我们来说是非常重要的。如果初评达到优秀等级，就可以免去笔试，而笔试得分 9 分即为满分。然后可以直接在清华大学参加面试，通过面试进入强基计划。但如果需要参加线下笔试，如我们当年是在杭州进行的，可能会存在一些劣势，因为题目比较难，很多人得分与 9 分相差较大，例如只能得到一半左右的分数。

Part 02 报考准备

Q：那你当时报这个数学金秋营是从什么样的地方获取的信息呢？

A：数学金秋营与数学竞赛之间有一定的关系。首先，数学竞赛的主要认可是省级联赛，也就是某个省份的联赛赛区，通常称为省赛。在这个过程中，像浙江这样的强省，获得省级一等奖（即省一）将会有很大的优势。我当时并没有获得省一，但在高二的 9 月份，也就是倒数第二次参加数学竞赛时，我进入了预选名单，即省一名次并没有在一开始确定，而是先确定一个入围名单，然后对在该名单中的学生再次进行阅卷，最终确定省一名次。尽管我进入了预选名单，但后来被刷掉了。尽管如此，清华大学仍向所有入围省一的学生提供了参加金秋营的机会，因为数学竞赛的入围名单是全国公示的，可以作为选拔的依据。

Q：也就是说想要报名金秋营，首先你得在竞赛中有一定的成绩，它是你入营的一个基本条件，是吧？

A：是的，除了省级联赛，还有其他一些比赛也能获得金秋营资格。在其他几个较大的数学联赛中，如北方赛、西部赛、东南赛和女子联赛，参加并取得前几名的学生也可以获得金秋营的资格。

Q：你方便透露一下，金秋营里边的具体的活动项目吗？

A：主要就是考试，为期两天。其他的活动可能并不是特别重要。

Q：你除了这个数学金秋营之外，还参加过高校组织的其他"营"吗？

A：高校组织的并没有。

Q：好，所以对其他的"营"也就是没有太多的了解，对吧？

A：是的。不过我身边的一些同学，比如在高二暑假时，由于平时成绩较优秀，有机会参加清华大学的暑期学校学习。在那种情况下，体验的环节会更多一些，比如在清华校内居住一段时间，并且可能会有相应的考试。由于我当时需要参加东南联赛，一个数学竞赛，所以没有去参加。

Q：那通过参加暑期学校获得推荐到招生办的这种认证资格，被推荐过去的话，是能够被直接录取，还是后续还会有一些考核呢？

A：暑期学校一般来说对于优秀营员会有一定的提前认可，比如口头约定。例如如果参加竞赛并获得某个奖项，就有可能获得录取资格。总体而言，暑期学校并不会提供直接保送的机会。直接保送的机会通常是通过全国奥林匹克竞赛等获得的。

Q：你认为在参加金秋营的过程中，你最大的收获是什么？

A：最大的收获之一是我对清华大学考查方式的了解，这与我们参加的高中数学竞赛有一定的区别。此外，参加金秋营让我有了这样的经历，让我相信自己有能力冲刺清华大学，对我的个人成长产生了一定的影响。